Julia Magerkurth (Hg.)
Streifzüge durch das sagenhafte Nordrhein-Westfalen
Sagen, Legenden, Märchen

Willst du immer weiter schweifen?
Sieh, das Gute liegt so nah.
Johann Wolfgang von Goethe

Für Jutta

Bibliografische Information der Deutschen Bibliothek
Die Deutsche Bibliothek verzeichnet diese Publikation
in der Deutschen Nationalbibliografie;
detaillierte bibliografische Daten sind im Internet
über http://dnb.ddb.de abrufbar.

© 2004 Aschendorff Verlag GmbH & Co. KG, Münster
Das Werk ist urheberrechtlich geschützt. Die dadurch begründeten Rechte, insbesondere die der Übersetzung, des Nachdrucks, der Entnahme von Abbildungen, der Funksendung, der Wiedergabe auf fotomechanischem oder ähnlichem Wege und der Speicherung in Datenverarbeitungsanlagen bleiben, auch bei nur auszugsweiser Verwertung, vorbehalten. Die Vergütungsansprüche des § 54, Abs. 2, UrhG werden durch die Verwertungsgesellschaft Wort wahrgenommen.

Druck: Aschendorff Medien GmbH & Co. KG, Münster, 2004

ISBN 3-402-05267-9

Streifzüge durch das sagenhafte Nordrhein-Westfalen

Sagen, Legenden, Märchen

herausgegeben von
Julia Magerkurth

Aschendorff Verlag

Danksagung

An erster Stelle gilt mein aufrichtiger Dank Gesine Beran, die für das Layout, die Bildbearbeitung und die Illustrationen zuständig war. Ohne ihr großes Engagement wäre die Verwirklichung des vorliegenden Werkes nicht möglich gewesen. Auch will ich mich bei denen bedanken, welche die Idee zu dem Buch mit mir gemeinsam bei der Gesellschaft für Bildung und Beruf e.V. in Dortmund vor einigen Jahren geboren haben. Ihre guten Vorarbeiten waren mir für das weitere Vorgehen sehr nützlich, und an das bereits erarbeitete Konzept konnte ich anknüpfen. Namentlich seien in dem Zusammenhang ausdrücklich erwähnt: Pascal Echt, Dirk Gargaropoulos, Matthias Heinrich und Claudia te Neues.
Weiterhin danke ich meiner Freundin Jutta Henneke und meinem Vater. Beide waren mir mit ihrem intensiven Korrekturlesen des Buches eine wahre Hilfe. Auf dem Gebiet des minutiösen Aufspürens der unscheinbaren Fehlerteufel hat mein Vater ganze Arbeit geleistet. Juttas Anmerkungen und Anregungen zur Gestaltung der Texte zwischen den Sagen haben meine Gedanken immer wieder in die richtige Richtung geschoben. Ihre immerwährende und nachhaltige Unterstützung gab mir den nötigen Halt, alle Probleme während des Entstehungsprozesses auszuhalten und erfolgreich durchzustehen.
Jörg Reimann von der Stadt Gelsenkirchen hat mir mit der Zusammenstellung von Informationen zu Haus Leithe einen besonderen Dienst erwiesen. Die detaillierten und aktuellen Auskünfte zu Schloss Burgau in Düren verdanke ich Herrn Pit Goertz. Für die großzügige Bereitstellung von Fotomaterial zu der Gelderner Drachenlegende schulde ich Herrn Dr. Stefan Frankewitz vom Stadtarchiv Geldern Dank.

Julia Magerkurth

Inhalt

- 7 Einleitung

Der Niederrhein

- 9 Die weiße Frau im Schloßturm
- 13 Meister Grupello
- 16 Das Kreuz in der Kirche zu Linn
- 19 Die Erdmännchen im Hülser Berg
- 21 Die Erdmännchen in Wachtendonk
- 24 Der Drache von Geldern
- 26 Die Wallfahrt nach Kevelaar
- 31 Der heilige Viktor von Xanten
- 35 Joest von Kalkar und die Bäckersfrau
- 38 Der Schwanenritter von Cleve
- 42 Johanna Sebus

Das Münsterland

- 46 Raesfeld
- 48 Rentmeister Schenkewald
- 51 Der Hochjäger
- 54 Jungfer Eli
- 58 Der silberne Hahn
- 63 Die Münstersche Judith und das Ende der Wiedertäufer
- 68 Amtmann Timphot
- 70 Der heilige Ludger in Billerbeck

Das Ruhrgebiet

- 74 Mariä Bächlein zu Sterkrade
- 78 Die Marmorsäule in der Münsterkirche
- 83 Werden und sein Gründer
- 87 Der vornehme Gefangene
- 90 Der Taufstein in der Gertrudiskirche zu Wattenscheid
- 93 Die erste Kohlenzeche an der Ruhr
- 97 König Goldemar
- 102 Die Sage von der Teufelskanzel in Syburg
- 106 Reinold von Montalban
- 113 Der tolle Jobst von Strünkede
- 117 Die drei Kugeln von Leithe

Ostwestfalen-Lippe

- 123 Der Herr von der Wewelsburg
- 126 Der Brunnen im Dom zu Paderborn
- 132 Die Asseburger Glückskelche
- 135 Die weiße Lilie
- 139 Die Externsteine im Lippischen
- 140 Der Berggeist bei den Externsteinen
- 142 Die weiße Frau
- 146 Die letzten Riesen
- 150 Die Vision zu Herford
- 154 Widukinds Liebesprobe

Das Rheinland
157 Meister Gerhard von Ryle
161 Die Heinzelmännchen
164 Der Bürgermeister Gryn
169 Der Mönch zu Heisterbach
172 Die Entstehung
des Siebengebirges
174 Der ungeduldige Wind
177 Theobald und Theolinde
181 Bösewichter
auf Burg Nideggen
184 Das Glockenspiel
187 Der Hofnarr zu Jülich
193 Frankenberg bei Aachen
196 Der Münster
Das Sauerland
203 Der Goldberg bei Hagen
209 Mönch und Nonne
216 Die Zwerge im Felsenmeer
219 Graf Heinrich von Arnsberg
225 Das Zwergenschloß
im Astenberge
226 Der Lowwerhannes
228 Ritter Diethelm
Das Bergische Land
234 Beyenburg
237 Das Zwergenjunkerlein
241 Das Gespenst des Grafen
von Berg
244 Der Wasserteufel
und das Kloster Altenberg
247 Asenborn und Strunderquelle
249 Ritter Kurt von Arloff
252 Heinz Hütlein
256 Werner von Homburg
259 Graf Konrad von Windeck
Das Siegerland
263 Die Erschaffung
des Siegerländers
265 Johann Hübner
269 Alte Bergmär
272 Das Fräulein von Hees
276 Der Königsfloh
279 Die Eremitage
280 Von dem Heinzelmännchen
auf der Grube
Neue Hoffnung
283 Die Wilden Weiber

Einleitung
Das Buch richtet sich an ein Lesepublikum, das die Kultur und Geschichte Nordrhein-Westfalens sowohl literarisch als auch touristisch kennen lernen möchte. Im Mittelpunkt steht der reichhaltige Sagen- und Legendenschatz des Landes. Alle ausgewählten Texte stehen in einem direkten Bezug zu unterschiedlichen Orten und Stätten folgender Regionen: Niederrhein, Münsterland, Ruhrgebiet, Ostwestfalen-Lippe (NRW-Nord), Rheinland, Sauerland, Bergisches Land und Siegerland (NRW-Süd). Jede Region bildet ein Buchkapitel mit sechs bis neun Sagenschauplätzen und ist als literarischer Sagenführer zu verstehen.
Um der Vielfalt an überlieferten Sagen als Repräsentantinnen ihrer Regionen gerecht werden zu können, wurden neuere und ältere Prosa- und Verstexte aufgenommen. Alle Texte sind unverfälscht wiedergegeben worden, d.h. zur Wahrung der Originalität ist auf die Angleichung der Schreibweisen verzichtet worden.
Zwei Kriterien waren bei der Auswahl der Texte entscheidend: zum einen die Qualität des Sagentextes, zum andern die Attraktivität der Sagenstätte. Bis auf wenige Abweichungen stehen die Sagen in enger Verbindung mit einem Ort bzw. einer Stätte, die sehenswert ist. Mit Rücksicht auf besonders schöne und für die Region charakteristische Sagen ist ab und zu auch eine reizvolle Landschaft (das Siebengebirge bei Bonn, der Hülser Berg in Krefeld-Hüls, das Siegerland) Gegenstand eines Sagenschauplatzes geworden. In dem Text, welcher der Sage nachgestellt ist, befindet sich kurz und konzentriert ein baugeschichtlicher bzw. bei Naturdenkmälern ein entstehungsgeschichtlicher Abriss zur Sagenstätte und ein Hinweis auf ihre Besonderheit. Beigefügte Adressen, wenn nötig Öffnungszeiten und ggf. im Anhang angegebene »Praktische Informationen« eröffnen den Freiraum, schnell an weiterführende Auskünfte zu kommen.
Unter der Überschrift »In der Umgebung« werden lohnende Aus-

flugsziele in nächster Nähe zum Sagenschauplatz erwähnt. Sie weisen auf die Vielzahl an Möglichkeiten von Sagen- und Kulturtouren durch die Regionen des Landes hin und sollen dazu anregen, sich nach Lust und Laune mit ihnen zu beschäftigen.

Julia Magerkurth

Der Niederrhein

Die weiße Frau im Schloßturm

Am Burgplatz zu Düsseldorf, über dem Ufer des Rheins, erhebt sich der alte Schloßturm, der letzte Rest des ehemaligen kurfürstlichen Schlosses. Der wuchtige runde Bau wirkt noch heute inmitten des tosenden Verkehrs abweisend und geheimnisvoll, ein stummer Zeuge längst vergangener Tage. Alte Düsseldorfer blicken immer noch mit ein wenig Schaudern hoch, wenn sie am alten Schloßturm vorüberkommen. Sie denken an das Sterbezimmer der unglücklichen Herzogin Jakobe von Baden, das noch innerhalb der dicken Mauern zu sehen ist und allgemein als »Schwanenzimmer« bezeichnet wird, und sie gedenken der hohen, weißverschleierten Gestalt, die man dort oft am Fenster gesehen hat und die mit schleppenden Gewändern durch die alten Gemäuer schwebte und immer wieder spurlos verschwand.

Man schrieb das Jahr 1585, als Jakobe von Baden in Düsseldorf mit Herzog Johann Wilhelm vermählt wurde. Es war eine der glänzendsten und hoffnungsvollsten Hochzeiten jenes Jahrhunderts. Nicht nur in der Stadt fanden tagelang Turniere und andere Festlichkeiten statt. Auch der Rhein wurde in die Feierlichkeiten einbezogen. Als

Drachen und ähnliche Ungetüme »verkleidete« Schiffe zogen in festlicher Beleuchtung den Strom hinauf und hinab und führten der Düsseldorfer Bürgerschaft ein noch nie gesehenes Schauspiel vor.

Doch der Ehe war nur ein kurzes Glück beschieden. Johann Wilhelm verfiel in Geisteskrankheit und lebte in Schwermut und Verfolgungswahn. Jakobe aber versuchte, nachdem im Jahre 1592 ihr Schwiegervater gestorben war, die Regierungsgewalt an sich zu reißen. In den nun folgenden politischen Ränkespielen unterlag sie jedoch ihrer Schwägerin, Prinzessin Sibylle. Jakobe wurde der Zauberei und der ehelichen Untreue beschuldigt. Nachdem Sibylle gegen ihre Gegnerin auch den Bergischen Marschall Waldenburg, genannt Schenkern, aufgehetzt hatte, ließ jener Jakobe plötzlich und unerwartet verhaften und hielt sie im Düsseldorfer Schloß gefangen. Nach und nach aber gelang es Jakobe, Beweise für ihre Unschuld zusammenzutragen. Und gerade glaubte man, daß es ihr möglich sein könnte, freizukommen, da machte ein geheimnisvolles Ereignis dem vorgesehenen Prozeß ein vorzeitiges Ende: Am 3. September 1597 wurde Jakobe tot in ihrem Bett aufgefunden. Die Ursache ihres Todes konnte niemals restlos aufgeklärt werden. Offiziell hieß es zwar, sie sei an einem Schlaganfall gestorben. Lange aber wollten die Gerüchte nicht verstummen, daß man ihrem Leben gewaltsam durch Erwürgen ein Ende gemacht habe.

Und schon bald erzählte man sich die Geschichte von der weißen Frau, die mit langen Gewändern durch das Schloß schwebte. Dies konnte nur Jakobe von Baden sein. Manche, die sie gesehen haben, wollen einen roten Streifen um ihren Hals bemerkt haben. Andere behaupten sogar, sie habe ihren Kopf unter dem Arm getragen, und als sie vorüberzog, sei ein leises Wimmern und Klagen zu hören gewesen.

Wenn es ganz still ist am Rhein und nur der Wind vom Strome

herüber zum alten Schloßturm zieht, kann man dann nicht heute noch das Klagelied der weißen Frau durch die alten Mauern hören?

Schlossturm und Burgplatz: Fußgängerzone seit der Freigabe des Rheinufertunnels für den Autoverkehr; gilt als einer der schönsten dt. Plätze der Nachkriegszeit; urspr. Burg geht auf das 13. Jh. zurück; im 16. Jh. Um- und Neubau zu einem Schloss im Renaiss.-Stil nach Plänen A. Pasqualinis; 1716 Aufgabe der Residenz und zunehmender Verfall; Anfang des 19. Jh. Instandsetzung und Nutzung als Kunstakademie, später auch Quartier der Ständeversammlung der Rheinprovinz; schwere Brandbeschädigung 1872 führt zum Abriss bis auf den Turm (16. Jh.), dessen achteckiges OG mit durchgehender Fensterfront Mitte des 19. Jh. aufgesetzt wird und noch heute vom Turm-Café einen gefälligen Blick auf den Rhein gewährt; nach 2. WK rest.; seit 2001 Wiedereröffnung des Schifffahrt-Museums; Di.–So. von 11–18 Uhr geöffnet, Infos unter Tel.: 0211-89 94 195; nordöstl. des Turmes Radschlägerbrunnen (1954), dahinter Kirche St. Lambertus; Adresse: Burgplatz, 40213 Düsseldorf

IN DER UMGEBUNG
Kath. Pfarrkirche St. Lambertus: ehem. Stiftskirche; rom. Bau muss im 14. Jh. einer dreischiff. got. Hallenkirche weichen; seit dem 14. Jh. Aufbewahrungsort der Reliquien des hl. Apollinaris, der bis heute Patron der Stadt ist; im 16. Jh. Traukirche des Erbprinzen Johann Wilhelm (nicht zu verwechseln mit »Jan Wellem«) und der Gräfin Jakobe von Baden; 1805 Aufhebung des Stifts; wegen Brandschäden Anfang des 19. Jh. Wiederaufbau des Turmes (72 m hoch); im 2. WK beschädigt und bis 1960 rest.; 1974 vom Papst zur Basilika Minor erhoben; sehensw. Ausst.: u.a. spätgot. Sakramentsturm, an der S-Wand Reste ma Wandmalereien und im Chorumgang bed. Wandgrab des Herzogs Wilhelm V. (Ende 16. Jh.) im Stil des rh. Manierismus; sehensw. Schatzkammer birgt u.a. Kopfreliquiar des hl. Vitalis aus vergoldetem Silber (um 1166); tagsüber durchgehend geöffnet; Führungen

durch Kirche und Schatzkammer zu erfragen unter Tel.: 0211-13 23 26; Adresse: Stiftsplatz, 40213 Düsseldorf

Rheinuferpromenade und Rheinpark: erstrecken sich entlang des Rheins auf einer geschätzten Gesamtlänge von 3,5 km vom Medienhafen im S bis hin zur Theodor-Heuss-Brücke im N; für Verkehr gesperrte Rheinuferpromenade (ca. 1,5 km Länge) liegt vor Fassade der hist. Altstadt; von Ufermauer mit mosaikähnlichen Farbpunkten eingebettete Rheinufertreppe ist ein begehrter Rastplatz; zahlr. Cafés und Restaurants tragen im Sommer zum südländischen Flair bei; im N. schließt sich das Robert-Lehr-Ufer mit dem Rheinpark an; seine ausgedehnten Rasenflächen werden als Spiel- und Liegeflächen genutzt; der Mauerwall über der Unteren Werft kann als Sitzplatz genutzt werden; auf Höhe des Parks werden mehrere Restaurantschiffe und im Sommer ein Biergarten (neben Rheinterrasse) betrieben; Lage: rechtes Rheinufer von der Altstadt bis nach Golzheim im N

Meister Grupello

Zu Düsseldorf am Rheine lebt
Ein Bildner hoher Meisterkunst;
Sein Werk und eigne Weise hebt
Ihn bald in seines Fürsten Gunst.
Und auf der Stände hoch Geheiß
Gießt er das Reiterbild in Erz
Des edlen Fürsten, dem so heiß
Und voller Ehrfurcht schlägt sein Herz.

Da steht das Bild nun aufgericht't
Auf schön geviertem Marktes Plan,
Und Kurfürst Johann Wilhelm spricht
Aus allen Zügen freundlich an.
Umgeben von der Höflingsschar
Steht vor dem Bild der Fürst und staunt,
Und reicht die Hand dem Künstler dar,
Preist ihn und dankt ihm wohl gelaunt.

Doch das verdrießt die Schranzen all:
Dem neuen Günstling, schlicht und keck,
Bereiten emsig sie den Fall
Und treffen auf den zarten Fleck.
Sie tadeln dies, belächeln das,
Am Pferd besonders, hier und dort,
Und weiß man auch nicht eben was,
Der Kurfürst merkt doch Mien und Wort.

Und spricht zum Meister Gabriel:
»Man tadelt dies und das am Werk,
Ich sag' dir's frei und ohne Hehl.«
Grupello sagt: »Mir's gerne merk.«

*Und um das Reiterbild alsbald
Zieht weit er eine Plankenwand;
Draus wirbelt Rauch, der Hammer schallt,
Geführt von mancher nerv'gen Hand.*

*Und als ein Mond vorüber war,
Der Hammer ruht, die Planke fällt; –
Der Fürst kommt mit der Schranzen Schar,
Die find't nun alles wohl bestellt.
Der Künstler d'rauf zum Fürsten spricht:
»Ich schlug dem Pferd nicht Bug und Huf,
Ein Gußbild leid't solch Schlagen nicht –
Ich schlug nur auf der Tadler Ruf.«*

Bronzenes Reiterstandbild »Jan Wellems«: eigentlich Johann Wilhelm II. von Pfalz-Neuburg (1679–1716); eines der bed. bar. Reiterstandbilder Dt., 1703–11 angefertigt von dem fläm. Bildhauer G. de Grupello (1644–1730); stellt den im Volk beliebten Kurfürsten – zu seiner Zeit ein großer Kunstmäzen und -sammler – in Herrscherpose und standesgemäßer Kleidung dar; Sockel und Gitter stammen von A. von Vagedes aus dem Jahre 1830; Ende des 2. WK an einen sicheren Ort verfrachtet und erst 1945 an alter Stelle wieder aufgestellt; Adresse: vor altem Rathaus auf dem Marktplatz, 40213 Düsseldorf

IN DER UMGEBUNG

Kunstsammlungen NRW (K20/K21): 1960 erwirbt die Landesregierung 88 Werke des Malers P. Klee und bildet damit Grundstock der Sammlung, die 1961 im Schloss Jägerhof ausgestellt wird; aus Platzmangel wird für angewachsene Zahl an Ausstellungsstücken ein eigens dafür errichteter Neubau mit geschwungener Fassade aus Bornholmer Granit errichtet und 1986 eingeweiht; Sammlung K20 präsentiert Kunst des 20. Jh. mit Schwerpunkt auf Malerei der westeurop. und amerik. Moderne; vertreten sind neben P. Klee u.a. Werke von E. L. Kirchner, M. Beckmann, M. Duchamp, W. Kandinsky und P. Mondrian; im umgebauten ehem. Landesparlament von NRW, dem sog. Ständehaus, setzt sich seit Anfang 2002 die Tradition der Kunstsammlung zunehmend mit Werken des 21. Jh. fort; K21 präsentiert Kunstwerke ab 1980; Adressen: Grabbeplatz 5, 40213 Düsseldorf (K20) und Ständehausstr., 40217 Düsseldorf (K21)

Königsallee und Hofgarten: häufig nur »Kö« gen.; weltbekannter Schauboulevard mit exklusiven Geschäften; Anfang des 19. Jh. an beiden Seiten des zuvor begradigten und wasserführenden Stadtgrabens auf einer Länge von 800 m angelegt; anlässlich eines Besuchs zu Ehren Friedrich Wilhelm IV. 1851 von Mittelallee in K. umbenannt; Tritonengruppe von F. Coubillier (1902) am nördl. Abschluss des Kö-Grabens zeigt u.a. Triton (= Sohn des griech. Meergottes Poseidon) bei der Fischjagd; ggü. liegendes Kaufhof-Gebäude von J. M. Olbrich (1907–09) sehensw.; unmittelbar nördl. der Kö Hofgarten; 1769 von Kurfürst Carl Theodor angelegt und unter Napoleon 1811 auf heute 26 ha Fläche erweitert; mit seinen zahlr. Denkmälern ist er immer einen Besuch wert; Lage: Königsallee/Ecke Bahnstr. bis hoch zum Schadow-Platz, dahinter Hofgarten

Goethe-Museum, Anton-und-Katharina-Kippenberg-Stiftung: ansässig im Schloss Jägerhof, das 1752–63 nach Plänen von J. J. Couven unter Mitwirkung von N. de Pigage als zweieinhalbgeschoss., spätbar. Gebäude errichtet wird; innen im 2. WK zerstört; anfänglich aus Privatsammlung von A. Kippenberg (1874–1950), Inhaber des Insel-Verlags/Leipzig, hervorgegangen und bis heute auf 50 000 Originalzeugnisse angewachsen; im Mittelpunkt steht das in zehn Räumen dargestellte Leben und Werk des Dichters; Münzen, Medaillen, Plaketten, Porträts, Gläser, Städte und Landschaften u.a. lassen den Geist der Goethe-Zeit aufleben; angeschl. sind eine Fachbibliothek und eine Fotothek; unter dem Dach Silber- und Porzellansammlung von E. Schneider; Adresse: Jacobistr. 2, 40211 Düsseldorf

Kaiserpfalzruine und ehem. Stiftskirche St. Suitbertus, heute kath. Pfarrkirche: urspr. auf einer durch einen künstl. angelegten Rheinarm vom Festland getrennten Insel gelegen; um 1180 lässt Kaiser Friedrich I. (»Barbarossa«) die Kaiserpfalz an Stelle der alten Burg (8. Jh.) errichten; jh.lang wichtige Zollstation, 1702 Sprengung; Anfang des 20. Jh. Sicherungs- und Erhaltungsarbeiten; wuchtige rheinseitige Außenmauer des Palas, Mauerzüge und Grundriss des vierseitigen Bergfrieds zu sehen; eines der bed. dt. Geschichtsdenkmäler der Hohenstaufenzeit; von Mai–Okt. tägl. von 10–18 Uhr geöffnet, Führungen möglich; in unmittelbarer Nähe zur K. niederrh., dreischiff. Pfeilerbasilika aus dem 12. und 13. Jh. der nach der Säkularisation abgerissenen Klosteranlage (Gründung um 700 durch Suitbertus); Suitbertusschrein (13. Jh.) im Innern sehr sehensw.; ehem. bar. Propsteigebäude (heute Pfarrhaus) und Stiftsplatz interessant; werkt. von 9–18 Uhr geöffnet, Führungen unter Tel.: 0211-40 11 16 (Herr Vogel); www.kaiserswerth.de

Das Kreuz in der Kirche zu Linn

Schaut zu Linn die epheugrünen
Längst verlass'nen Burgruinen,
Burg mit Warte stolz erbaut,
Die vergang'ne Pracht verkündet!
Kurfürst Friedrich hat gegründet
Sie, die manch' Jahrhundert schaut.

In des Städtchens Tempelhallen
Wird dir gleich ins Auge fallen
Jesu Bild, ans Kreuz gespannt, –
Hochverehrt von Pilgerscharen,
Das vor undenkbaren Jahren
Einst im Feld der Pflüger fand.

Wie die Sage treu verkündet,
fand man, wo der Pfad sich ründet,
Nordwärts nach Uerdingen führt, –
Wo drei Bäume Schatten senken,
Auf ein Kreuz zum Angedenken,
Jenes Kreuz, dem Lob gebührt.

Als der Pflug des Erdreichs Scholle
Furchte, trat das wundervolle
Heil'ge Kreuz ans Tages Licht.
Freudig hebt empor der Pflüger
Dieses Kleinod, – doch wie trüg' er
Heim das drückende Gewicht?

»Mit dem Lasttier nach Uerdingen
Will den teuern Fund ich bringen«,
Dachte, der das Bildnis fand;
Doch von unsichtbar'n Gewalten
Wird des Rosses Kraft gehalten:
Gottes Wink er gleich verstand.

Und der Landmann wohlberaten
Läßt dann ruhen Schar und Spaten,
Trägt den teuern Fund nach Linn.
Hoch erhöht, du edle Bürde,
Zu des Altars Ruhm und Zierde
Prangst du, Frommen zum Gewinn!

Kreuz aus unbekannten Stoffen,
Bild vom Künstler wohlgetroffen,
Der mit höh'rer Gunst begabt!
Wer dies Antlitz je betrachtet,

Steht ergriffen, schmerzumnachtet,
Doch von höherm Licht erlabt.

Durch den Ruf des Wunderbaren
Angezogene Pilgerscharen –
Zieh'n, mit Gnaden reich beschenkt.
Und mit Staunen schaut die Menge,
Daß alljährlich tiefer hänge
Christi Haupt zum Grund gesenkt.

Kath. Pfarrkirche St. Margaretha: Grabungsfunde im Stadtteil weisen Gotteshaus bereits vor dem Jahr 1000 nach; 1997 freigelegte Fundamente auf Margaretenplatz sind Reste des zweiten, 1814 eingestürzten Kirchenbaus; wenige Meter entfernt 1819/20 Errichtung der bis heute erhaltenen schlichten Saalkirche aus rotem Backstein mit vorgesetztem W-turm; Ausst.: sehensw. übermenschengroßes Holzkruzifix (»Linner Kreuz«) mit alter Farbgebung (um 1400), nachweislich seit dem 15. Jh. hier aufbewahrt und verehrt; ferner hl. Margaretha in der Mitte des Hochaltars, Pieta und Apostel Matthias auffällig; do. 15–17 Uhr, so. 15–18 Uhr und zu Gottesdiensten geöffnet; Adresse: Rheinbarbenstr., 47809 Krefeld

IN DER UMGEBUNG

Museum Burg Linn, Landschaftsmuseum des Niederrheins: urspr. Motte aus dem 12. Jh.; Lehensburg der Grafen von Berg und kurkölnische Landesburg; um 14. Jh. Umbau und bis um 1600 weiterer Ausbau unter Einbeziehung der Stadt Linn; 1701–04 im Span. Erbfolgekrieg zerstört, daraufhin zunehmender Verfall; ca. 1740 in der Vorburg Errichtung eines Jagdschlosses; in den 1950er Jahren Wiederaufbau der ma Burganlage nach hist. Vorbild; Burg, Jagdschloss und ein ehem. Luftschutzbunker von 1939 sowie moderner Anbau beherbergen Ausstellungen; sehr sehensw. sind Grabungsfunde aus dem röm.-fränk. Gräberfeld in Krefeld-Gellep; ferner u.a. Exponate zur Volkskunde, Vor- und Frühgeschichte des Niederrheins, Wechselausstellungen (Niederrheinmuseum); Burg mit Burgfried, Burgverlies und Rittersälen angeschl., im Jagdschloss sind hist. Räume und hist. Musikinstrumente ausgestellt; April–Okt. di.–so. 10–18 Uhr, Nov.–März di.–so. 11–17 Uhr geöffnet, Infos unter Tel.: 02151-57 00 36; Adresse: Rheinbarbenstr. 85, 47809 Krefeld

Kaiser-Wilhelm-Museum: 1897 Eröffnung in eindrucksvollem Gebäude des 19. Jh.; ehem. im Innern aufgestellte Kaiser-Wilhelm-Statue heute an der N-seite vor dem Museum zu sehen; 1912 stilgetreue Erweiterung des S- und N-flügels; in den 1960er Jahren Modernisierung der Raumgestaltung; anfänglich Kunstgewerbesammlung, später zunehmend Ausrichtung auf moderne avantgard. Malerei, darunter Werke von niederrh. Expressionisten und J. Beuys; heute bed. moderne Sammlung mit überwiegend zeitgenöss. intern. Kunst; Zweigstellen Museum Haus Lange und Museum Haus Esters (1928–30 errichtet) werden für Wechselausstellungen genutzt; Adressen: Karlsplatz 35, 47798 Krefeld (K.-W.-M.) und Wilhelmshofallee 91 und 97, 47800 Krefeld (Zweigstellen)

Rathaus: ehem. als »Schloss von der Leyen« bez.; dreigeschoss. klassiz. Rechteckbau mit Säulenportikus zur Schauseite; 1791–94 für Seidenfabrikantenfamilie von der Leyen errichtet; geht 1860 in den Besitz der Stadt über und wird seitdem als Rathaus genutzt; im 2. WK zerbombt, aber bis 1955 wiederhergestellt; Adresse: Von-der-Leyen-Platz 1, 47792 Krefeld

Die Erdmännchen im Hülser Berg

In dem Hülserberge, an der Stelle, wo sich jetzt der Aussichtsturm erhebt, lebten vor Zeiten die »Erdmännekes«, die mehrere hundert Haushaltungen bildeten. Die Bauern der Umgegend hörten oft, wenn sie an dem Berge vorbeigingen, ein Gesumme wie von einem Bienenschwarm, konnten aber nirgendwo einen Eingang finden und sahen auch niemals irgendein Lebewesen hinein- und herausgehen. Solange die Erdmännchen in dem Berge wohnten, waren die umliegenden Felder und Höfe reich gesegnet. Bei einer Ueberschwemmung des Rheines waren in einer Nacht von den Zwergen tiefe, breite Gräben geworfen worden, durch welche das Wasser abfloß, so daß es die Felder der Bauern nicht verheerte. Von diesen Gräben sind noch die Niepkuhlen erhalten. Wenn die Bauern Roggen und Weizen gemäht auf dem Felde liegen hatten, konnten sie sicher darauf rechnen, daß es am folgenden Morgen gedroschen und Stroh und Körner gesondert auf der Tenne lagen.

Der junge König der Zwerge hörte einmal von der schönen Tochter des Grafen von Krakauen bei Krefeld. Als er an den Schloßteich kam, rief er auf Anraten eines alten Weibes:

»Feschte, feschte, Timpatee,
Hol' mech rasch wohl öwer de See!«

Sogleich erschien ein Fisch am Ufer, auf dessen Rücken der König über das Wasser getragen wurde. Im Garten des Schlosses hat er dann mit der Tochter des Grafen glückliche Stunden verlebt. Einst überraschte der Graf den jungen König in dem Augenblick, als dieser gerade von dessen Tochter Abschied nahm und auf des Fisches Rücken davongetragen wurde. Erbost hierüber griff der Graf zum Bogen und erschoß den König. Im Berge wurde man unruhig, als der König wider Erwarten lange auf sich warten ließ. Man forschte nach ihm und fand seine Leiche im Schloßgraben von Krakauen. Die Zwerge begruben ihn und sangen dann folgenden Grabgesang:

> »Op de See es groote Not,
> Es een Feschte bleven doot,
> Wä neit möt der Lief well gohn,
> Kann die Koos betahlen.
> Anner Hammer
> Rotterdammer.
> Tein, twentig, dörtig, värzig, fiffzig, sässig,
> Sewenzig, achzig, negenzig, hongert.«

So oft der Vers gesungen war, sprang ein Erdmännchen ins Wasser, um seinen König nicht länger zu überleben, bis zuletzt alle ertrunken waren.

Hülser Berg: Geol. Bez. Stauchmoränenwall aus der Saale-Eiszeit (mittlere Kältezeit); gegenwärtig Teil des Landschaftsschutz- und Naherholungsgebietes Hülser Berg/Hülser Bruch und mit 63 m höchste Erhebung Krefelds; ideales Wander- und Ausflugsrevier für Naturfreunde; neben zahlr. Waldwegen und Freizeitanlagen (Trimm-Dich-Pfad, Spielplatz u.a.) ermöglicht Aussichtsturm sehensw. Weitsicht; an So.- und Feiert. in den Monaten Mai–Okt. verkehrt auf der Strecke H. B. bis St. Tönis (13,6 km Gesamtstrecke) hist. Dampflokomotive »Schluff« (Baujahr 1947); Fahrradmitnahme möglich; Info unter: Städt. Werke Krefeld, Tel.: 02151-98 44 82; Lage: Anfahrt günstig über Rennstieg, 47802 Krefeld (Parkplätze auf Bergkuppe)

Die Erdmännchen in Wachtendonk

Die Erdmännchen oder Herdmännchen wohnten zu Wachtendonk unter dem Rathause. Sie hatten einen großen kupfernen Kessel im Besitz, den sie den Bürgern bei Tage zur Benutzung überließen. Dafür mußten diese, wenn sie abends den blankgescheuerten Kessel wieder vor das Rathaus hinstellten, ein kleines Geschenk, ein Weißbrot oder dergleichen für die Erdmännchen hineinlegen. Der Eigentümer eines benachbarten

Hauses, Sch…, unterließ einstens diese Pflicht der Dankbarkeit und stellte sogar zum Hohne den Kessel in verunreinigtem Zustande wieder zurück. Darüber ergrimmten die Erdmännchen und trugen während der Nacht ihm alles Getreide aus dem Hause fort. Als nun Sch… abends die Treppe mit Erbsen bestreute, um die Erdmännchen, wenn sie wiederkämen, in der Dunkelheit ausgleiten und von der Treppe herunterfallen zu lassen, hatte er es vollends mit ihnen verdorben. Sie stahlen ihm nun alles aus dem Hause weg, so daß er gänzlich verarmte. –

Später, als das Morgen-, Mittag- und Abendläuten, welches sie nicht ertragen konnten, in Wachtendonk eingeführt wurde, verließen sie die Stadt und begaben sich zum Hülser Berg.

Eine Eigentümlichkeit der Erdmännchen war noch, daß sie ihre Speisen meistens in Scheunen, unmittelbar beim Stroh kochten, ohne daß dieses Stroh trotz des großen Feuers in Brand geriet.

Rathaus: Teil des hist. geschl. und idyllischen Stadtbildes mit ca. 120 denkmalgeschützten Bauten; durch Stadtbrand von 1708 vernichtet, 1712 Neubau; 1841 Abbruch des alten und sofortiger Bau eines neuen R. unter Beibehaltung des alten Grundrisses und Einbeziehung alter Bausubstanz; ab 1857 sowohl R. als auch Sitz des Friedensgerichtes (1873 Auflösung); 1934/35 Nutzung des Sitzungssaals für ev. Gottesdienste; 1942 Abgabe der Ratsglocke zu Kriegszwecken; an der Seite zur Mühlenstr. 1963 Hinzufügung eines weiteren Gebäudes, 1979 Anbau; klassiz. Putzfassade und Dachtürmchen mit Glockenspiel (seit 1998) geben dem durch notwendige bauliche Veränderungen nunmehr dreiteiligen Gebäudekomplex im Erscheinungsbild ein hist. Aussehen; Adresse: Weinstr. 1, 47669 Wachtendonk

IN DER UMGEBUNG

Informations- und Bildungszentrum Haus Püllen: vor 1634 errichtet und somit eines der ältesten Baudenkmäler Wachtendonks; trotz Brandkatastrophe von 1708; ständiger Wandel der Nutzung zieht bauliche Umgestaltung nach sich; Namengeber ist ehem. Besitzerfamilie Püllen; 1993 Ankauf des vom Verfall bedrohten Gebäudes durch Gemeinde; mit Unterstützung des Bundeslandes, der EU und der niederl. Regierung Um- und Ausbau; erhalten geblieben sind der bar. Doppelgiebel, der Dachstuhl und Bodenfliesen im Eingang; beherbergt Informations- und Bildungszentrum des seit 1976 bestehenden Naturparks Maas-Schwalm-Nette sowie ein Büro für Touristik und Kultur; angeschl. Ausstellung widmet sich der Kulturlandschaft am Niederrhein ebenso wie der Regionalgeschichte vom Eiszeitalter bis zur Gegenwart, ganzjährig di.–so. geöffnet, Tel.: 02836-91 99 00, Adresse: Feldstr. 35, 47669 Wachtendonk

Kath. Pfarrkirche St. Michael: 1381 genehmigt Erzbischof von Köln Bau; dreischiff. Hallenkirche mit Querhaus und Chorjoch; erst seit 1419 wird St. Michael als Patron erwähnt; 1516 schwere Brandschäden; beim Wiederaufbau Anbau der Lucia-Kapelle, die später in Cabanna-K. umbenannt wird; Stadtbrand von 1708 beschädigt Kirche erneut schwer (Dachstühle, Turmspitze und Glocken werden zerstört); im 19. Jh. Gewölbeeinstürze; im 19. und 20. Jh. mehrmalige Ren.perioden, v.a. von 1972–77 mit grundl. Sicherung und umfangreichen Ren.arbeiten; Ausst.: innen und an der äußeren südl. Turmseite Grabsteine aus dem 16. und 17. Jh.; Kreuzigungsgruppe des 1932 geweihten Hochaltars mit fast lebensgroßen Figuren (von G. Brüx); achtseitiger Taufstein (1586); Kircheninnenraum ist nur zu Messezeiten geöffnet; Blick in die Kirche von Glastür (innen) möglich; Führungen im Rahmen von Stadtführungen werden angeboten; Adresse: Kirchplatz, 47669 Wachtendonk

Naturpark Maas-Schwalm-Nette: 1965 gegründeter inländischer N. Schwalm-Nette (435 qkm groß) wird durch eine grenzüberschreitende dt.-niederl. Kooperation 1976 zum N. M.-Sch.-N. (725 qkm groß) ausgeweitet; Flusslandschaften, Heidegebiete, Seen, Moore und Wälder diesseits, die Flusslandschaft der Maas, Heideland und der »Nationaal Park De Meinweg« jenseits der Grenze charakterisieren die Natur; günstige klimatische

Bedingungen locken Besucher von nah und fern das ganze Jahr über an; Natur- und Kulturlandschaft wartet auf mit zahlr. Freizeitangeboten (u.a. umfangreiches Wegenetzsystem zum Wandern und Radfahren), Museen und Informationszentren; Lage: weitet sich von N bei Wachtendonk bis in den S bei Heinsberg, von der Stadtgrenze Mönchengladbachs im O bis ins niederl. Grenzgebiet entlang der Maas im W aus

Der Drache von Geldern

In der Zeit, als Siegfried von Xanten auszog und auf der Gnitaheide den Drachen besiegte, lebte auch ein solches Untier bei Geldern. Der Drache war rot wie Feuer und sein Atem war heiß. Wohin er kam, verwüstete er Äcker, Weiden und Wald und somit fast das ganze umliegende Land. Sein verpestender Atem tötete Menschen und Tiere. Von seinem Lager unter einem großen Mispelbaum aus hörte man weithin sein Schnarchen, Tag

und Nacht hatten die Bewohner des einst so fruchtbaren Landes keine Ruhe und keinen Mut mehr zur Arbeit.

Nun wohnte in der Gegend auf seinem Schlosse der Herr von Pont, ein Ritter, der zwei Söhne hatte, Wichard und Lupold mit Namen, die das Leid und den Kummer des Vaters wie der ringsumher verarmenden Menschen nicht mehr mit ansehen konnten. Mochten sie selbst ihr Leben opfern müssen – sie zogen miteinander hinaus, um gegen das Untier zu kämpfen.

Hart war der Kampf, bis es endlich den Brüdern gelang, dem Drachen das Schwert ins Herz zu stoßen, so daß er tot zusammenbrach. Sterbend aber rief er seine Racheworte noch aus: »Gelre, Gelre!« – was wohl nichts anderes bedeuten sollte als: Vergeltung. Geldern soll von dem Schrei seinen Namen erhalten haben. War der Ruf des Drachens für ihn selbst ein Sterberuf, so ward er den Geldernern um so mehr ein Lebensruf. Wo das Böse unterliegt, wirkt sich das Gute zum Segen aus.

Drachenbrunnen: Werk des Künstlers W. Binding; Einweihung 1990 auf dem Marktplatz im Herzen der Innenstadt; stellt am Fuß über Jh. tradierte Gelderner Sage von der Drachentötung dar; Säule krönt »Gelderner Löwe«, Wappentier der Stadt; bis heute trägt Geldern neben dem Löwen drei Mispelblüten des in der Sage vorkommenden gleichnamigen Baumes (= griech.-lat., Gattung der Rosengewächse; Strauch oder kleiner Baum) im Wappen; im Rathaus der Stadt ist die Sage auf einem sehensw. Ölgemälde des 17. Jh. verewigt und kann auf Anfrage besichtigt werden; Infos unter: Stadtarchiv der Stadt Geldern, Issumer Tor 36, 47608 Geldern, Dr. Stefan Frankewitz, Tel.: 02831-398-127

IN DER UMGEBUNG
Kath. Pfarrkirche St. Maria Magdalena, ehem. Karmeliterinnen-Klosterkirche: Gründung geht auf Stiftung des Grafen Reinhart I. von Geldern aus dem Jahr 1306 zurück; spätbar. Kirchenbau erfährt im Lauf der Zeit

mehrfach Um- und Ausbau; im 2. WK werden Klostergebäude und Kirche fast vollst. dem Boden gleichgemacht; 1952 Wiederaufbau durch D. Böhm unter Einbeziehung hist. Restbaubestandes; dreischiff. Hallenkirche bewahrt Reliquien der Stadtpatrone Galenus und Valenus auf; derzeit umfassende Ren.; Infos unter Tel.: 02831-97 670 (Pfarramt); Adresse: Karmeliterstr. 12, 47608 Geldern

Schloss Haag: Name kommt vom altdt. Wort »Haeg« (= Gehölz; bez. ehem. Wald und Sumpf um Anwesen), bed. niederrh. Bauwerk wird im Laufe der Geschichte von Friedrich dem Großen, Napoleon I., Zar Nikolaus I. von Russland und Kaiser Wilhelm I. besucht; Anfang des 17. Jh. geht der Besitz von Familie von Boedberg auf Familie von und zu Hoensbroech über, in der es bis heute verblieben ist und von der es auch noch bewohnt wird; von der im 17. Jh. grundl. erneuerten Anlage ist hufeisenförmige Vorburg mit imposanten Ecktürmen erhalten geblieben; 1877 im neugot. Stil umgebautes Herrenhaus fällt 1945 alliierten Fliegerbomben zum Opfer; Haupttor mit altem Familienwappen derer von und zu H. ist für Besucher der Außenanlage geöffnet, Innenbesichtigung nicht möglich; von Golfanlage umgeben; Adresse: Schloss Haag, Bartelter Weg, 47608 Geldern

Die Wallfahrt nach Kevelaar

Am Fenster stand die Mutter,
Im Bette lag der Sohn.
»Willst Du nicht aufstehn, Wilhelm,
zu schaun die Prozession?«

»Ich bin so krank, o Mutter,
Daß ich nicht hör noch seh:
Ich denk an das tote Gretchen,
Da tut das Herz mir weh.«

*»Steh auf, wir wollen nach Kevelaar,
Nimm Buch und Rosenkranz;
Die Mutter Gottes heilt Dir
Dein krankes Herze ganz.«*

*Es flattern die Kirchenfahnen,
Es singt im Kirchenton;
Das ist zu Köllen am Rheine
Da geht die Prozession.*

*Die Mutter folgt der Menge,
Den Sohn, den führet sie,
Sie singen beide im Chore:
»Gelobt seist Du, Marie!«*

*Die Mutter Gottes zu Kevelaar
Trägt heut ihr bestes Kleid;
Heut hat sie viel zu schaffen,
Es kommen viel kranke Leut.*

*Die kranken Leute bringen
Ihr dar, als Opferspend,
Aus Wachs gebildete Glieder,
Viel wächserne Füß und Händ.*

*Und wer eine Wachshand opfert,
Dem heilt an der Hand die Wund;
Und wer einen Wachsfuß opfert,
Dem wird der Fuß gesund.*

*Nach Kevelaar ging mancher auf Krücken,
Der jetzo tanzt auf dem Seil,*

Gar mancher spielt jetzt die Bratsche,
Dem dort kein Finger war heil.

Die Mutter nahm ein Wachslicht
Und bildete draus ein Herz.
»Bring das der Mutter Gottes,
Dann heilt sie deinen Schmerz.«

Der Sohn nahm seufzend das Wachsherz,
Ging seufzend zum Heiligenbild;
Die Träne quillt aus dem Auge,
Das Wort aus dem Herzen quillt:

»Du Hochgebenedeite,
Du reine Gottesmagd,
Du Königin des Himmels,
Dir sei mein Leid geklagt!

Ich wohnte mit meiner Mutter
Zu Köllen in der Stadt,
Die Stadt, die viele hundert
Kapellen und Kirchen hat.

Und neben uns wohnte Gretchen,
Doch ist sie tot jetzt und –
Marie, dir bring ich ein Wachsherz,
Heil Du meine Herzenswund.

Heil Du mein krankes Herze,
Ich will auch spät und früh
Inbrünstig beten und singen:
Gelobt seist Du, Marie!«

Der kranke Sohn und die Mutter,
Die schliefen im Kämmerlein;
Da kam die Mutter Gottes
Ganz leise geschritten herein.

Sie beugte sich über den Kranken
Und legte ihre Hand
Ganz leise auf sein Herze
Und lächelte mild und schwand.

Die Mutter schaut alles im Traume
Und hat noch mehr geschaut:
Sie erwachte aus dem Schlummer,
Die Hunde bellten so laut.

Da lag dahingestrecket
Ihr Sohn, und der war tot;
Es spielt auf den bleichen Wangen
Das lichte Morgenrot.

Die Mutter faltet die Hände,
Ihr war, sie wußte nicht wie;
Andächtig sagte sie leise:
»Gelobt seist Du, Marie!«

Gnadenkapelle: um Weihnachten 1641 hat der Überlieferung nach eine göttl. Stimme den mittellosen Handelsreisenden H. Busman beim Beten zum Bau einer Kapelle aufgefordert; aufgrund dessen am 1. Juni 1642 Errichtung eines Bildstockes an der Kreuzung zweier damals bed. Handelsstr. mit dem Marienbild »Trösterin der Betrübten« (Consolatrix Afflictorum); Kupferstich mit den Maßen 11 x 7,5 cm ist wohl das »unscheinbarste Wallfahrtsbild Europas«; bis 1654 an selbiger Stelle Errichtung einer Kapelle im

Bar.stil, wobei Wallfahrtsbild von außen sichtbar bleibt; Architektur: sechseckiger Kuppelbau mit zweifach geschweifter, kupferbedeckter Haube, von transparenter Laterne gekrönt; an den Außenwänden ovale, vergoldete Fenstergitter, darunter Holztüren; Ausst.: Altar, Glasmalereien, Fußbodenmosaik (1895), holzvertäfelte Wände und reich verzierte und bemalte Kuppel von F. Stummels; Adresse: Kapellenplatz, 47623 Kevelaer

IN DER UMGEBUNG

Kerzenkapelle: Name leitet sich ab von der Vielzahl aufgestellter Kerzen im Innern; 1643–45 Aufbau durch H. Arssen; westl. Fassade kennzeichnet bar. Portalrahmen, darüber Madonnenstatue; auf Giebel vergoldete, bar. Statue des hl. Michael, dem Drachentöter; von der Ausst. besonders sehensw.: silbernes Hochaltartabernakel aus Antwerpener Goldschmiedewerkstatt J. und P. Moermans (1682); tagsüber i.d.R. durchgehend geöffnet; Adresse: Kapellenplatz, 47623 Kevelaer (in direkter Nachbarschaft zur Gnadenkapelle)

Basilika St. Maria: von V. Statz 1858–64 Bau der Wallfahrtskirche aus Backstein in der Formengebung der Frühgot.; dreischiff., mit Querhaus und vier Nebenchören; beeindruckende, farbenfrohe Ausmalungen Ende des 19. und Anfang des 20. Jh. von F. Stummel und Schülern verbildlichen Heilsgeschehen und heben Marias Sonderstellung im Heilsplan Gottes hervor; viergeschoss. W-turm 1883/84 errichtet, weitere Anbauten Mitte und Ende 19. Jh.; ab 1968 Behebung der Kriegsschäden; Ausst.: u.a. neugot. Sippenaltar um 1500 im Antoniuschor, Orgelempore mit Kopfmasken und riesige Orgel (1907); tagsüber i.d.R. durchgehend geöffnet; Adresse: Amsterdamer Str., 47623 Kevelaer (am Rande des Kapellenplatzes)

Niederrh. Museum für Volkskunde und Kulturgeschichte e.V.: Gründung 1910; nach 2. WK Unterbringung in rest. Ackerbürgerhaus des 18. Jh.; bis in jüngste Zeit An- und Ausbau; 1997 Eröffnung der Abt. »Altes Handwerk«, jüngste Erweiterung »Museumstraße«; sozusagen »volkskulturelles Bilderbuch der Region«; Themenschwerpunkt liegt auf bäuerl. und bürgerl. Sachkultur; zu sehen: hist. Gegenstände des Alltags, (kunst)handwerkl. und landschwirtschaftl. Arbeitswerkzeug, beeindruckende Keramikerzeugnisse, Druckgrafiken (u.a. Kupferstiche von H. Goltzius), volksreligiöse Grafik und Wallfahrtskultur, landeskundl. Sammlung von der frühen Besiedlung bis zur Gegenwart sowie sehr sehensw. Spielzeug (u.a. hist. Leuker-Krippe); Wechselausstellungen; Adresse: Hauptstr. 18, 47623 Kevelaer

Der heilige Viktor von Xanten

Als im deutschen Land die Germanen noch in ihren Eichenhainen zu den Göttern beteten, hatten die Römer am Rhein und in Gallien ihre Herrschaft ausgebreitet. Zu ihren festen Plätzen Mainz, Bonn, Köln und Xanten war schon die Kunde von Jesus Christus gedrungen. Im Jahre 284 wurde Diokletian Kaiser des römischen Reiches, der anfänglich den Christen freundlich gewesen war, später aber ihr Feind wurde. Vor allem sein Mitregent Maximilian ging mit aller Bosheit und Grausamkeit gegen sie vor. Und in dieser Zeit war es, als der heilige Viktor mit seinen Freunden und Kameraden vor den Toren der Stadt Colonia trajana, die wir heute Xanten nennen, den Märtyrertod erlitt.

Er gehörte zur thebäischen Legion, die infolge ihrer Tapferkeit in Ägypten vom Kaiser besonders geehrt worden war, die aber von ihm selbst, als er sie zum Kampfe gegen die gefährlichen Aufstände an der Rhone bestimmt hatte, grausam vernichtet wurde. Sie weigerten sich, den Göttern zu opfern und Weihrauch zu streuen. Im Morgenlande waren sie bekehrt worden, und auch Viktor und seine Genossen, die weiter nach Norden geschickt wurden, weil auch am Rhein Unruhen entstanden waren, bekannten sich zum Christentum. Und so sehr sie ihrem Kaiser treu waren und tapferer als die meisten der anderen Soldaten und auch den Tod nicht scheuten, so wollten sie doch Gott mehr dienen als den Menschen und ließen sich schließlich in heiliger Überzeugung in den Wiesen vor Xanten, wo sie ihr Lager aufgeschlagen hatten, die Waffen abnehmen und von den Soldaten ihres eigenen Vaterlandes niedermetzeln. Ihre Leichen schleppte man mit eisernen Haken in die Sümpfe, die ehemals nahe der Richtstätte lagen. Und wie ihnen, dem heiligen Viktor mit seinen 330 Gefährten, erging es acht treuen Thebäern in Bonn und 318 in Köln, die von dem heiligen Gereon geführt waren.

Eine alte Chronik von 1485 erzählt davon:

»... danach kamen die grausamen Diener des Todes zu Sankt Gereon und seinen Gesellen. Sie waren von den nachfolgenden Totschlägern in das Feld der Stadt, die jetzt Köln genannt wird, gezogen.

Dort erwarteten sie die Glorie des Martyriums und es ermahnte und ermunterte der eine den anderen, bis in den Tod im heiligen Glauben zu verharren. Als nun jene, die vom Kaiser sie zu töten gesandt waren, erkannten, daß die Leute nicht willens waren, ihren Glauben zu verlassen, noch sich selbst zu wehren, vielmehr standhaft den Namen Christi zu bekennen, da ergriffen sie die heiligen Mannen und enthaupteten sie. Die grausamen Henker schleiften die heiligen Ritter des ewigen Königs blutbefleckt über das Feld und warfen die Leichname in einen tiefen Brunnen. Während dieses geschah, zog Viktor mit seiner Gesellschaft der Stadt zu, nach welcher er geschickt war, die Troja genannt wurde. Jetzt aber heißt sie Xanten. Auf einem grünen Felde schlugen sie ihre Zelte auf. Als die

Henkersknechte, welche ihnen folgten, sie dort erreichten, schlugen sie den heiligen Mann Viktor mit seinen Gesellen tot und warfen die heiligen Leichname an eine bruchartige Stätte.«
Die Gebeine aber lagen nicht lange in Xantener Morästen. Die Kaiserin Helena, die fromme, christliche Mutter Konstantins des Großen, hat sie ausgraben lassen; und in Gold gefaßt sind sie noch im Xantener Dom zu sehen, wo auch die Gebeine Viktors in einem goldenen Schrein aufbewahrt werden.

Dom, ehem. Stiftskirche St. Viktor, heute kath. Pfarrkirche: Etymologie des Wortes Xanten von ad sanctos (= »zu den Heiligen«); 1933 gefundene Märtyrergräber zweier gewaltsam getöteter Männer aus dem 4. Jh. bilden geschichtl. Fundament der Viktorlegende; Holz-, später Steinbauten über Gräbern bereits im 4. und 5. Jh. erwiesen; 1180/90–1213 Errichtung der spätrom., dreigeschoss. W-Fassade (fünfgeschoss. Türme spätes 13. Jh.) des bestehenden Doms; 1263–1530 Neubau des got. Doms, bei dem sich fünfschiff. got. Kirchenschiff und rom. W-bau harmonisch miteinander verbinden; 1517 riesiger spätgot. Fensterdurchbruch (Glasmalerei 1965) in der W-Fassade; im N Anbau des Kreuzganges (16. Jh.); starke Zerstörungen im 2. WK, danach Wiederaufbau; in 1960er Jahren um Mahn- und Sühnestätte Verfolgter des 3. Reiches erweiterte Krypta; als hervorragende Stücke der sehr sehensw. und vollst. Ausst. seien erwähnt: Marienaltar (1536 vollendet, Altarflügel 1553) und im Hochchor Hochaltar (1529–34) mit Viktorschrein (1129); außen bunte Statue des hl. Viktor an O-front des Stiftsgebäudes sehensw.; April–Okt. mo.–sa. 10–18 Uhr, so. 14–18 Uhr, Nov.–März mo.–sa. 10–17 Uhr, so. 13–17 Uhr geöffnet, Tel. 02801-71 31 34; Adresse: Domplatz, 46509 Xanten

IN DER UMGEBUNG
Regionalmuseum Xanten (RMX): 1974 Gründung als Außenstelle des Rheinischen Museums Bonn; nach institutioneller Verselbstständigung 1985 Zusammenlegung mit dem APX (siehe unten), danach fortlaufend erweitert;

Ausstellung zeigt »Siedlungsgeschichte von der Urzeit bis zur Spätantike« mit Schwerpunkt auf Römerzeit; in der Sammlung befinden sich Funde von röm. Legionsstätten und aus der zivilen röm. Stadt Colonia Ulpia Traiana (CUT = heutiges Xanten); große Sammlung an Metallgefäßen, Waffen und anderen militär. Gegenständen sowie antike Lehmabdrücke (Füße, Sohlen, Tierhufe, Wagenräder) u.v.m. sind zu bewundern; Adresse: Kapitel 18, 46509 Xanten (am Dom)

Klever Tor: eine der nur noch selten aufzufindenden Doppeltoranlagen am Niederrhein; 1393 Erbauung; nach dem 2. WK Rekon. oberer Areale, ansonsten alte Bausubstanz; Ringtürme auf der der Stadt abgewandten Seite flankieren Portal, dem sich Brücke über den ehem. Stadtgraben bis zum mehrgeschoss., herausragenden Haupttor anschließt; in der Vergangenheit verschiedenartige Nutzung: Zuchthaus, Museum, Heim der Hitlerjugend, Unterkunft für Archäologen; gegenwärtig innen drei ren. Apartments für Urlauber eingerichtet; Adresse: Klever Str., 46509 Xanten

Kriemhildmühle: 1804 Entstehung durch Umfunktionierung eines Wehrturms der alten Stadtbefestigung; geht von wechselndem Privatbesitz in städt. Hand über; seit 1992 als Getreidemühle in Betrieb und damit einzige ihrer Art am Niederrhein; Vollwert-Backstube angeschl.; während der Öffnungsz. (kein Ruhetag bei unterschiedl. Öffnungs- und Schließzeiten; Infos unter Tel.: 02801-6556) Besichtigung möglich; Kurse und Führungen ergänzen Angebot; Adresse: Nordwall 5, 46509 Xanten

Regionalmuseum LVR, Archäologischer Park Xanten (APX)/Röm. Thermen: um 100 n. Chr. Gründung der CUT, zweitgrößte röm. Stadt der Provinz Niedergermanien mit 10.000–15.000 Einwohnern und nur etwas kleiner als ant. Köln; Ausbleiben der Überbauung nach Verfall des Röm. Reiches hat Erhalt der Stadt im Grundriss ermöglicht; auf mehr als 40 ha Fläche (Hälfte der einstigen Stadtgröße) seit 1974 Errichtung des APX, 1977 Eröffnung; auf Originalgrund Rekon. unterschiedl. Anlagen 1:1, z.B. röm.

Str., teilw. wiederaufgebautes Amphitheater, Ruine des röm. Hafentempels, Thermen (Entdeckung 1879) und Teil der Stadtmauer; Informationszentrum erteilt Auskunft über Stadt und Alltag der Römer; in einem den Thermen angegliederten Gebäude Einrichtung eines neuen Museums zur Stadtgeschichte von der röm. Eroberung bis zum heutigen Xanten; Adresse: Wardter Str. 11, 46509 Xanten

Joest von Kalkar und die Bäckersfrau

Der Maler Jan Joest von Kalkar war ein reicher Mann, wenn man sein inneres Leben, den Reichtum seiner Seele meint, wie es in dem Altargemälde in der Kalkarer Nikolaikirche und manchen anderen seiner Werke sichtbar ist. Aber er war ein armer Mann, wenn man an das denkt, was ihm für seine Bilder und seine Arbeit bezahlt wurde. Er war auch wohl ein etwas leichtsinniger Mann, weil er sein Geld schlecht in der Tasche halten konnte. So geschah es denn, daß er wieder einmal nichts zu essen hatte und in der Not in einen Bäckerladen ging, um sich ein Brot zu erbitten. Als die Bäckersfrau aber erfuhr, daß er das Brot, das sie ihm schon in die Hand gegeben hatte, nur borgen statt bezahlen wollte, riß sie es wieder an sich und ließ den Maler, ohne ihm zu helfen, stehen. Der aber drohte ihr mit dem Finger und sagte dazu, daß er sie in ihrem Geiz und ihrer Lieblosigkeit so auf ein Bild für die Kirche malen würde, daß alle sie erkennen sollten. Damit würde er ihr für lange Zeit hindurch ein Andenken beschaffen, über das sich ihre Nachkommen nicht freuen würden.

Er malte gerade an jener Szene des Pilatus, als er Jesus richten sollte und sich die Hände in Unschuld wusch. Auf dieses Bild gehörte auch die Frau des Pilatus, die bei der Handlung zugegen war. Dieser gab er nun das unverkennbare Gesicht der Bäckersfrau. Die aber war, als sie das Bild zu sehen bekam, über die Maßen empört und verlangte, daß der Kopf geändert würde. Es kam zu einer Verhandlung am Kalkarer Gericht. Jan Joest aber wußte sich zu verteidigen. Ihm sei, wie er sagte, die Frau des Pilatus im Traume erschienen und habe das Gesicht gehabt, das er auf dem Bilde gemalt habe. Er könne nichts dafür, daß sie so ausgesehen habe wie die Bäckersfrau. »Wenn mir die aber nachweist, daß mir ein falsches Gesicht im Traum erschienen ist, und sie mir das richtige zeigen kann, will ich das gern statt des anderen auf das Bild malen.«

Geändert wurde nichts, und wer die Frau im Bilde sehen will, kann sie an der weißen Kopfhaube erkennen, die die Frauen in jenen Zeiten trugen.

Kath. Pfarrkirche St. Nicolai: 1409 Zerstörung der spätrom. Basilika durch Brand, danach Errichtung einer neuen, spätgot. Hallenkirche aus Back- und Tuffstein mit W-turm; Ende 19. und Beginn 20. Jh. sowie nach starken Zerstörungen im 2. WK Rest.; nach mehrjähriger Ren. seit Ende 2000 wiedereröffnet; trotz Veräußerung zahlr. Kirchenschätze zwischen 1818–1826 begründet spätgot. Innenausst. mit ihren kunstvollen Holzschnitzwerken (»Kalkarer Schule«) Ruhm St. Nicolais; besonders hervorzuheben sind: Hochaltar (Holzschnitzerei, 1488–1506) mit berühmten Flügelbildern von J. Joest (1506–09), auf denen das Leben Jesu und Passionsszenen dargestellt sind, Georgsaltar (15. Jh.), Sieben-Schmerzen-Altar (Anfang 16. Jh.), Dreifaltigkeitsaltar (16. Jh.), Jakobusaltar (Mittelschrein Anfang 16. Jh., Flügel 17. Jh.), Johannesaltar (Mitte 16. Jh., Flügel 17. Jh.), Annenaltar (um 1490–1500), Marienaltar (16. Jh.), Crispinus- und Crispinianusaltar; Führungen zu erfragen unter Tel.: 02824-23 80, www.StNicolai.de , Öffnungsz.: vor- und nachmittags, in Wintermonaten nur nachmittags

IN DER UMGEBUNG
Rathaus: 1438–46 Errichtung nach Plänen von J. Wyrenberg; ehem. Nutzung auch als Tuch- und Fleischhalle, im EG früher Unterkunft der Waage;

nach 2. WK leicht veränderter Wiederaufbau; dreigeschoss. Backsteinbau mit Zinnen, Ecktürmchen und hohem Walmdach; achteckiger, hochgewachsener Treppenturm mit spitzem Helm teilt und gliedert Frontseite; auf Marktplatz Gerichtslinde von 1545; Adresse: Marktplatz, 47546 Kalkar

Hist. Altstadtkern: 1230 Stadtgründung durch Graf D. von Kleve, 1242 Zuerkennung der Stadtrechte; teilw. Zerstörung im 2. WK, dennoch ma Stadtbild mit alten Bürgerhäusern des 15. und 16. Jh. erhalten; u.a. sehensw.: Treppengiebelhäuser, darunter Städt. Museum (1500) und Archiv (1430), Beginenhof (Renaiss., 1550) und Uff'sches Haus, ein Backsteingebäude (15. Jh.) mit got. Fresken und bemalter Eichenholzdecke; weitere hist. Gebäude tragen zum Altstadtflair bei; Lage: vom Marktplatz kann alles zu Fuß erlaufen werden; Stadtplan zu beziehen über Stadt Kalkar – Kultur & Tourismus, Markt 20, 47546 Kalkar

Museum Schloss Moyland/Skulpturenpark: urspr. ma Wasserburg; Ende 17. Jh. Umbau im Bar.stil; 1740 Schauplatz des ersten Zusammentreffens von Friedrich dem Großen und Voltaire; ab 1854 Umbau im neugot. Stil; im 2. WK stark beschädigt, daraufhin Verfall; 1987 Beginn der 10-jährigen Ren., 1997 Wiedereröffnung; Gesamtkomplex umfasst von Wassergräben umgebenes Schloss mit vorgelagerter alter und neuer Vorburg, Park- und Gartenlandschaft, darin moderne Skulpturen, sowie »Kräuterey« (Laden) am Zugang; beherbergt Privatsammlung der Brüder van der Grinten; im Schloss ständige Ausstellung von Exponaten aus dem 19., 20. und beginnenden 21. Jh.; Gebiete: Zeichnungen, Malerei, Plastik, Grafik/Fotografie und angewandte Kunst; ferner Werkkomplexe einzelner Künstler, darunter weltweit größte J. Beuys-Ausstellung; Ort verschiedenartigster Veranstaltungen; Wechselausstellungen; Adresse: Am Schloss 4, 47551 Bedburg-Hau

Niederrhein Kalkar 37

Der Schwanenritter von Cleve

Der hohe Turm am Schlosse zu Cleve, Schwanenturm genannt, erinnert an die liebliche Sage vom Schwanenritter. Der Graf Dietrich von Cleve war in einem blutigen Kampfe gefallen. Seine ihm treu ergebene Gemahlin Beatrix, die Tochter des verstorbenen Grafen von Teisterbant, folgte ihm aus Schmerz über ihren Verlust bald im Tode nach. Sie hatten eine wunderliebliche Tochter hinterlassen, die nach ihrer Mutter den Namen Beatrix führte und die einzige Erbin der reichen Clever Länder war. Wohl kamen viel edle Ritter, die sich um die Hand der schönen und reichen Jungfrau bewarben; aber Beatrix wies sie alle ab, denn eine geheime Stimme sagte ihr, daß ein Anderer kommen und sie heimführen werde. Da verwandelten sich die früheren Freunde in Feinde, und sie wurde von allen Seiten hart bedrängt. Aber sie tröstete sich, denn im Traume hatte sie einen herrlichen Helden gesehen, der ihr Rettung versprochen.

Eines Tages, als sie in höchster Not sich einsam auf den Turm ihres Schlosses begeben hatte, sah sie auf dem Rheine, der damals noch hart an den Mauern der Burg zu Cleve vorüberfloß, ein Schifflein nahen. Das wurde von einem weißen Schwan an hellglänzender, silberner Kette nachgezogen. In dem Schifflein aber ruhte ein schlafender Ritter; sein Schild war sein Hauptkissen, und neben ihm lagen Helm und Halsrüstung. Der Schwan brachte sein Schiff an das Gestade. Viel Volk hatte dem seltsamen Ereignis zugesehen. Unterdessen war der Ritter erwacht und stieg aus der Barke. Der junge Held sprach zu dem Vogel: »Flieg deinen Weg wohl, lieber Schwan! Wenn ich deiner bedarf, will ich dich schon rufen.« Sogleich schwang sich der Schwan auf und fuhr mit dem Schifflein aus aller Augen weg.

Beatrix ging sogleich dem Ritter entgegen, denn sie erkannte in ihm den Retter, der ihr im Traum erschienen war. Er folgte ihr ins Schloß und erbot sich zu ihrer Hilfe. Man rüstete sich auf beiden

Seiten zum Streite. Nach langem, hartnäckigen Kampfe war der Sieg endlich auf Seiten des Schwanenritters. Sein Gegner, der Herzog von Sachsen, verlor sein Leben, und der Beatrix Erbe war wieder frei und ledig. Zum Danke reichte ihm die Jungfrau ihre Hand. Der Ritter nahm sie mit Freuden, machte aber zur Bedingung, daß sie ihn nie und zu keiner Zeit fragen solle, woher er gekommen und welchem Geschlechte er entstamme, denn an dem Tage, wo sie dies tun würde, sei er genötigt, sie für immer zu verlassen.

Das Herzogspaar erhielt zwei Kinder; aber je mehr diese heranwuchsen, desto mehr bedauerte es Beatrix, nicht sagen zu können, von wannen ihr Vater und aus welchem Geschlecht. Endlich nach Jahren glücklichsten Beisammenseins ließ sie sich von der bösen Einflüsterung einer heimlichen Feindin betören und tat die verbotene Frage. Der Ritter war sehr bestürzt, und traurig sprach er: »Nun hast du unser Glück durch eigne Schuld zertrümmert, und ich muß nun von hier scheiden, um dich und die Kinder nie wiederzusehen.« Weinend nahm er Abschied. Kein Bitten und Flehen vermochte ihn zurückzuhalten. Der Ritter legte wieder dieselbe goldene Rüstung an, in der er vor Jahren gekommen, und auf seinen Ruf kam auch der Schwan wieder mit dem-

selben Schifflein angeschwommen. Der Schwanenritter stieg ein, nachdem er seine Kinder und seine Gemahlin geküßt, das umherstehende Volk gesegnet hatte, und war bald rheinaufwärts, von wo er gekommen, verschwunden. Der Frau ging der Kummer zu Herzen, doch zog sie fleißig ihre Kinder auf. Von diesen stammen viele edle Geschlechter, die von Cleve, Geldern, Mark, auch die Rienecker Grafen und manche andere; alle führen den Schwan im Wappen.

Der Schwanenritter aber, so geht die Kunde, hieß Elias Grail und war einer der Hüter des heiligen Grals, ein Sohn Parcivals, den König Artus der schönen Beatrix zu Hilfe sandte.

Ein altes Volkslied aber am Niederrhein hält schlicht und treu das Andenken des Schwanenritters in den Versen wach:

Er lenkte an der Hand den Schwan,
ein silbern Kettlein glänzte dran;
wer einmal ihn geliebt so sehr,
der kann ihn nie vergessen mehr.

Der Sage soll folgender geschichtlicher Vorgang zugrunde liegen: Ein junger Ritter von unbekannter Herkunft, der Karl Martell, dem fränkischen Majordomus, auf allen seinen Heerzügen gefolgt war und diesen 718 aus dem Gefängnis zu Köln befreite, wurde zum Danke dafür und für alle seine treuen Dienste von diesem mit der Grafenwürde von Cleve und Teisterbant belehnt. Er erhielt gleichzeitig Beatrix zur Gemahlin. Da diese ihm aber später seine dunkle Abkunft vorhielt, zog er von ihr fort gegen die Sarazenen. Im Jahre 734 erlag er einer Wunde zu Narbonne.

Schwanenburg: Name existiert erst seit dem 19. Jh., vorher schlicht als Klever Hof bzw. »Het Hof van Cleef« bez.; zwischen 900–1000 erster Burgenbau nachgewiesen; um 1190 Baubeginn eines mächtigen stauf. Palas; Regierungssitz der Grafen von Kleve, deren Wappentier der Schwan ist; 1439 Einsturz des alten Bergfrieds; 1440–48 Neubau des rechteckigen, wuchtigen, seither sog. Schwanenturms; 1663–66 Umbau im niederl. Bar.stil; im 18. und Anfang des 19. Jh. Verfall; ab 1828 Umbau durch Justizverwaltung; Ende 19. und Anfang 20. Jh. Rest.; 1944 schwerwiegende Zerstörung durch alliierte Luftangriffe, danach bis 1953 Wiederaufbau; heutige Nutzung als Amtsräume der Justiz; im inneren Burghof Portale sowie Gewölbekeller im Spiegelturm besonders sehensw. (Räume können nur im Rahmen von Führungen besichtigt werden); Turmbesteigung wegen des Blickes über die Rheinebene und bis in die Niederlande empfehlensw.; innen auf mehreren Etagen geol. Sammlung des Heimatvereins; Adresse: Die Schwanenburg, 47517 Kleve

IN DER UMGEBUNG
Ehem. Stiftskirche St. Mariä Himmelfahrt, heute kath. Pfarrkirche: um 1341 Verlegung des Stifts Monterberg bei Kalkar durch Graf Dietrich IV. nach Kleve und Errichtung einer neuen Stiftskirche an Stelle der rom. Vorgängerbasilika aus dem 12. Jh.; 1356 Chorweihe, 1426 Vollendung; 1802 Säkularisation und Übergabe der Kirche an Pfarramt; starke Zerstörung im 2. WK; seit Anfang der 1950er Jahre Wiederherstellung in Phasen; ab 1970 Fertigstellung der Inneneinrichtung, 1985 endgültige Vollendung; W-Seite von zwei Türmen flankiert; zur sehensw. Ausst. zählen u.a.: Kreuzaltar im rechten Seitenschiff (16. Jh.), rest. Marienaltar im Hochchor von H. Douverman und Grabmäler der Herzöge von Kleve (bis 1581 als Hofkirche und Grablegestätte des Herrschergeschlechts genutzt), werkt. von 7.45–12.30 Uhr und 14–19 Uhr geöffnet; Adresse: Kirchplatz, 47517 Kleve

Museum Kurhaus Kleve – Ewald Mataré-Sammlung: im ehem. Kurhaus (Errichtung 19. Jh.) der früheren Kurstadt »Bad Cleve«; nach 2. WK dem Verfall preisgegeben; Anfang der 1990er Jahre Umbau zum Museum; seit 1997 Präsentation von Kunstwerken vom MA bis zur Gegenwart; Schwerpunkt liegt auf Nachlass des namhaften rh. Bildhauers, Malers und Grafikers E. Mataré (1887–1965); ebenfalls hervorgehoben sei Dauerleihgabe der Sammlung Ackermanns mit Werken junger zeitgenöss. Künstler (K. Fritsch, R. Mucha, T. Schütte u.a.), Werken von Künstlern aus der Niederrheinregion (J. Beuys, W. Maywald u.a.) sowie aus Amerika (A. Warhol, C. Sherman und J. Schnabel u.v.m.); di.–so. von 10–18 Uhr (April–Okt.) bzw. 11–17 Uhr (Nov.–März) geöffnet; Adresse: Tiergartenstr. 41, 47533 Kleve

Hist. Park- und Gartenanlagen an der Tiergartenstr.: auf Veranlassung von Johann Moritz von Nassau-Siegen Errichtung einer bar. Gartenanlage im 17. Jh.; im Mittelpunkt Sternberg, von dem sternförmig Wege abgehen; nördl. davon »Amphitheater«, ein ital. gehaltener Terrassengarten in Form eines griech. Theaters, in dessen Mittelpunkt ein Duplikat einer Minervastatue von A. Quellinus d. Ä. (Original im Museum Kurhaus Kleve) steht; oberhalb endet Prinz-Moritz-Kanal, urspr. als Verbindung zwischen Kleve und dem Rhein geplant; im Kanalbecken zwei Inseln; angrenzend Tierpark in der Tradition des Tiergartens mit rund 600 Tieren (v.a. alten Haustierrassen) und Streichelwiese; (Tiergartenstr. 74, 47533 Kleve, Tel.: 02821-26 785, www.tiergarten-kleve.de, ganzjährig geöffnet); rechts davon Forstgarten; 1782 angelegt, 1822 neugestaltet in Form eines engl. romantischen Landschaftsgartens; Lage: Tiergartenstr., 47533 Kleve

Johanna Sebus

Zum Andenken der siebzehnjährigen Schönen Guten aus dem Dorfe Brienen, die am 13. Januar 1809 bei dem Eisgange des Rheins und dem großen Bruche des Dammes von Kleverham Hilfe reichend unterging.

Der Damm zerreißt, das Feld erbraust,
Die Fluten spülen, die Fläche saust.

»*Ich trage dich, Mutter, durch die Flut,*
Noch reicht sie nicht hoch, ich wate gut.« –
»*Auch uns bedenke, bedrängt, wie wir sind,*
Die Hausgenossin, drei arme Kind!
Die schwache Frau! ... Du gehst davon!« –
Sie trägt die Mutter durchs Wasser schon.
»*Zum Bühle, da rettet euch! Harret derweil;*
Gleich kehr ich zurück, uns allen ist Heil.
Zum Bühl ist's noch trocken und wenige Schritt';
Doch nehmt auch mir meine Ziege mit!«

Der Damm zerschmilzt, das Feld erbraust,
Die Fluten wühlen, die Fläche saust.

Sie setzt die Mutter auf sichres Land;
Schön Suschen, gleich wieder zur Flut gewandt.
»*Wohin? Wohin? Die Breite schwoll;*
Des Wassers ist hüben und drüben voll.
Verwegen ins Tiefe willst du hinein!« –
»*Sie sollen und müssen gerettet sein.*«

Der Damm verschwindet, die Welle braust,
Eine Meereswoge, sie schwankt und saust.

Schön Suschen schreitet gewohnten Steg,
Umströmt auch gleitet sie nicht vom Weg,
Erreicht den Bühl und die Nachbarin;
Doch der und den Kindern kein Gewinn!

Niederrhein Kleve

Der Damm verschwand, ein Meer erbraust's,
Den kleinen Hügel im Kreis umsaust's.

Da gähnet und wirbelt der schäumende Schlund
Und ziehet die Frau mit den Kindern zu Grund;
Das Horn der Ziege faßt das ein',
So sollten sie alle verloren sein!
Schön Suschen steht noch strack und gut,
Wer rettet das junge, das edelste Blut!
Schön Suschen steht noch wie ein Stern,
Doch alle Werber sind alle fern.
Rings um sie her ist Wasserbahn,
Kein Schifflein schwimmet zu ihr heran.
Noch einmal blickt sie zum Himmel hinauf,
Da nehmen die schmeichelnden Fluten sie auf.

Kein Damm, kein Feld! Nur hier und dort
Bezeichnet ein Baum, ein Turn den Ort.

Bedeckt ist alles mit Wasserschwall;
Doch Suschens Bild schwebt überall. –
Das Wasser sinkt, das Land erscheint,
Und überall wird schön Suschen beweint. –
Und dem sei, wer's nicht singt und sagt,
Im Leben und Tod nicht nachgefragt!

 Johanna-Sebus-Denkmal: Errichtung 1811 in unmittelbarer Nähe der alten Wardhauser Schleuse; gedenkt der 17-jährigen Johanna Sebus, die am 13. Jan. 1809 bei einem Deichbruch ihre kranke Mutter retten kann, einen weiteren Rettungsversuch aber mit dem Leben bezahlen muss; schwimmende Rose in der weißen Marmorplatte des Denkmals ist Symbol für tugendhafte Mädchen in der napoleon. Zeit und wird der tapferen jungen

Frau 1811 posthum zugesprochen; am 10. April 1809 Beisetzung der in Rindern angeschwemmten Leiche in dortiger rom. Kirche; heute Grabstätte in der neugot. kath. Pfarrkirche St. Willibrord (Errichtung 1869–72 anstelle des zuvor abgebrochenen älteren Kirchenbaus) in der N-seite des Chores; Adresse: Johanna-Sebus-Str., Kreuzung Am alten Rhein, 47533 Kleve

IN DER UMGEBUNG
Brückendenkmal: Eisenbahnbrücke über den Altrhein bei Griethausen (1374 Erteilung der Stadtrechte; heutiges Dorf Teil der Stadt Kleve); ca. 2000 m östl. vom Johanna-Sebus-Denkmal; 1863 Fertigstellung; eine der ältesten erhaltenen Stahlbrücken Dt. und Beleg der technischen Bauleistung um Mitte des 19. Jh.; ehem. Teil der 1865 in Betrieb genommenen Eisenbahnstrecke Kleve-Elten-Arnheim; Lage: Wehrpöhl, 47533 Kleve

Das Münsterland

Raesfeld

Der erste Graf zu Raesfeld ist ein gewaltiger Herr gewesen, der auch das schöne Schloß mit den spitzen Türmen, mit Graben und Zugbrücken gebaut hat. Darum haben sich auch viele Leute bei ihm niedergelassen und die Stätten eingenommen, welche man »auf der Freiheit« nennt; diese hat der Graf mit einem seidenen Faden umzogen, der so fest gewesen ist, daß ihn niemand hat zerreißen können.

Vor mehr als anderthalb Jahrhunderten war von der Familie, die das Schloß besaß, nur noch ein männlicher Erbe übriggeblieben. Als er sechs Jahre alt war, wurde er vom kalten Fieber befallen; da war er einmal in der Küche und erzählte, der Arzt würde kommen und ihm etwas gegen das Fieber verschreiben. Der Arzt ist dann auch nachher gekommen, das Kind ist hinaufgegangen, aber nicht wieder heruntergekommen, und man erzählt, daß es erst getötet und dann in die Wand gemauert worden sei; die hat aber später einen großen Riß gekriegt, und so ist das Verbrechen an den Tag gekommen. Andere sagen, das Gewölbe wäre geborsten, in dem der junge Graf beigesetzt war, und daran hätte man gesehen, daß er keines natürlichen Todes gestorben wäre. Seitdem ist es im Schlosse nicht mehr geheuer. Es hat dann nachher nur noch eine Wirtschafterin mit ihrer Tochter darin gewohnt. Wie die eines Abends am Herde saßen, fangen die beiden Türen an zu klappern, die Flamme lodert hell auf und es schürt im Feuer. »Siehst du denn nichts?« fragt die Dirne ihre Mutter. Aber die hat ihr geheißen still zu schweigen und beileibe kein Wort weiter zu reden. Nach einer Weile ist dann alles wieder still geworden, aber seitdem hat die Wirtschafterin nicht länger auf dem Schloß bleiben mögen, und nun ist es ganz verlassen.

Wasserschloss Raesfeld: 899 erstmals urkundl. Erwähnung als »Hrothusfeld« (= gerodetes Feld); Ende des 16. und im 17. Jh. unter der Regentschaft der Herren von Velen Neubau der weitgehend bis heute erhaltenen Anlage: Hauptburg, Vorburg mit sog. »Sterndeuterturm« und Kapelle; N-flügel z.T. aus dem 15. Jh., W-flügel mit fünfgeschoss. Turm und sehensw. grüner Haube; ab Mitte des 18. Jh. Verfall, später wechselnde Nutzung; 1942 Ankauf durch »Handwerkerverein Schloss Raesfeld«; 1950 Rest., ab 1952 Niederlassung der Landesakademie des nordrhein-westf. Handwerks in der Hauptburg; seit 1982 dient Vorburg als Fortbildungszentrum für handwerkl. Denkmalpflege; Führungen (Sch. und K.) werden angeboten; im Einzugsgebiet denkmalgeschützte ma Fachwerkhäuser und Museum mit Dauerausstellung »Raesfeld 1939–1945« von April-Okt. an Wochenenden und Feiert. geöffnet; Adresse: Freiheit 25–27, 46348 Raesfeld

Kath. Schlosskapelle St. Sebastian: Vollendung 1658 nach Entwürfen von M. von Gent; zweijochiger Saalbau mit zwei flankierenden Fronttürmen; im Innern sehensw. Bar.altar; in einer Wandnische rechts vom Chor aus Blei gegossener Behälter »bleiernes Herz«, entnommen der 1962 gefundenen Grabstätte des Reichsgrafen Christoph-Otto von Velen (gest. 1733); es heißt, in dem Gehäuse ruhe des Herz des Grafen; Öffnungsz. deckungsgleich mit denen des Museums am Schloss; Lage: am Eingang zum Innenhof des Schlosses

IN DER UMGEBUNG
Schlosspark: noch heute »Tiergarten« gen.; urspr. Mitte des 17. Jh. im Renaiss.-Stil angelegt; gemischter Baumwuchs sowie Rundwanderwege, ein Forstlehrpfad, Ruine einer Wassermühle, Teiche, die Wellbrockquelle (Ursprung des Flusses Issel) und Rastanlagen sind im Park untergebracht; Erweiterung der Gesamtanlage unter dem Motto »Wahrung des kulturhist.

Erbes« wird von dem Kreis Borken in Kooperation mit der Gemeinde Raesfeld verfolgt; geplant ist: Wiederbelebung des Tiergartens mit Rot- und Damwild, Aufbau eines Informations- und Besucherzentrums sowie eines Bildungszentrums mit natur-kulturhist., umweltpäd. und ökol. Themenspektren; Lage: beginnt hinter dem Schloss

Naturdenkmal Femeiche: über 1.000, möglicherweise sogar 1.500 Jahre alt; in heutigem Zustand Stamm zerfasert und durchlöchert; am Fuß ehem. Durchmesser von mehreren Metern; 1441 Ort des Femegerichts gegen die wegen Schöffenmordes verurteilten Gebrüder Diepenbrock; Jh. hindurch zehrendem Unwetter ausgesetzt; im 18. Jh. Aushöhlung des morschen Kernstücks durch Menschenhand; 1819 an F. Einnahme des Frühstücks durch den späteren König Friedrich Wilhelm IV. von Preußen; Stützbalken für den Stamm und umfangreiche Pflege gewährleisten Fortleben; Infos unter Tel.: 02865–8206 (Frau Rentmeister); Lage: nördl. von Raesfeld im Dorf Erle (dort ausgeschildert), in unmittelbarer Nähe der Dorfkirche

Rentmeister Schenkewald

In alten Zeiten lebte auf dem Schlosse Nordkirchen ein Rentmeister namens Schenkewald, der die armen, ihm untergebenen Bauern sehr unbarmherzig behandelte. Wenn ihm einer das Pachtgeld oder die schuldigen Zinsen nicht auf den Tag bezahlte, so fiel er ihn mit harten Worten an, ließ sich heimlich für seine Nachsicht Geld und Hühner bringen und auch wohl den armen Schuldner von Haus und Hof werfen oder durch das Gericht auspfänden.

Schon eine Menge Bauern waren durch seine Habsucht und Unbarmherzigkeit arm geworden, als er endlich an einer plötzlichen Krankheit starb. Das war ein Jubel unter den Bauern, als Schenkewald tot war. Nur die vornehmen Leute gingen mit seiner Leiche, und tausend Flüche folgten ihm in sein Grab. Allein kaum war er begraben worden, als man in dem Schlosse zu Nordkirchen bemerkte, daß Schenkewald spuken gehe. Des Nachts hörte man ihn die Treppen auf und ab laufen und entsetzlich heulen.

Andere sahen ihn, an einem Tische sitzend, Geld zählen, und wenn sie näher kamen, war er plötzlich verschwunden. Die Einwohner des Schlosses wurden endlich dieser Spukereien so müde, daß sie mehrere Messen lesen ließen und Gott baten, den Geist aus dem Schlosse zu verbannen. Als dies geschehen war, hörte man in einer finstern, stürmischen Nacht den Schenkewald ärger als jemals umherpoltern. Plötzlich wurde die Hausklingel heftig gezogen. Alle Bedienten sahen zum Fenster hinaus und siehe, es hielt eine prächtige Kutsche mit vier kohlschwarzen Pferden vor der Tür. Darin saßen zwei Kapuziner, die ausstiegen, mit ruhigen Schritten stillschweigend in das Schloß gingen und alsbald mit Schenkewald, den sie in der Mitte führten, wieder heraus kamen. Alle drei stiegen in den Wagen. Schenkewald saß zwischen den Kapuzinern, eine Peitsche knallte, und mit Blitzesschnelle fuhr der Wagen von dannen, der den Weg nach der Davert verfolgte.

Seit Schenkewald in dieser Art abgeholt war, wurde auf dem Schlosse Nordkirchen alles still.

In der Davert fährt er seitdem bis auf den heutigen Tag mit den beiden Kapuzinern und in dem gleichen Wagen Tag und Nacht umher. Eine Menge Leute haben ihn fahren sehen und beschreiben bis auf den kleinsten Umstand, wie er aussieht. Auch ist es schon mehreren begegnet, daß sie den Wagen für eine herrschaftliche Kutsche hielten und sich hinten aufsetzen wollten. Kaum hatten sie ihn aber berührt, so flog der Wagen mit den Pferden hoch durch die Lüfte davon.

Wasserschloss Nordkirchen: symmetrische, repräsentative Anlage des Bar., auch »Westfälisches Versailles« gen.; im Auftrag von Fürstbischof Friedrich Christian von Plettenberg von den Architekten C. L. Pictorius und J. C. Schlaun nach 30-jähriger Bauzeit (1703–34) auf dem Grund des zuvor abgerissenen Vorgängerbaus verwirklicht; HG mit aufgefächerten Anbauten und Seitenflügeln, Hof und Eckpavillons; in der Nachkriegszeit aufwendige Rest.; Eigentum des Landes NRW und heute Sitz der Fachhochschule für Finanzen; Schlossgarten nach bar. Vorbild wiederhergestellt; angeschl., weitläufiger Park mit bar. Statuen und der »Oranienburg« (bar. Gebäude); im Sch. sehensw. bar. Ausst., darunter Stuckdecken mit Malereien, eichenholzvertäfeltes Zimmer, Alabasterbüsten, schwarzmarmorne Wandsäulen und eine Gemäldegalerie; Schlosskapelle Mariä Himmelfahrt: bed. bar. Kirche (um 1713); eindrucksvolles Deckengemälde mit Abbildung der Himmelfahrt Mariens; Führungen durch Schloss und Kapelle so. zwischen 14–18 Uhr sowie nach Vereinb.; Adresse: Schloss Nordkirchen, 59394 Nordkirchen

IN DER UMGEBUNG

Kath. Pfarrkirche St. Mauritius: vierjochige, innen wie außen schlichte Hallenkirche aus rotem Backstein; 1715–19 Errichtung nach Entwürfen von P. Pictorius d.J. und G. Laurenz; W-portal von W. H. Kocks; hoher Turm mit geschwungener Haube birgt eine der ältesten Glocken NRWs (13. Jh.); 1884

veranlasst Graf Nikolaus Franz Esterhazy Ren. des Innenraums im rom. Stil; zu sehensw. Kirchengütern gehören: Statue des hl. gesprochenen K.patrons Mauritius (Angehöriger der thebäischen Legion), rom. Taufstein und auffällige Buntglasfenster (1912); tägl. geöffnet; Adresse: Am Mauritiusplatz (im Dorfzentrum), 59394 Nordkirchen

100 Schlösser-Route: »Königin unter den Radtouren« im Münsterland; 1400 km langes Radwegenetz verbindet auf abgelegenen Wegen Wasserschlösser, Adelssitze und Gräftenhöfe (ehem. über 3000 in der Region); individuelle Gestaltung des Tourenumfangs möglich; mehr als 20 Schlösser können im Innern besichtigt werden; gute Infrastruktur (Radverleih, -station, Hotels etc.) und Beschilderung auf allen Haupt-, Neben- und Verbindungswegen vorhanden; von Sch. Nordkirchen mehrere Touren Richtung Münster, Dülmen oder Ahlen angelegt

Burg Vischering: Baubeginn im 13. Jh.; hübsche, wehrhafte Ringmantelburg mit breiter Gräftenanlage zwischen innerem Ring und heute begehbarem äußeren Wall; bestehend aus trapezförmiger Vor- und runder Hauptburg sowie St. Georgs-Kapelle (von 1495; außerhalb des Festungsringes); Torhaus von 1519; weitreichende Ausbauten der ma Anlage nach Feuersbrunst 1521 im Renaiss.-Stil; Tor der Zugbrücke mit Wappenstein; Ausbau des W-flügels; Auslucht mit sehensw. Renaiss.-Erker; im Hof Treppenturm mit welscher Haube; seit 1971 an den Kreis Coesfeld verpachtet; hist. Räume beherbergen das Münsterlandmuseum (seit 1972); Gesamtanlage von außen jederzeit zugängl., Führungen nach Vereinb.; Adresse: Münsterlandmuseum Burg Vischering, Berenbrock 1, 59348 Lüdinghausen

Der Hochjäger *(Mündlich aus der Davert)*

In alten Zeiten stand mitten im Walde in der Davert eine große, mächtige Burg, die Feste Davensberg, von welcher man gegenwärtig noch die Trümmer sieht. Auf dieser Burg lebte vor vielen hundert Jahren ein mächtiger Ritter, welcher weit umher im Lande gefürchtet wurde, weil er ein rauher, unfreundlicher Mann war, der es mit seinen Untergebenen gar arg trieb. Ueberdies sagte man von ihm, er stehe mit dem Teufel im Bunde und keiner könne ihm was anhaben. Die Jagd war seine Hauptbeschäftigung; Tage lang lief er mit seinem Jäger in den wilden Wäldern umher, und wenn seine Bauern ihm helfen mußten, das Wild aufzutreiben, so behandelte er sie, als ob es seine Hunde wären.

Einstmals fiel es ihm an einem Ostersonntage ein, mit seinem Genossen auf die Jagd zu gehen und das Wild zu hetzen, und als man ihn warnte, den hohen Festtag nicht zu entheiligen, antwortete er: »Ich will nie in das Himmelreich kommen, wenn ich nicht heute einen Hirsch erlege!« Allein sein Frevel blieb nicht unbestraft. Er konnte seinen Schwur nicht lösen, und wurde seit dem Tage mit seinem Gesellen in die Davert gebannt. Sobald der Tag sich neigt, beginnt sein wildes Treiben und Jagen: Hundegebell und ein furchtbares Hollah-Rufen verkündigt seine Ankunft hoch in der Luft und wie das Volk sagt, wird er nicht eher Ruhe finden, bis er den Hirsch erlegt hat, worauf er seine Seligkeit verwettete.

In der Umgegend nennt ihn das Volk allgemein den Hochjäger. Einige behaupten auch, daß er zuweilen mit dem Teufel in einer Kutsche spazieren fahre und Karten spiele.

Burgturm Davensberg: 1256 erstmals indirekte urkundl. Erwähnung im Zusammenhang mit einer überlieferten Zeugenaufzeichnung des Herrmann von Meinhövel (selbsternannter von Davensberg); 1320 durch Heirat Übertragung des Besitzes an das Geschlecht der von Büren; im 14. Jh. Entstehung einer Handwerkersiedlung in unmittelbarer Umgebung; vor 1500 Ausbau unter der Führung der Eigentümerfamilie von Büren; Burgturm und Burgkapelle (heute St. Anna Pfarrkirche) einzige aus der Zeit erhaltene Bauwerke; im MA ist B. Gefängnis- und Gerichtsstätte bei Hexenprozessen; in Folgejh. wechselnde Besitzverhältnisse und ab 1750 stetiger Verfall; heute Unterkunft des Heimatmuseums D.; zu besichtigen: Kaminzimmer, Folterwerkzeuge für ma Verhörmethoden und Burgverlies (Unterbringung der Angeklagten); nur geöffnet in Verbindung mit angemeldeter Führung; Infos unter Tel.: 02593-880 (Frau Grube)

IN DER UMGEBUNG
Kath. Pfarrkirche St. Anna: aus der Spätgot. stammender einschiff., zweijochiger Saalbau mit abschließendem Chor; nach einer Genehmigung von Papst Innozenz III. (1432–92) Errichtung durch Familie von Büren anstelle des baufällig gewordenen Vorgängerbaus; urspr. Burgkapelle der Burg Davensberg; 1974 Anbau; zur sehensw. Innenausst. zählen: aus Stein bestehender Altarretabel mit drei Reliefs von J. Brabender (Anbetung der Hl. Drei Könige, Kreuzigung und Grablegung sowie Geburt Christi); an den Flanken eingehängte Gemälde mit Abbildungen der vier Evangelisten von H. tom Ring (1566); Abschlussstein am Deckengewölbe zeigt Anna Selbdritt; 2,30 m hohe, spätgot. Steinleuchter; tagsüber durchgehend geöffnet; Adresse: Römerweg 3, 59387 Ascheberg (Pfarramt; direkt der Pfarrk. angeschl.)

Davert: Wald-, Moor- und Sumpfgebiet südl. von Münster; umfasst rund 14.000 Morgen (= altes dt. Feldmaß; nicht einheitl.; 1 Morgen ~ 0,255 ha/ 2.500 qm) Land; jh.lang Schmelztiegel für Sagen (»Geisterghetto des Münsterlandes«); älteste Grundherren lassen sich bis ins 11. Jh. zurückverfolgen; ehem. Jagd- und Forstgebiet; früher begrenzte holzwirtschaftl. sowie landwirtschaftl. Nutzung; ab 1841 rechtsgültige Besitzverteilung der Davert und Beginn der Kultivierung des Gebietes, ab 1848 Zusammenschluss zur Davert-Genossenschaft (1969 Auflösung); ab 1956 übernimmt Gemeinde Ascheberg die gesamte Verwaltungstätigkeit; ab 1975 von dem Land NRW als Naherholungsgebiet für die Bevölkerung des Münsterlandes und des Ruhrgebiets erschlossen; heute NSG mit Wander- und Radwegen; Aushängeschild: sagenumwobene, »knorzige« Teufelseiche; Gebiet erstreckt sich im N bis Amelsbüren, im S bis Davensberg (»Das Tor zur Davert«), im W bis Ottmarsbocholt und Venne sowie im O bis Rinkerode

Wasserschloss Westerwinkel: Existenz urkundl. bereits 1225 belegt; Mitte des 17. Jh. von den Grafen von Merveldt Errichtung im Bar.stil auf zwei von Gräften umgebenen Inseln; vierflügeliges HG mit Zwiebeldach-Ecktürmen; langgestreckter, hufeisenförmiger Wirtschaftsgebäudekomplex der Vorburg (Errichtung 1663–96) mit Uhrturm (ggü. Haupttor), Eckpavillon und zwei Türmen; ferner bar. Garteninsel und Gartenhaus; bis heute im Privatbesitz der Familie von Merveldt; schlosseigenes Museum im HG mit Interieur des 18. und 19. Jh.; Gesamtanlage umgibt weitreichende Parklandschaft; regelm. Führungen, Gruppenführungen nach Vereinb.; Mai–Okt. fr.–so. und feiert. 14–17 Uhr geöffnet, Tel. 02599-98 878; Golfplatz angeschl.; Adresse: 59387 Ascheberg

Jungfer Eli

Vor hundert und mehreren Jahren lebte in dem Stift Freckenhorst, im Münsterischen, eine Äbtissin, eine sehr fromme Frau. Bei dieser diente eine Haushälterin, Jungfer Eli genannt; die war böse und geizig, und wenn arme Leute kamen, um Almosen zu bitten, so trieb sie sie mit einer Peitsche von der Tür fort und band die kleine Glocke an der Türe fest, daß die Armen nicht dran läuten konnten.

Endlich ward sie todkrank. Man rief den Pfarrer, sie zum Tode vorzubereiten; und als der durch den Baumgarten der Äbtissin ging, sah er Jungfer Eli mit ihrem grünen Hütchen mit weißen Federn in einem Apfelbaum sitzen. Und als er ins Haus kam, lag sie auch wieder in ihrem Bette und war böse und gottlos wie immer. Wollte auch nichts von Besserung hören und drehte sich um nach der Wand, wenn der Pfarrer mit ihr reden wollte.

So verschied sie, und sogleich zersprang die Glocke. Bald hernach fing sie an, in der Abtei herumzuspuken, und als eines Tages die Mädchen in der Küche saßen und Fitzebohnen schnitten, fuhr sie mit Gebraus zwischen ihnen her, wie sie sonst leibte und lebte, und rief: »Schniet ju nich in de Finger, schniet ju nich in de Finger!« Auch wenn die Mägde zur Milch gingen, saß sie auf dem Stege und wollte sie nicht vorbei lassen. Wenn sie aber riefen: »In Gottes Namen, gah wieder her«, mußte sie weichen. Und dann lief sie hinterher, zeigte ihnen eine schöne Torte, sprach: »Tart, Tart!«, und wenn sie sie nicht nehmen wollten, warf sie sie mit höllischem Gelächter auf die Erde, und da wars ein Kuhfladen. Auch die Knechte sahen sie, wenn sie Holz hauten. Da flog sie immer von einem Zweig zum andern. Nachts polterte sie im Hause herum, warf Töpfe und Schüsseln durcheinander und störte so die Leute im Schlaf.

Endlich erschien sie auch der Äbtissin auf dem Wege nach Warendorf, hielt die Pferde an und wollte in den Wagen hinein. Die Äbtissin aber sprach: »Ich habe nichts mit dir zu schaffen. Hast du übel getan, so ist's nicht mein Wille gewesen.« Sie wollte sich aber nicht ab-

Münsterland Warendorf

weisen lassen. Da warf die Äbtissin einen Handschuh aus dem Wagen und befahl ihr, den wieder aufzuheben. Sie mußte gehorchen, und während sie sich bückte, trieb die Äbtissin den Fuhrmann an und sprach: »Fahr zu, so schnell als du kannst, und wenn auch die Pferde drüber zugrunde gehen!«

Und so kamen sie glücklich nach Warendorf. Die Äbtissin ward endlich des vielen Lärmens überdrüssig und berief alle Geistlichen der Gegend zu sich; die sollten Jungfer Eli verbannen. Sie versammelten sich auf dem Herren-Chor und fingen nun an, zu zitieren. Aber sie wollte nicht erscheinen, und eine Stimme rief: »He kickt, he kickt!« Da sprachen die Geistlichen: »Hier muß jemand in der Kirche verborgen sein«; suchten und fanden einen kleinen Knaben, der sich aus Neugierde drin versteckt hatte. Als der hinausgejagt war, erschien Jungfer Eli und ward in die Davert verbannt.

Die Davert ist aber ein Wald im Münsterischen, wo Geister umgehen und wohin alle Gespenster der anliegenden Gegend verbannt werden. Alle Jahr einmal fährt nun noch, wie die Sage geht, Jungfer Eli über die Abtei zu Freckenhorst mit schrecklichem Gebraus und schlägt einige Fensterscheiben ein oder dergleichen; und alle vier Hochzeiten kommt sie wieder einen Hahnenschritt näher.

Kath. Pfarrkirche St. Bonifatius, ehem. Stiftskirche Freckenhorst: schlichter, aber monumentaler und kirchenbaugeschichtl. sehr bed. Bruchsteinbau des 12. Jh.; dreischiff., rom. Pfeilerbasilika mit insgesamt fünf Türmen, auf dem Grund eines karol. Vorgängerbaus errichtet und bis heute weitgehend erhalten; 1129 Weihung durch Bischof Egbert von Mimigardeford (= heutiges Münster); unter der Äbtissin M. von Tecklenburg zwischen 1473–1527 Aufstockung der Mauern des Mittelschiffs und Ersatz der alten, flachen Decke durch Kreuzrippengewölbe; 1689 Bau des Glockenstuhls von S. Hölscher; 1670 Krönung des Mittelturms (W-seite) mit einer bar. Haube; Krypta in Form einer dreischiff. Säulenhalle; 1955–62 umfassende Rest.; zur sehensw. Innenausst. zählen: rom., aus Sandstein gefertigter Taufstein von 1129 (bed. dt. Taufbecken des 12. Jh.!), steinerne Grabplatte der als Stiftsgründerin verehrten Geva (Mitte 13. Jh.), steinerne Marienklage (um 1520), das Freckenhorster Kreuz (von vergoldetem Silberblech mit besetzten Halbedelsteinen umschlossen); moderne Kunst des Bildhauers H. G. Bücher (nördl. und südl. Bronzetüren, Glasfenster u.a.); tagsüber durchgehend geöffnet; Adresse: Stiftshof 2, 48231 Warendorf/Gemeinde Freckenhorst

IN DER UMGEBUNG

Kath. Pfarrkirche St. Laurentius: im 8. Jh. Urpfarre aus Holz; im 12. Jh. rom. Steinbau; nach Stadtbrand 1404 Kirchenneubau im Stile einer got. Hallenkirche; 1913/14 Errichtung eines neuen, gotisierenden Turmes (61 m) anstelle des alten aus dem 12. Jh.; zur sehensw. Innenausst. zählen u.a.: Warendorfer Altar (um 1420), berühmte westf. Tafelmalerei mit Abbildungen des Leidenswegs Jesu in fünf Teilen (fehlende Originalflügelbilder andernorts aufbewahrt bzw. verschollen), in der Bevölkerung verehrtes Gnadenbild der »Glorreichen Jungfrau von Warendorf« und »Sassenberger Kreuz« (um 1520), urspr. Aufstellung auf dem Friedhof der Kirche; tagsüber durchgehend geöffnet; Adresse: Am hist. Marktplatz der Altstadt Warendorf (Kirchstr.)

Hist. Marktplatz und Marienbrunnen: »Gute Stube« und Mittelpunkt der malerischen Altstadt; ren. Gebäude aus mehreren Jh. mit z.T. drachenkopfverzierten Kranbalken; sehensw. z. B. Markt Nr. 4: Haus aus rotem Ziegel und gelbem Werkstein mit Voluten-Giebel (1631 erbaut); am Platzrand Marienbrunnen (im Volksmund »Dröppel-Mia« gen.) von B. Kleinhans; Becken schmücken zehn Abbildungen aus dem Leben Marias, heraustretende Säule zieren Figuren aus dem AT und NT; im alten Rathaus Unterkunft eines Teils des dezentral angelegten Stadtmuseums und des Verkehrsvereins; Adresse: im Zentrum der Altstadt (von allen Seiten zugängl.)

Gadem (= kleines Mietshäuschen): von wohlhabenden Familien seit dem ausgehenden MA als Geldanlage erworben und zumeist von weniger gut gestellten Personengruppen (Witwen, ledige Frauen, einfache Handwerker, Tagelöhner u.a.) bewohnt; seit dem 18. Jh. zunehmend im Besitz von Kleinbürgern; 1993 Erwerb des hist. Gebäudes (Errichtung 1662/63, im 18. und 19. Jh. Um- und Ausbau) durch die Warendorfer Altstadtfreunde und den Heimatverein Warendorf; nach Ren. in den Räumen Einrichtung einer Ausstellung zur Alltagskultur der »kleinen Leute« der 1920er Jahre; so. und feiert. vor- und nachmittags geöffnet; Führungen werden angeboten; Adresse: Zuckertimpen 4, 48231 Warendorf

Der silberne Hahn

Als Münster vor ergrauten Jahren
Der Feind mit Heeresmacht berannte
Und mit den gottvergeßnen Scharen
Blutdürstig mordete und brannte,
Als nach mannhafter Gegenwehr
Der Hunger in die Stadt gebrochen,
Als Küch' und Keller öd und leer
Und alles Schlachtvieh totgestochen,
Als jubelnd schon der Feinde Schar
Vom Gute der Bedrängten träumte,
Als Münster fast verloren war
Und ratlos nur zu fallen säumte –
Da schlich ein Ratsherr, lobesan,
Der nie gern an den Fingern zehrte
Und nur noch einen zechen Hahn
In seinem Hofe spärlich nährte,
Mit leisem Schritt zum Hühnerhaus,
Um diesen alten Junggesellen

Vielleicht zum allerletzten Schmaus
Mit seinem Richtschwert still zu fällen.

Doch – armer Mann! – kaum sieht der Hahn
Das Licht des Tags in seinem Jammer,
Als er – wer hätt's nicht auch getan? –
Ausbricht aus seiner Marterkammer
Und über Stock und Stein und Hagen,
Was auch der Ratsherr rennt und keucht,
Wie von des Sturmes Hauch getragen
Bis zum Ägidii-Tore fleucht.–

Dort, auf der Zinne sieht man protzig
Den Flüchtling auf und nieder gehn,
Und, mit den Fittigen sich trotzig
Die Weichen klatschend, dreimal kräh'n.

Da fiel den Feinden die Courage:
»Hört,« sagten sie, »den Satan kräh'n!
Nicht fehlt's in Münster an Fourage,
Wer ließ sonst Kükenbraten stehn?
Uns geht es hier an Kopf und Quaste,
Wir müssen hungern, wachen, schwitzen,
Wie jene dort bei dem Potthaste
Und Ihrem Altbier schmausend sitzen.«

Der Feind zog ab, und so gerettet
War Mann und Maus durch diesen Hahn;
Von allen Sorgen losgebettet
Flog jedes Herz nun himmelan.
Auch ward darauf das tapfre Tier
Sowohl von Jungen als von Alten

In jeder Laischaft und Revier
Gleich einem Sultan hochgehalten;
Und als es lieb'– und lebenssatt
Der Sterblichen Geschick erfüllet,
Hat jede Seele in der Stadt
In tiefe Trauer sich gehüllet.

Der Ratsherr aber, der indessen
Zum Bürgermeister ward gekürt,
Nachdem er, wie es sich gebührt,
Ein rundes Bäuchlein sich gegessen,
Ließ unsern Helden modellieren,
Als Humpen ihn verstatuieren,
Und, wie er den mit edlem Wein
Gefüllt, die Bürger, groß und klein,
Von jedem Alter, aller Stufen,
Zum Totenmal zusammenrufen,
Und sprach mit einem mächt'gen Zuge:
»Du sollst nicht tot sein, lieber Hahn;
Denn viel hast du mit kühnem Fluge
Für Rat und Bürgerschaft getan!
Stolz lebe fort – in dem Pokale,
Den dankbar dir die Stadt geweiht,
Dein Hagen sei im Friedenssaale,
Dort wache für uns allezeit,
Fleuch aus an jedem Ehrentage!
Ein hochgehaltner Paladin
Sollst du mit freud'gem Flügelschlage
Von einer Hand zur andern zieh'n!«

Hist. Rathaus mit Friedenssaal: got. Profanbau mit einmaliger Giebelfassade aus Sandstein; innen zweigeteilt in Ratskammer (heute F. gen.) und Bürgerhalle; am 15. Mai 1648 in Kammer Beschwörung des Span.-Niederl. Friedensvertrags als Teilvertrag des später ausgehandelten Westf. Friedens; durch Auslagerung im 2. WK von Zerstörung verschonte, sehensw. hist. Inneneinrichtung, darunter: holzvertäfelte Wände mit Schnitzkunstwerk aus dem 16. Jh. nach Entwürfen von H. tom Ring, an der N-seite hinter einer Glasfront »goldener Hahn« (seit 1621 im Besitz der Stadt), ein teilvergoldetes, sagenumwobenes Trinkgefäß aus Silber (vermutl. um 1600), daneben verdorrte Menschenhand (symbolische Bed. unklar), reich verzierter Kronleuchter mit Stadtwappen und Strahlenmadonna, an W-seite Portraits der Gesandten des Westf. Friedens u.v.m.; Kamin von 1621 an der S-seite (aus dem Krameramtshaus); im Krieg Mauerwerk sehr stark beschädigt; Wiederaufbau nach hist. Vorbild bis 1958; mo.–fr. von 9–17 Uhr, sa. 9–16 Uhr, so. 10–13 Uhr geöffnet, Führungen werden angeboten; Adresse: Friedenssaal/Bürgerhalle, Prinzipalmarkt, 48143 Münster

IN DER UMGEBUNG
Stadtweinhaus und Prinzipalmarkt: Errichtung des S. 1615/16 von J. von Bocholt in direkter Nachbarschaft zum hist. Rathaus; geschmückt mit Laube und imposantem Giebel im Renaiss.-Stil; vor bzw. unter Laube mit ihren zwei Bögen (»Sentenzbogen« gen.) öffentl. Urteilsverkündungen; ab 1150 Entstehung des P., älteste Marktstraße im Herzen von Münster; um 1330 nahtlos aneinander gereihte, lange Häuserfronten mit Bogengängen und Giebeln, dazwischen lang gezogener Platz; im 2. WK weitreichende Zerstörung, danach Wiederaufbau im alten Stil und Wahrung des hist. Str.bildes mit der Kirche St. Lamberti in der nördl. Str.flucht; Adresse: Stadtweinhaus, Prinzipalmarkt 8–10, 48143 Münster

St. Paulus Dom: urspr. Kirchenbau um 800, Neubau im 11. Jh., 1197 Zerstörung; von 1225–64 dritter, bis heute weitgehend erhaltener Bau; spätrom., dreischiff. Basilika mit zwei Querhäusern, Chorumgang und gewaltigem Turmpaar im W; 1390-95 Anbauten (Kreuzgang, Marienkapelle); 1536-56 Neugestaltung des Innern nach Verwüstungen durch die Wiedertäufer; 1620-1700 Anbauten und Neugestaltung im Bar.stil; im 2. WK weitreichend beschädigt; von 1946-56 Wiederaufbau; 1981 Errichtung der Domkammer; sehr sehensw.: »Paradies«, zweigeschoss. Erweiterungsbau mit Skulpturenschmuck (13. Jh.) an der S-seite des W-querhauses; »Paradies«(Vorhalle) u.a. mit mächtiger Statuengruppe an den östl. bzw. westl. Seitenwänden (Bischof Dietrich III. von Isenburg, Hl. Laurentius mit Ross und Palme sowie Ritter und eine Hl. mit Salbgefäß, vermutl. Maria Magdalena); im Innern u.a. sehensw.: astronomische Uhr (16. Jh.) im Chorumgang, Stephanus-Altar von G. Gröninger (um 1630) im N-flügel des O-querhauses sowie Domkammer an der N-seite im EG (mit sehensw. Reliquienschätzen); Adresse: Domplatz

Westf. Landesmuseum für Kunst und Kulturgeschichte: Anfänge fußen auf einer Initiative des Westf. Kunstvereins (von 1832) und dem Altertumsverein für Westf.; seit 1908 im Zentrum der Stadt einquartiert; 1970 Erweiterungsbau; nach mehrjähriger Ren. 1999 Wiedereröffnung des alten Baus; Ausstellungsstücke umfassen die Zeit vom frühen MA bis in die Moderne, darunter u.a.: rom. und got. Monumentalskulpturen und frühwestf. Tafelmalereien, berühmte rom. Glasfenster, sog. »Gerlachus-Scheiben« (Mitte 12. Jh.), Renaiss.-Gemälde der Malerfamilie tom Ring und intarsienverzierter Wrangel-Schrank (Renaiss.), Sammlung zur westf. Geschichte und Volkskunde, »Moderne Galerie« mit Werken zum Impressionismus, Expressionismus, Bauhaus, zur Kunst der 1950er Jahre und Avantgarde, Münzkabinett und Portraitarchiv; wechselnde Sonderausstellungen; dezentral: »Westfälische Galerie« im Kloster Bentlage (Bentlager Weg 130, 48432 Rheine) und wechsende Ausstellungen im Schloss Cappenburg (59379 Selm); di.-fr. von 9-12 Uhr und 16-18 Uhr geöffnet; Adresse: Domplatz 10, 48143 Münster

Die Münstersche Judith und das Ende der Wiedertäufer

Während die Wiedertäufer in der Stadt von dem Bischof belagert worden, war dort eine Frau Namens Hille Feicke aus dem Dorfe Werden bei Lewarden gebürtig, schön von Gestalt und wohl erzogen. Als die von ungefähr in einer Predigt die Geschichte von der Judith hörte, wie sie den Holofernes den Kopf abgeschlagen und dadurch die israelitische Stadt Bethulien von der Belagerung befreite, da hat sie alsbald die allerheftigste Begierde gespürt, solche Heldentat mit eignen Händen zu verrichten. Tag und Nacht dachte sie auf nichts anderes, als daß sie den Bischof ermorden und die Stadt in Freiheit setzen wolle. Und da der Gedanke immer stärker in ihr wurde, setzte sie sich zuletzt gar in den Kopf, er sei ihr von Gott eingegeben worden. Sie zog nicht allein etliche ansehnliche Weiber aus der Stadt, sondern auch den Propheten Bockelson und den Knipperdolling zu Rate und sie wurde von ihnen noch dermaßen angefeuert, daß sie gar nicht mehr daran zweifelte, es müsse ihr gelingen.

Sie schmückte sich auf das Schönste, als man ihr aber Geld anbot soviel als sie nur wollte und Kleinodien und allerlei Putz, nahm sie auf vieles Zureden 12 Gulden als einen Zehrpfennig und 3 Ringe, von denen 2 mit Edelsteinen besetzt waren. Auch nahm sie noch ein Hemd, welches sie sehr künstlich aus der feinsten Leinwand zubereitet hatte, das dabei aber sehr stark vergiftet war, als ein Geschenk für den Bischof. Als sie morgens ganz früh aus der Stadt ging, wurde sie von den bischöflichen Soldaten gleich aufgefangen und vor den Wollbeckischen Drosten Theodor von Meerfeld gebracht und hier gab sie vor, sie sei mit ihrem Mann, den sie wider Willen ihrer Eltern geheiratet habe, nach Münster zu den Wiedertäufern gekommen. Nunmehr aber, nachdem sie wahrgenommen, daß diese Betrüger und Heuchler seien und dabei all die Müh und Arbeit, die Frondienste und das Schanzen, das sie in der belagerten Stadt auf sich nehmen müßten, vergeblich sei, so sei sie mit Wissen und Willen ihres Mannes herausgegangen, um bei dem Bischof für ihn Fürbitte einzulegen, daß er als ein Unschuldiger ohne Gefahr aus der Stadt herauskommen möge. Sie hoffe, der Bischof werde sie vorlassen, wenn ihm daran liege, die Stadt einzunehmen ohne Gefahr, ohne Blutvergießen und ohne einen Mann zu verlieren.

Ihr Mann habe Umgang mit den Vornehmsten in der Stadt und wisse alle ihre geheimen Anschläge. Und als der Droste sie fragte, warum sie sich so herrlich geschmückt habe, sagte sie, weil sie keine Hoffnung habe, wieder zurückzukehren, so habe sie alle diese Sachen mit sich genommen. Das alles wußte sie so gut und mit so ehrlichem Gesicht vorzubringen, daß der Droste nahe daran war, sie zum Bischof selbst führen zu lassen. Da wurde ein Münsterscher Bürger mit Namen Hermann Ramers von den Soldaten eingebracht. Der gehörte nicht zu der wiedertäuferischen Sekte und war nur in der Stadt geblieben, um sein Weib und seine Kinder zu beschützen. Als er von dem Anschlage der Hille Feicke vernahm (denn es wurde diese Begebenheit in der ganzen Stadt erzählt), suchte er die nächste Gelegenheit, aus der Stadt zu kommen, um seinen Bischof zu retten. Er wurde auch von den Feinden sogleich aufgefangen und erzählte nun alles, was die Hille Feicke vorhatte, sie sei ein verschlagenes Weib und habe an Beredsamkeit nirgend ihresgleichen; alles aber, was sie vorbringe, um ein sicheres Geleit für ihren Mann von dem Bischof zu erlangen, sei falsch und erlogen, sie habe gar keinen Mann und sei noch ledig. Es sei kein Zweifel wenn sie zum Bischof gelassen werde, so würde sie ihn ums Leben bringen.

Hierüber sind die Hauptleute sehr erschrocken, haben dem Gefangenen, wofern er die Wahrheit sagte, guten Mut zugesprochen und alles ungesäumt dem Drost zu Wolbeck und andern Räten angezeigt. Darauf ließen diese die Weibsperson nicht allein sogleich in ihrem Gefängnis verwahren, sondern auch foltern, damit sie die Wahrheit gestehen möchte. Da hat sie nun die Folter nicht ausgestanden, sondern sogleich bekannt, daß sie in der holländischen Stadt Snec wiedergetauft sei und die neue Religion angenommen habe; und weiter, da sie von dem Geist Gottes, dem Knipperdolling und andern gottesfürchtigen Leuten dazu angetrieben worden, habe sie es für ihre Schuldigkeit gehalten, den Bischof als eine andere Judith mit Gift hinzurichten, und würde Gottes höchsten Zorn auf sich geladen haben, wenn sie so vielen Eingebungen seines Geistes und seiner Propheten widerstrebt hätte. Nun aber, da sie in die Hände der Gottlosen gefallen, hielt sie es für besser, durch deren Schwert zu sterben, als in das Gericht Gottes zu kommen, es möge ihr also eine Strafe angetan werden, welche da wolle, so wolle sie dieselbe zur Ehre Gottes und zum Heil ihrer unsterblichen Seele mit gelassenem Gemüt ausstehen.

Als nun der Bischof dies alles erfuhr, befahl er sogleich, den Ramers freizulassen, dessen Weib und Kinder aber, die noch in der Stadt waren, sprach er von der schimpflichen Wiedertäuferlehre frei und gab Befehl, sie bei der Eroberung der Stadt zu schonen. Das Weib hingegen, welches ihn vergiften wollte, wurde nach Bevergern geführt und dazu verurteilt, daß ihr der Kopf abgehauen und ihr Körper aufs Rad geflochten werden sollte. Sie bildete sich freilich noch immer ein, sie werde nicht sterben

müssen, und sagte auch öffentlich, der Henker werde keine Gewalt über sie bekommen. Als aber der Scharfrichter erfahren, was die Hille von ihm geredet hatte, hat er mit desto größerer Kraft und Gewalt das Schwert gegen sie gezogen, und ebenso auf sie zugehauen, als ob er nicht einer weichen zarten Dirne, sondern einem zähen alten Weibe den Kopf abschlagen sollte.

Als dann durch den Verrat des Hänsel Eck von Langenstraten die Stadt nach wilden Kämpfen in die Gewalt des Bischofs gekommen, unter den Wiedertäufern ein entsetzliches Gemetzel angerichtet, der Wiedertäuferkönig Johann nebst seinen Gefährten Krechting und Knipperdolling gefangen genommen war, hat man ihnen den Prozeß gemacht. Davon weiß man noch heute im Emslande zu erzählen, und zwar anders als die Geschichtsschreiber: Jan Bockelson, der König, wurde nebst den zweien in den Drahtkörben lebendig zum Lambertiturme emporgezogen, sie sollten dort den Hungertod sterben. Und wie ihn nun der Hunger so fürchterlich quälte, hat Jan den Leuten, die unten standen und gafften, zugeschrien, sie sollten ihm doch wenigstens den Kot von der Straße zu essen geben. Aber auch das haben sie ihm nicht gegönnt, und so hat er da oben ohne Gnade elend sterben müssen.

Kath. Pfarrkirche St. Lamberti: Vorgängerkirchen aus dem 12. und 13. Jh.; erhaltener Sakralbau geht auf Bautätigkeit des 14. und 15. Jh. zurück; dreischiff. Hallenkirche ohne Querhaus; W-turm 19. Jh.; im letzten WK schwere Zerstörungen, danach Wiederaufbau; am Außenwerk u.a. sehensw.: über Haupteingang der S-seite in Stein gemeißeltes Bild »Wurzel Jesse« (symbolträchtiger Stammbaum Jesu); N-seite ziert Marienportal mit Marienstatue und Jesuskind über der Tür (15. Jh.); am W-turm gut sichtbar Wiedertäuferkäfige der am 22.01.1536 in Münster hingerichteten Wiedertäufer J. van Leiden, B. Knipperdolling und B. Krechting; in den Käfigen sollen die Verurteilten am Kirchturm aufgehängt worden sein; innen u.a. sehensw.: Flügelaltar im nördl. Seitenschiff (um 1500) mit Szenen aus dem

Leben Mariens und Kreuzigungsgruppe von F. Brabender (um 1500) im vorderen Mittelschiff; Adresse: Lambertikirchplatz, nördl. Ende des Prinzipalmarktes, 48143 Münster

IN DER UMGEBUNG
Erbdrostenhof: (Erbdrosten = amtl. fürstbischöfl. Stellvertreter) 1753–57 errichtet; eindrucksvolles Baukunstwerk des Bar. nach Plänen von J. C. Schlaun; im Grundriss einem rechtwinkligen Dreieck gleichend; vorgelagerter Ehrenhof von zwei aufeinander zulaufenden Seiten umschlossen (Mauerfundament und Gitter), an der Spitze repräsentatives Gittertor; in der Raumtiefe liegendes dreischiff., geschwungenes Palais; Schmuckstück im Innern: zweigeschoss., ausgeschmückter Festsaal mit Freskenmalereien (heute Nutzung als Konzertsaal und für kulturelle Veranstaltungen); Anlage im 2. WK stark beschädigt, danach Rekon. (Festsaal u.a.) und Wiederaufbau; seit 1955 Unterkunft des Westf. Amtes für Denkmalpflege; Fachbibliothek; Besichtigung der Innenräume auf Anfrage möglich; Adresse: Salzstr. 38, 48143 Münster

Haus Rüschhaus: 1745–49 Errichtung auf alter Gräftenanlage nach Plänen des westf. Bar.architekten J. C. Schlaun (1695–1773) für den Eigenbedarf; ausgesprochen gelungene Vereinigung von westf.-bäuerl. und herrschaftl.-repräsentativer Bar.architektur; mit Stallungen zur Str. und Wohntrakt zum Garten hin; 1825 Ankauf durch Vater der berühmten dt. Dichterin Annette von Droste-Hülshoff (1797–1848); Annette bezieht dort von 1826–46 Arbeits- und Wohnquartier; seit 1979 im Besitz der Stadt Münster und des Landschaftsverbandes Westf.-Lippe; innen: Droste-Museum mit hist. Einrichtung (u.a. sog. »Schneckenhäuschen«/ Wohn- und Arbeitsbereich) und Sammlung aus dem Leben der Dichterin; dem Stadtmuseum Münster angeschl.; von außen jederzeit zugängl., Innenbesichtigung nur mit Führung (tägl. außer mo.); Infos unter Tel.: 02533-13 17; Adresse: Am Rüschhaus 81, 48161 Münster

Amtmann Timphot

Auf der Ägidiistraße
Zu Münster, nicht gar weit
Vom Kloster, wohnt' ein Amtmann
In längst vergangner Zeit.

Recht stattlich war zu schauen
Er im grünseidnen Rock,
Mit Timphot und Perücke
Und goldbeschlagnem Stock.

Sein Wagen war der schönste
Im ganzen Münsterland,
Und er als »Amtmann Timphot«
Bei alt und jung bekannt.

Ihn drückten keine Sorgen,
Sein Amt, das plagt' ihn nicht,
Und dennoch macht' er öfters
Ein finster, bös Gesicht.

Ihm war gar viel zuwider,
Was andern machte Freud',
Am meisten aber haßt' er
Der Glocken hell Geläut.

Schon oft hatt' er verboten
Am Tag Scholastika
Den Nonnen, so zu läuten,
Wie's jedes Jahr geschah.

Es tönte fast beständig
Die Glock' an diesem Fest:
Das Läuten einzuschränken,
Vermochte kein Protest.

Als einst an solchem Tage
Der Amtmann fuhr vorbei
Und wieder mußte hören
Die ew'ge Bimmelei,

Vergaß er sich im Zorne,
Droht nach dem Kirchturm hin
Und schimpft in wildem Grolle,
Kaum mächtig seiner Sinn':

„Scholastika, ick wull men,
Dat di de Düwel höll!"
Da kam ihm aber selber
Der Teufel auf das Fell.

Er zog ihn in die Erde
Und ließ ihn wühlen dort,
Bis mit dem Turm der Kirche
Das Läuten auch fiel fort.

Doch Ruhe hat gefunden
Auch dann er nicht im Grab;
Noch heute sieht man wandeln
Des Nachts ihn auf und ab.

Er eilt durch Lüttke Gasse
Zur Königstraße hin,
Die Rothenburg bringt wieder
Ihn nach Ägidii hin

Doch weil er stets gemeinet,
Zu Fuß gehn sei nicht fein,
So will der Teufel jetzo
Auch einmal gnädig sein

Und sorgt, daß seine Füße
Dem Boden bleiben fern,
Damit doch etwas gleiche
Er einem hohen Herrn.

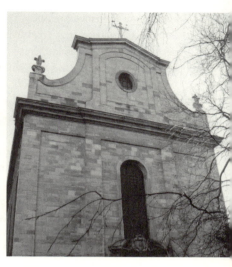

Kath. Pfarrkirche St. Aegidii: 1724–29 Errichtung als Kapuziner-Klosterkirche nach Entwürfen von J. C. Schlaun; Anfang des 19. Jh. Einsturz; seit 1823 Pfarrkirche; 1828 Abriss der zugehörigen Klosterbauten; bescheidener, einschiff., roter Ziegelbau ohne Turm; Schauseite nach W aus Baumberger Sandstein mit sparsamen bar. Verzierungen und geschwungenem bar. Giebel; innen sehensw.: üppig geschmückte Holzkanzel (Vorlage wird Schlaun zugeschrieben); spätnazarenische Wandmalereien von 1860; Taufstein von 1557; nur zu Sondergottesdiensten um 9.30 Uhr und 11 Uhr am So. geöffnet; Adresse: Kirchengemeinde St. Ludgeri (Gemeindekirche) und St. Aegidii, Aegidiikirchplatz/an der Aegidiistr., 48143 Münster

IN DER UMGEBUNG
Ehem. kurfürstl. Residenzschloss und Botanischer Garten: Schloss 1766–87 nach Entwürfen von J. C. Schlaun und W. F. Lipper als Residenz des Fürstbischofs Max Friedrich von Königsegg-Rothenfels erbaut; bar., dreischiff. Anlage aus rotem Back- und hellem Sandstein, innen klassiz. voll-

endet; 1945 dem Erdboden gleichgemacht; 1947–53 Rekon. nach überlieferten Plänen; moderner, zweckmäßiger Innenausbau; seit 1954 Hauptsitz der Universitätsverwaltung Münster; von außen jederzeit Besichtigung möglich; 1804 Standortwahl des Botanischen Gartens von Freiherr vom Stein hinter dem Sch.; 1840 Errichtung der heute denkmalgeschützten Orangerie; 1869–71 Bau zweier Palmenhäuser; weitreichende Zerstörung in beiden WK, danach jeweils Wiederaufbau; dient Forschungszwecken und der Erholung; zahlr. Biotope (u.a. Heide- und Moorlandschaft), verschiedene Gärten (z.B. Tast- und Riechgarten, Baumgärten, Bauerngarten/Ende 19. Anfang 20. Jh.), Alpengarten, Gewächshäuser u.a.; von Gräftenanlage umgeben; Führungen im B. Garten möglich; im Sommer bis 17 Uhr, im Winter bis 16 Uhr geöffnet; Adressen: Schlossplatz 2, 48149 Münster; Institut für Botanik und Botanischer Garten der Westf. Wilhelms-Universität, Schlossgarten 3, 48149 Münster

 Westf. Museum für Naturkunde mit Planetarium: Ausstellung zeigt u.a. Reste von vor 100 Mio. Jahren in Westf. sesshaften Dinosauriern, darunter auch ein 12 m langes und 6 m hohes Skelett eines *Tyrannosaurus rex*; ferner Informationen zum Leben und Aussterben der Tiere; Dauerausstellung »Westfalen im Wandel – Von der Mammutsteppe zur Agrarlandschaft«; Darstellung des Lebens unserer menschlichen Vorfahren und deren Einfluss auf die Tier- und Pflanzenwelt; angeschl. Planetarium wartet mit moderner Technik und wechselndem Programm auf; Außenstelle: »Heiliges Meer« am Rande des gleichnamigen NSG (Heiliges Meer 1, 49509 Recke); di.–so. von 9–18 Uhr geöffnet; Adresse: Sentruper Str. 285, 48161 Münster

Der heilige Ludger in Billerbeck

Als sich der heilige Ludgerus, der Bischof von Münster, einst in Billerbeck im Kreise Münster aufhielt und eines Abends auf die benachbarten Berge hinausging, um die freie Natur zu genießen, kam er auch auf den sogenannten Billerbecker Berg. Hier fand er nach der Sage mitten im Walde eine kleine, elende Hütte, an deren Eingange eine Frau saß, die sehr schmutzig gekleidet und im Gesichte ganz schwarz war. Ludgerus fragte die Frau, warum sie so unsauber wäre. Da antwortete sie: »Herr, der Brunnen hier ist ausgetrocknet, die ganze Gegend ist wasserleer, und ich weiß nicht, wo ich mich waschen soll!«

Da ergriff Ludgerus zwei Gänse, warf sie in den ausgetrockneten Brunnen und sprach: »Diese Tiere werden sich in der Erde einen Ausgang suchen. Achte genau darauf, wo sie wieder zum Vorschein kommen, und grabe an der Stelle einen Brunnen; der wird Wasser in Fülle geben und nicht versiegen, solange die Welt steht.«

Die Gänse arbeiteten sich sogleich in die Erde hinein, gruben sich durch den ganzen Berg hindurch und kamen zum großen Erstaunen der Leute am anderen Morgen in Billerbeck aus der Erde hervor. Auf der Stelle nun, wo sie wieder sichtbar wurden, entstand eine herrliche Quelle, die noch jetzt reichlich fließt und der Ludgerusbrunnen genannt wird. (…)

Liudger-Brunnen: Entstehung der Quelle auf geheiligtem Grund wird dem »Gänsewunder« zugeschrieben; es fällt in die Zeit, als Liudger (742–809, Grablegung in ehem. Abteikirche Essen-Werden), Verkünder des christl. Glaubens, nahe dieser Stelle Station gemacht haben soll; 1541 erstmalige urkundl. Erwähnung des Brunnens; 1702 Errichtung der bar. B.kapelle; 1953/54 Umgestaltung der Anlage und Herstellung einer neuen L.-Figur von dem Bildhauer B. Meyer nach dem äußeren Erscheinungsbild des Kardinals von Galen (1878–1946; am 15. April 1934 predigt er an der Gedenkstätte vor 18.000 Menschen gegen den Nationalsozialismus); heute umgibt Anlage kleiner Linden-Park mit 20 Gedenktafeln zum Leben L.; Kapellenausstattung: in der sechseckigen Apsis Holzkreuz über dem Altar, darunter Steinsarkophag L. aus der alten, dem Dombau (1892–98) gewichenen Sterbekapelle L.; Lage: an der Ludgeristr.; Weg ist von der Innenstadt ausgeschildert, zu Fuß zu erreichen

IN DER UMGEBUNG

Kath. Propstei- und Wallfahrtskirche St. Ludgerus (sog. Ludgerus-Dom): Wahrzeichen Billerbecks; 1892–98 nach Entwürfen von W. Rincklake erbaute neugot. Basilika mit Querschiff und zwei mächtigen W-Türmen auf dem Grund der abgerissenen rom. Ludgerus-Kirche und der ehem. angeschl. bar. Sterbekapelle (1732) von P. Pictorius d. J.; innen Kreuzrippengewölbe; Sterbekapelle mit Altar aus hellem Marmor im S-turm ist wichtigstes Wallfahrtsziel; Altarbild zeigt Darstellung des Todes L. unter seinen Glaubensbrüdern; Kapelle im N-turm ist Gedenkstätte für Gefallene des 2. WK; ältester Kirchenbesitz: Ludgerusbüste von 1735 mit Reliquien des Hl., ein Geschenk des Kurfürsten Clemens August, Herzog von Bayern (links vom Hauptchor aufbewahrt); tägl. bis 18 Uhr geöffnet; Adresse: Markt (im Zentrum), 48727 Billerbeck

Kath. Pfarrkirche St. Johannis d. T.: erste Kirche aus dem 8. Jh. nachweisbar; 1074 Neubau, davon nur geringe Reste erhalten; 1234 Errichtung der bestehenden dreischiff. und dreijochigen Stufenhallenkirche aus Sandstein; bed. spätrom. Kunstdenkmal; 1425 Umbauarbeiten im got. Stil; zur reichh. und sehensw. Innenausst. gehören u.a.: spätgot. Taufstein (1497), got. Doppelstrahlenmadonna (1480, im Mittelschiff), Anna Selbdritt (1480, in der nördl. Seitenapsis), Magdalenenaltar (1611, südl. Seitenschiff), hölzerne Renaiss.-Kanzel (1581) und Triumphkreuz (um 1430); Glocken von 1522/23 werden traditionell durch Schwingen der Klöppel von Hand »gebeiert« (= geläutet); K.platz von hist. Gebäuden, den sog. »Kirchhofspeichern«, umsäumt; tägl. bis 18 Uhr geöffnet; Adresse: Johanni-Kirchplatz, 48727 Billerbeck

Schloss Darfeld: halbrunde, nach N geöffnete und von Wasser umgebene Hauptanlage mit Vorburg sowie Wirtschaftsgebäuden inmitten ausgedehnter Parklandschaft; ab 1612 von dem Eigentümer J. von Vörden veranlasster Ausbau zu einem mächtigen Repräsentationssitz nach Plänen von G. Gröninger wird nach vierjähriger Bauzeit unfertig abgebrochen; 1899 teilw. Zerstörung durch Brand und bis 1904 Wiederaufbau im Stile ital. Renaiss.; im und nach dem 2. WK wechselnde Nutzung der Gebäude; ab 1963 erneuter Einzug der Besitzer in einen Teil des Schlosses; besonders sehensw.: zweigeschoss., z.T. verglaste Galerie, untergliedert von Säulen mit Kapitellen und verziert mit Balustraden und Ziergiebeln; ferner neobar. Kapellenanbau von 1873 und bar. Gartenhaus »Antoinettenburg« von J. C. Schlaun (1767) im südl. Teil des Parks; Anlage ist bewohnt und daher nicht zugängl.; von außen jederzeit zu besichtigen; Adresse: Netter 5, 48720 Rosendahl

Das Ruhrgebiet

Mariä Bächlein zu Sterkrade

Wegen der Vorkommen von Raseneisenstein, das dicht unter der Erdoberfläche abgebaut werden konnte, wählte der Münsteraner Domherr von Wenge Osterfeld als Standort für seine Antonii-Hütte aus. Somit wurde dieser Oberhausener Stadtteil die Wiege der Industrialisierung des Ruhrgebietes. Zuvor hatte man sich jedoch noch mit dem benachbarten Nonnenkloster in Sterkrade zu einigen. Die Nonnen befürchteten nämlich die Verschmutzung des Elpenbaches, der das Kloster mit Trinkwasser versorgte. Die Hütte wurde 1758 in Betrieb genommen, sie mußte aber auf die Belange des Klosters Rücksicht nehmen. Sterkrade war ein besonderes Kloster, dessen Kirche auf St. Liudger zurückgehen soll. Außerdem besaß das Gotteshaus ein von der Bevölkerung sehr verehrtes Marienbild. Es war das »Passauer Gnadenbild der Muttergottes«, eine Nachahmung des berühmten Madonnenbildes von Lucas Cranach. Weil dieses Gnadenbild in unmittelbarer Nähe des lustig plätschernden Elpenbaches (Elfenbaches) stand, wurde es im Volksmund einfach »Mariä Bächlein« genannt.

Ursprünglich hatte das Bild im Zimmer eines Klosterbediensteten gehangen. Doch eines Nachts geschah etwas Ungewöhnliches. Mit großem Lärm fiel das Marienbild von der Wand und blieb vor dem Bett ohne irgendeine Stütze stehen! Am anderen Morgen hängte der Bedienstete das Bild wieder an die Wand und hielt in der folgenden Nacht zusammen mit einem Kollegen dort Wache. Der Vorgang wiederholte sich. Die beiden meldeten das der Äbtissin und dem Pfarrer. Nachdem das Marienbild in die Kirche gebracht worden war, kamen die Leute von nah und fern. Bald geschahen die ersten Wunderheilungen, die von einer Kommission aus Datteln, Marl und Gladbeck untersucht und anerkannt wurden: Zuerst wurden eine Frau und ein Mädchen aus Sterkrade von schwerer Krankheit geheilt. Ein Kind aus Gladbeck, das nur mit Krücken gehen konnte, wurde nach einer Wallfahrt nach Sterkrade wieder völlig gesund. Ähnliches wurde von einem gelähmten Kind und einem blinden Mann aus Bottrop berichtet. Das Nonnenkloster mit dem einst so idyllisch plätschernden Bach besteht heute nicht mehr. Das Marienbild gibt es jedoch noch in Sterkrade und genießt dort noch große Verehrung. Die vielen Kerzen davor beweisen es. Würde man dem Bild heute einen Namen geben, es würde wahrscheinlich »Maria in der Industrie« heißen.

Propsteikirche St. Clemens: 1281 erstmals urkundl. erwähnt; 1770 got. Kirchenneubau an Stelle der Vorgängerk.; 1872 Errichtung des dritten Gotteshauses im Stile der Neurom. auf Resten des got. Baus; im 2. WK völlige Zerstörung der Anlage; 1952/53 Errichtung der nunmehr vierten Kirche nach Entwürfen von W. Kremer an traditionsreicher Stätte; moderne, lang gestreckte Saalkirche in verputztem Backstein; im Altarbereich Mosaik »Der auferstandene Christus«; im Vorraum histor. Wappenreliefe; aus bislang ungeklärten Umständen in Kirchenbesitz gelangtes und seit Jh. in Oberhausen-Sterkrade verehrtes Gnadenbild der »Mutter vom guten Rat« ist eine im 17. Jh. entstandene Kopie des Passauer Gnadenbildes »Maria hülf« von Lucas Cranach d. Ä. (1474–1553); werkt. von 8–18.30 Uhr geöffnet, so.nachmittags geschl.; Adresse: Klosterstr. 15, 46145 Oberhausen

IN DER UMGEBUNG

Rheinisches Industriemuseum (RIM): seit 1997 Unterkunft in der Backsteinhalle der ehem. Zinkfabrik Altenberg mit über 1.500 Ausstellungsstücken zu 150 Jahren Eisen- und Stahlgeschichte der Region; Ausstellung beinhaltet u.a.: Maschinenpark (Walzen, Dampfmaschinen, Dampfhammer, Prüfmaschine zum Zerreißen von Stahl usw.), Informationen zu den Anfängen der Schwerindustrie im 19. Jh. und deren Weiterentwicklung bis hin zum Strukturwandel heute, Leben der Arbeiter, Rolle der Industrie in Kriegs- und Friedenszeiten, Modell der Stadt Oberhausen in den 1960er Jahren und interaktive Ausstellung »Stahl.Werk«; sehensw. Außenstellen: St. Antony-Hütte, ehem. Kontor- und Wohnhaus der ersten Eisenhütte im Ruhrgebiet und seit 1970 im Innern Firmenarchiv und wechselnde Ausstellungen, Führungen möglich (Anton-Str. 32–34, 46119 Oberhausen); Museum Eisenheim mit Ausstellung zur Wohn- und Lebenskultur der Arbeiter; an ausgewählten So. und Feiert. und nach Vereinb. von 10–17 Uhr geöffnet (Berliner Str. 10a, 46117 Oberhausen); Peter-Behrens-Bau von 1925, beeindruckende Industriearchitektur, innen Museumsdepot und Ausstellungsfläche (Essener Str. 80, 46047 Oberhausen); RIM Zentrale di.–so. von 10–17 Uhr, do. von 10–20 Uhr geöffnet, Führungen nach Vereinb.; Adresse Zentrale: Hansastr. 20, 46049 Oberhausen

Friedensplatz: Entstehung Anfang 20. Jh. auf einer Industriebrache; Großzügigkeit des formvollendeten, 50x180 m großen Platzes wird betont durch zwei Doppelreihen von Platanen, Blumenbeeten und Wasserbecken; ideal zum Ausruhen inmitten der Innenstadt; begrenzt durch Gebäudeblöcke, von denen im N das Amtsgericht (1907) dominiert; Friedensplatz, 46045 Oberhausen

Ludwig-Galerie Schloss Oberhausen: auf Veranlassung von Maximilian Graf von Westerholt-Gysenberg Anfang des 19. Jh. im neoklassiz. Stil errichtet; 1896 gehen angeschl. heutiger Kaisergarten (28 ha) und 1909 das Sch. in städt. Besitz über; schwere Beschädigungen im 2. WK; 1947 Eröffnung der Galerie und bis 1952 Wiederaufbauarbeiten; 1962 Eröffnung der Gedenkhalle für Verfolgte der Nazi-Diktatur im Seitenflügel; 1996–98 Umbauarbeiten; Ausstellungsprofil besteht aus drei Abt.: berühmte Exponate aus der Sammlung Peter und Irene Ludwig, »Galerie für Populäre Kunst« und heimatbezogene Kunst mit wechselnden Foto-Ausstellungen zur ansässigen Industriekultur und Landmarken-Kunst; im Sommer finden kulturelle Veranstaltungen im Hof statt; di.–so. von 11–18 Uhr geöffnet; Adresse: Konrad-Adenauer-Allee 46, 46049 Oberhausen

Gasometer: 117,5 m hoher, 24-eckiger Stahlbehälter mit einem Durchmesser von 67,6 m und einem Fassungsvermögen von 347.000 m³; 1929 erbaut, ehem. Kokereigasspeicher; 1944 Stilllegung wegen kriegsbedingter Beschädigung; 1946 Brandbeschädigung und als Folge davon Demontage; 1949 Wiederaufbau und 1950 erneute Inbetriebnahme; 1988 endgültige Betriebseinstellung; nach Umbaumaßnahmen (Kosten 15,9 Mio. DM) heute Wahrzeichen der Stadt und Symbol für den Strukturwandel der Region; riesige Ausstellungsfläche (7.000 qm) und Landmarke zugleich; innen atemberaubendes Raum- und Klangerlebnis; Panoramaaufzug aus Glas führt bis unter die Kuppel; Aussichtsplattform auf dem Dach mit Blick über das Ruhrgebiet; wechselnde, jahreszeitenabhängige »events« im Innern; sa. und so. von 10–17 Uhr geöffnet, Plattform zudem immer werkt. (außer mo.) zugängl.; Adresse: Am Grafenbusch 90, 46047 Oberhausen

Burg Vondern: Vorgängerbau vermutl. aus dem 15. Jh.; spätgot. Anlage aus Back- und Sandstein; ältester erhaltener Teil ist Vorburg (16. Jh.), bestehend aus Torhaus mit zwei flankierenden Rundtürmen und eingearbeiteten Schießscharten; spätgot. Zierrat in Gesimsen, Fenstern und Gewölben; Haupthaus stammt aus dem 17. (W-fassade älter), das Wirtschaftsgebäude aus dem 19. Jh.; Reste der ehem. Gräftenanlage erhalten; seit 1941 im Besitz der Stadt Oberhausen, 1984 Ren. durch die Initiative des Förderkreises Burg Vondern; heute bietet Vorburg Ausstellungsräume; Räumlichkeiten im Haupthaus können angemietet werden; do. von 18–19 Uhr geöffnet, Führungen auf Anfrage; jeden 3. So. im Monat um 11 Uhr kostenlose Führung (Tel.: 0208/ 89 34 15); Adresse: Arminstr. 65, 46149 Oberhausen

Die Marmorsäule in der Münsterkirche

Es war um das Jahr 1000, als die Äbtissin Mathilde das von Bischof Altfried gegründete Essener Stift leitete. Mathilde war eine sehr kunstsinnige Frau, die auf vielen Reisen Kunstschätze sammelte, um damit die Essener Münsterkirche schmücken zu können. Auf einer ihrer Reisen gelangte sie auch nach Rom, wo sie dem Papst einen Besuch abstatten wollte.

Bei dieser Gelegenheit sah sie eine wunderbare Marmorsäule, die sie allzugern für das Essener Münster erwerben wollte. Als der Papst von ihrem Wunsch hörte, schenkte er ihr die weiße Säule. Mathilde war hocherfreut über dieses großzügige Geschenk, doch wußte sie nicht, wie sie die große und schwere Säule nach Essen transportieren sollte. Man hätte erst einen riesigen Wagen bauen müssen, um die schwere Last bewegen zu können. Außerdem hätten viele, viele Menschen damit beauftragt werden müssen, die Säule über die hohen Gipfel der Alpen zu schaffen, deren Gebirgsmassiv sich wie eine ungeheure Barriere zwischen Rom und Essen auftürmte. Doch um dies zu vollbringen, fehlte es der Äbtissin Mathilde an Geld. Tag um Tag überlegte sie, wie es ihr wohl gelingen könnte, die Säule nach Essen zu schaffen. Als sie schon ganz verzweifelt war, näherte sich ihr eines Tages ein fremder Mann, der sie freundlich ansprach: »Liebe Mathilde, ich will Euch die Säule wohl nach Essen tragen.« Über dieses Angebot war Mathilde sehr glücklich und entgegnete: »Was kann ich Euch als Lohn für solch ein mühseliges Werk anbieten?« Da sprach der Fremde: »Zum Lohne will ich weder Geld noch sonst ein Hab und Gut. Ihr müßt mir nur Eure Seele versprechen.«

Als Mathilde dies hörte, erkannte sie, daß es der Teufel war, mit dem sie sprach, und sie erschrak fürchterlich. Wie sollte sie sich verhalten? Zwar wollte sie allzu gern die Säule in Essen haben, doch ihre Seele dafür zu verkaufen, das war ihr dann doch zu unheimlich. Der Teufel aber ließ nicht locker und betörte und bezauberte die arme Mathilde so lange, bis diese endlich in den Handel einwilligte. Doch stellte sie dem Teufel eine Bedingung: Die Marmorsäule mußte bis zum Ave-Läuten des Dreikönigstages in der Münsterkirche abgeliefert sein. Wenn dem Teufel dies nicht rechtzeitig gelänge, dann sollte er auch die Seele von Mathilde nicht erhalten.

Mathilde reiste nun nach Essen zurück und wartete, ob der Teufel sein Versprechen erfüllen konnte. Doch schwere Zweifel nagten in ihrer Brust: War es wohl richtig gewesen, für eine weltliche Kostbarkeit ihr Seelenheil aufs Spiel zu setzen? Hin- und hergerissen von diesem Gedanken wartete sie auf den Dreikönigstag.

Inzwischen mühte und plagte sich der Teufel, die schwere Säule über die Alpen zu schaffen. Nur langsam quälte er sich mit seiner furchtbaren Last auf dem Rücken die Berge hinauf. Gar zu gerne hätte er öfter die Säule abgesetzt, um ein wenig zu verschnaufen, doch der Dreikönigstag rückte immer näher und trieb den Satan zu unaufhörlicher Eile an.

Schließlich war der Tag gekommen, an dem die Säule abzuliefern war. Mathilde verbrachte Vor- und Nachmittag betend im Kreuzgang der Münsterkirche. Allmählich dämmerte es, und Mathilde glaubte schon an Rettung für ihre Seele, als es donnernd ans Tor klopfte. Eine furchtbare Stimme rief: »Heh, aufgemacht! Die Marmorsäule soll abgeliefert werden!« – Da erschrak Mathilde ganz fürchterlich, denn bis zum Ave-Läuten waren es noch zehn Minuten. Der Teufel hatte also sein Versprechen halten können! Ergrimmt darüber, daß ihm niemand das Tor öffnete, nahm der Teufel die schwere Säule nochmals auf den Rücken und wollte sich über die Klostermauer schwingen. Da – gerade als er sich in der Luft befand – begannen von unsichtbarer Hand gezogen die Glocken der Münsterkirche mit dem Ave-Läuten. Der Teufel geriet in fürchterlichen Zorn – er hatte ja die Säule noch nicht abgeliefert und so die Seele der Äbtissin verloren. Alle seine Anstrengungen waren umsonst gewesen, und die läutenden Glocken hatten ihn betrogen. Und während er noch im Fluge war, warf der Teufel, außer sich vor Wut, die schwere Säule mit solcher Wucht zu Boden, daß sie einen großen Riß erhielt. Nachdem dies geschehen war, verschwand er zischend und funkensprühend. Die Seele der Äbtissin aber war gerettet, und voller Dankbarkeit ließ sie die weiße Marmorsäule trotz des Sprunges in der Münsterkirche aufstellen. Zur Erinnerung an ihr gefährliches Erlebnis bewirtete sie alljährlich am Vorabend des Dreikönigstages alle Armen der Stadt mit Reisbrei. Die geborstene Marmorsäule überstand alle Wirrnisse der folgenden Jahrhunderte und ist noch heute in der Münsterkirche zu sehen.

Münster, ehem. Stiftskirche St. Maria, Cosmas und Damian: Grundsteinlegung der Stiftskirche des Kanonissenstifts durch Altfrid (†874) im Jahre 852; 946 Zerstörung, im 11. Jh. unter Äbtissin Theophanu (†1058) Neubau einer spätotton. Hallenkirche auf den Resten des Vorgängerbaus; (W-werk, nach dem Vorbild der Aachener Pfalzkapelle, bis heute erhalten); 1275 erneute, durch Brand verursachte Verwüstung mit anschließendem

Wiederaufbau im Stile einer got. Hallenkirche; schwere Schäden durch den 2. WK und bis in die 1950er Jahre Wiederherstellung; Gesamtanlage heute bestehend aus Atrium (11. Jh.), St. Johanneskirche (Anschluss im W; älteste Teile 14. Jh.) sowie Domkirche mit angeschl. Kreuzgang im N; Innenausst.: in der Chorhalle (O-seite) sagenumwobene, 4,50 m hohe antike Kreuzsäule mit korinthischem Kapitell und krönendem Kreuz (von 1968) in Form einer vierblättrigen Blattknospe, deren Mittelpunkt antike rom. Schale mit Bild des Pantokrators ziert ; zu der reichh. Ausst. zählen u.a. der 2,26 m hohe und  1,88 m breite siebenarmige Leuchter (um 1000) und die »goldene Madonna« (um 1000); sehr sehensw. auch Domschatzkammer (di.–sa. 10–17 Uhr, so. 11.30–17 Uhr geöffnet), vornehmlich mit Kunstwerken aus otton.-salischer Zeit (980–1060); Führungen im Dom und in Domschatzk. werden angeboten; Adresse: Burgplatz 2, 45127 Essen

IN DER UMGEBUNG
Gedenk- und Dokumentationsstätte Alte Synagoge: 1913 Einweihung des gewaltigen Kuppelbaus durch jüd. Gemeinde; einem Brandanschlag am 9.11.1938 (Reichskristallnacht) fällt Inneneinrichtung zum Opfer, das Gebäude selbst überdauert den 2. WK; 1959 geht Besitz von jüd. Gemeinde auf Stadt Essen über; danach Umgestaltung und Zweckentfremdung des Innenraums; von 1986–88 weitgehende Rekonstruktion der alten Einrichtung; zwei Dauerausstellungen im Innern: »Stationen jüdischen Lebens. Von der Emanzipation bis zur Gegenwart« (Hauptraum) und »Verfolgung und Widerstand in Essen 1933–45« (Emporenbereich); Fotoausstellung zur Ge-

schichte des Gebäudes im Treppenaufgang; Synagogenarchiv vorhanden; Projekt »Gedenkbuch«, themenbezogene Gesprächskreise und diverse Veranstaltungen werden betreut; di.–so. 10–18 Uhr geöffnet; Adresse: Steeler Str. 29, 45127 Essen

Museum Folkwang: 1929 Einweihung; Grundstock bildet das 1906 gegründete Essener Kunstmuseum und die private Sammlung von K. E. Osthaus; im Nationalsozialismus Vernichtung von über 1.400 Kunstwerken bei der Aktion »Entartete Kunst«; Zerstörung des Gebäudes im 2. WK, danach Wiederaufbau und 1960 Neueröffnung; 1985 Einweihung eines notwendig gewordenen Erweiterungsbaus; von der Romantik bis zur Avantgarde sind alle Kunststilrichtungen mit bed. Werken vertreten; das 19. und 20. Jh. ist durch berühmte Kunstwerke der dt. und franz. Malerei und Skulptur, darunter Werke von C. D. Friedrich, A. Renoir, C. Monet, V. van Gogh, P. Cézanne, E. L. Kirchner und W. Kandinsky vertreten; weitere Bereiche: »Grafisches Kabinett«, »Fotografische Sammlung«, einzigartige Plakatsammlung (Dt.es Plakat Museum, Rathenaustr. 2/Theaterpassage, 45127 Essen) und internationale Kunstgewerbesammlung; Sonderausstellungen; di.–do. und sa./so. 10–18 Uhr, fr. 10–24 Uhr geöffnet; Adresse: Goethestr. 41, 45128 Essen

Schloss Borbeck: 1227 geht Besitz auf Äbtissinnen von Essen über; Zerstörung und Wiederaufbau im 16. und 17. Jh.; erhaltenes, spätbar. Aussehen geht auf Umbauphase im 18. Jh. zurück; 1827, nach der Säkularisation, erwirbt Reichsfreiherr Leopold von Fürstenberg Anwesen und baut neues Gebäude im klassiz. Stil an; 1941 fällt es in Besitz der Stadt Essen; 1960 grundl. Umgestaltung der Innenräume; heute Standort der Folkwang Musikschule und Kulturzentrum; »Galerie im Schloss« zeigt in Wechselausstellungen zeitgenöss. Kunst (geöffnet di.–so. von 14–18 Uhr, Führungen möglich; Infos unter Tel.: 0201-88 44 217); Dauerausstellung zur Sch.geschichte in Planung; 42 ha großer Schlosspark angeschl. und ganzjährig zugängl.; Adresse: Kulturzentrum Schloss Borbeck, Schloßstr. 101, 45355 Essen (Tel.: 0201-88-44 219)

Zeche Zollverein Schacht XII: 1932 Inbetriebnahme; Musterbeispiel sachl.-funkt. Industriearchitektur und als »schönste Zeche der Welt« gehandelt; ehem. Förderung von 12.000t Kohle/Tag (viermal höher als im Zechendurchschnitt); nach der Schließung 1986 als letzte Essener Zeche Wandel zum Zentrum für Kunst, Kultur und intern. Veranstaltungen; im ehem. Kesselhaus heute Sitz des Design-Zentrums NRW, angeschl. »Casino Zollverein« (Gastronomie); Museum Zollverein stellt Kohleförderung, -weiterverarbeitung und -abtransport auf dem 1,5 km langen »Weg der Kohle« anschaulich dar; angebundene ehem. Kokerei Zollverein (1957–61 Errichtung, 1993 Stilllegung) ist seit 1998 Standort der Stiftung »Industriedenkmalpflege und Geschichtskultur« und beherbergt u.a. Dauerausstellung »The Palace of Projects«, Besucherzentrum für Touristen ist eingerichtet; weitere Schachtanlagen sehensw.; Z. Z. Sch. XII sowie K. Z. stehen seit Ende 2001 auf der Liste des UNESCO Weltkulturerbes; April–Okt. 10–19 Uhr, Nov.–März 10–17 Uhr geöffnet; Adresse: Gelsenkirchener Str. 181, 45309 Essen

Werden und sein Gründer

Als der heilige Ludgerus umherzog, das Christentum zu predigen, ist er mit seinen Begleitern auch in die Gegend gekommen, wo jetzt Werden (Ldkr. Essen) liegt. Dort hat es ihm trefflich gefallen, und seiner Bewunderung Ausdruck gebend, sagte er, hier werde noch einmal eine große Stadt erstehen. Seinen Begleitern aber schien solches unmöglich, da die Bäume so dicht standen und ihre Äste sich derart in einander schlangen, daß nicht einmal der Himmel zu sehen war. Ludgerus jedoch entgegnete: »Was nicht ist, kann noch werden!«, und deshalb hat man nachher den Ort »Werden« genannt.

Weit schneller, als irgendeiner dachte, besorgte Gott selbst die Freilegung des Platzes. Sobald nämlich die kleine Schar nach Abhaltung der Vigilien sich wieder zur Ruhe gelegt und Ludgerus glaubte, daß alle schliefen, ging er aus dem Zelte, um zu beten. Da aber einer seiner Genossen, Thiadbald mit Namen, ihm folgte, kehrte er zurück und wartete, bis auch jener eingeschlafen. Doch dieser blieb wach und folgte auch dem Heiligen, als er zum zweitenmal das Zelt verließ. Da befahl ihm Ludger, sein Lager aufzusuchen und nicht vor Tagesanbruch sich nochmals zu erheben. Nach einiger Zeit trat er dann zum drittenmal unter die Bäume und flehte, sich nunmehr unbeobachtet wähnend, zum Herrn. Thiadbald aber, der sich nur schlafend gestellt, wagte zwar nicht gegen seines Meisters ausdrückliches Gebot noch einmal diesem zu folgen, hob jedoch, um zu sehen, was derselbe beginne, das Zelttuch neben seinem Lager in die Höhe und erblickte beim Lichte des Mondes und der Sterne den frommen Mann in andächtigem Gebete.

Lange, lange lag dieser auf den Knieen, und kaum hatte er endlich zur Ruhe sich begeben, da verdunkelte sich der Himmel und ein mächtiger Orkan durchbrauste den Wald. Unter lautem Krachen stürzten die dicken Baumriesen zu Boden, so daß beim Morgengrauen hinreichender Raum für ein Kloster und Bauholz in Menge vorhanden war.

Von den Bauern, die dem Heiligen für das Benediktinerkloster, das er nun dort errichtete, Ländereien geschenkt oder verkauft hatten, weigerte sich später einer, der reiche Wigmar in Uveta (d. i. Oeste im Kr. Mettmann), die seinigen abzutreten. Wiederholt suchte Ludgerus selbst den Widerspenstigen auf, doch dieser beharrte bei seiner Weigerung und einer seiner Sippe verstieg sich sogar zu den Worten: »Ist es nicht eine Schande, daß dieser Fremdling nach unserem Erbe zu trachten wagt?«

Daraufhin sah sich Ludger nach dem Sprecher um, doch dieser drehte, um nicht erkannt zu werden, sein Haupt nach hinten. Trotzdem entkam der Sprecher nicht ungestraft, denn sein Kopf blieb umgewendet bis an sein Lebensende. Die Bauern aber, die das Wunder sahen, gaben, um nicht gleichfalls Gottes Zorn zu fühlen, jetzt willig, was vordem sie verweigert: Wälder und Büsche, Wiesen und Weiden.

Nachdem Ludgerus am 26. März 809 zu Billerbeck (Kr. Coesfeld) gestorben war, wurden seine Gebeine nach seinem Bischofssitze Münster gebracht und dort begraben. Allein sein Leib konnte hier nicht verwesen, und jeden Morgen stand die Totenlade oben auf dem Grabe, und eine Stimme rief aus diesem: »Hier will ich nicht begraben sein!« Da grub man den Leichnam aus der Erde, legte ihn wieder in den Sarg und stellt ihn auf einen Wagen. Vor den Wagen spannte man zwei Ochsen und ließ diese hingehen, wohin sie wollten. Und die Tiere setzten sich in Bewegung und zogen den Leib des heiligen Mannes bis vor die Kirchtüre zu Werden; hier blieben sie stehen und keine Gewalt konnte sie weitertreiben. Da erkannte man, daß der Heilige hier, wo er das Kloster erbaut und als erster Abt gefördert hatte, ruhen wolle, und übergab auf der Stelle, wo die Ochsen Halt gemacht, seine Gebeine der Erde. – Man erzählt sogar, der Heilige habe vor seinem Tode befohlen, man solle seinen Sarg von zwei Ochsen fortziehen lassen und ihn dort begraben, wo diese stille ständen, und als dies in Werden geschah, habe sich plötzlich eine Stimme hören lassen, die da sprach: »Hier will ich ruhen!«

Alle Felder, durch die der Leichenwagen fuhr, wurden in diesem Jahre mit einer überaus reichlichen Ernte gesegnet; auch über Ludgers Grabe zeigte sich oft bei nächtlicher Stille eine helle Lichtsäule, welche die ganze Gegend beleuchtete, und durch die feierlich erhellte Nacht ertönte wunderbar der Jubel der Turmglocken, ohne daß eine menschliche Hand sie berührt hätte.

Kath. Propsteikirche St. Ludgerus, ehem. Benediktiner-Abteikirche: 796 Gründung durch friesischen Missionar Liudger; am 26.04.809 Bestattung L. in der Basilika, die durch Brand 1256 zerstört wird; bis 1275 Wiederaufbau und Weihung durch Albertus Magnus; dreischiff., rom. Basilika mit Querhaus und von Seitenanbauten flankiertem Chor ist bis heute erhalten geblieben; bar. Vierungsturm; östl. Seitenschiff mit Wandmalereien aus der Mitte des 10. Jh.; beeindruckende achteckige Gewölbekuppel der Vierung; Außenkrypta mit Grabkammer L. und Mosaikfußboden (11. Jh.); zur sehensw. Innenausst. gehören u.a.: Chorgestühl und prunkvoller Hochaltar, im nördl. Querhaus Statue der Muttergottes (13. Jh.) sowie Grabplatte des Abtes Grimhold (†1517), dargestellt mit Stab und Mitra (im Hochchor); Führungen auf Anfrage möglich; sehr sehensw. Schatzkammer (Führungen di.-so. 10–12 Uhr, 15–17 Uhr und nach tel. Anmeldung) u.a. mit »Kelch des hl. Ludger« (um 900), Bronzekruzifix (11. Jh.), Elfenbeinpyxis (5. Jh.) und fränk. Reliquienkasten (Mitte 8. Jh.); in unmittelbarer Nähe: Kath. Pfarrkirche St. Lucius, ehem. Filialkirche der Abtei; nach dem 2. WK Rest. und 1965 erneute Weihung; gilt als älteste Pfarrkirche nördl. der Alpen (Heckstr., 45239 Essen); Adresse Abteikirche: Brückstr. 54, 45239 Essen

IN DER UMGEBUNG

Villa Hügel: 1863–73 Errichtung des beeindruckenden, klassiz. Gründerzeitbaus nach Entwürfen von A. Krupp als Familien- und Repräsentationssitz der Industriellenfamilie; 1945 veranlassen Alliierte Verhaftung des Firmenleiters A. Krupp von Bohlen und Halbach wegen Waffengeschäften im 2. WK und beschlagnahmen Besitz; nach Abzug der Alliierten ab 1953 Nutzung der Räumlichkeiten für wechselnde Kunstausstellungen von Weltrang (seit 1984 unter der Schirmherrschaft der im Haus ansässigen »Kulturstiftung Ruhr«); im kleinen Haus sind Dauerausstellungen »Krupp heute« und Familien- und Firmengeschichte Krupps untergebracht; wertvolle Inneneinrichtung; zur V. H. gehörende, 75 ha große, bewaldete und öffentl. Parkanlage angeschl.; di.–so. 10–18 Uhr, Hügelpark tägl. 8–20 Uhr geöffnet; idyllische Lage am Baldeneysee; Adresse: Villa Hügel, 45133 Essen

Grugapark: 1927 Eröffnung des Botanischen Gartens; 1929 erste »Große Ruhrländische Gartenbau-Ausstellung« (GRuGA), danach Volkspark; 1938 »Reichsgartenschau« und Vergrößerung des Areals von 25 auf 47 ha; Verwüstung im 2. WK und nach Wiederherstellung 1952 »2. Große Ruhrländische Gartenbau-Ausstellung«; 1965 »Bundesgartenschau« und erneute Ausweitung des Parks auf ca. 70 ha; bis heute fortschreitender Ausbau zu einem attraktiven Freizeit- und Erholungspark; auf dem Gelände u.a.: Orangerie-Hallen, Musikpavillons, Kleintiergarten, Vogelfreifluganlage, Abenteuerspielplatz, Ponyhof, 3,3 km lange Grugabahn sowie seit 1986 unter Denkmalschutz stehender Grugaturm im Bauhaus-Stil von 1929 (April–Okt. sa. 14–18 Uhr, so. und feiert. 11–18 Uhr geöffnet); im Sommer Open-Air Veranstaltungen; Gelände ist von 9 Uhr bis zum Einbruch der Dunkelheit geöffnet, Adresse: Külshammerweg 32, 45149 Essen

Der vornehme Gefangene

In dem dunklen Verlies des Blankensteiner Schlosses schmachtete lange Zeit ein vornehmer Ritter, der sogar ein Bischof gewesen sein soll. Aus vielen Wunden blutend war er eines Tages von märkischen Reisigen im Auftrage ihres Herrn dem Drosten zu besonders sorgsamer Bewachung übergeben worden. Mitleidig hatte sich, solange er mit dem Tode rang, des Drosten holdes Töchterlein seiner angenommen und seiner auch nicht ganz vergessen, als er vom Krankenlager zu lebenslänglicher Haft in den finsteren Messerturm gebracht war. Nicht nur warf sie ihm durch die schmale Fensteröffnung, wenn keine neugierigen Augen zu fürchten waren, ab und zu ein kräftig Stücklein Braten oder einen kleinen Leckerbissen in die enge Zelle, sondern sie wußte auch dem strengen Vater, als dieser selbst einmal wieder gar arg von der Gicht geplagt und ganz auf ihre Pflege angewiesen war, die Erlaubnis abzuschmeicheln, daß ihr einstiger Pflegling auf dem wohlverwahrten Burghofe auf und ab wandeln durfte. Doch

jegliche Erleichterung der schrecklichen Haft hörte auf, als nach dem Tode des Drosten, der auch seine Tochter zum Eintritt in das Elsener Prämonstratenserinnenstift zwang, ein noch weit strengerer Nachfolger seinen Einzug gehalten. Der arme Gefangene, der bis dahin noch so eben sein Dasein gefristet, siechte nunmehr zusehends dahin und lag eines Morgens als Leiche auf dem kalten Boden. Ohne Sang und Klang – nicht einmal das Totenglöcklein ertönte – begrub man ihn in einer Ecke des nahen Friedhofs, und noch heute weiß keiner, wer er gewesen und was er verbrochen; verdient aber – so meint das Volk – wird er die harte Strafe wohl haben, da ihm noch immer nicht die ewige Ruhe beschieden, sondern des Nachts schon mancher begegnet sei.

Burg Blankenstein: markantester Bau des sehensw. Fachwerkdorfes Blankenstein; aus Steinen der 1226 zerstörten Isenburg in Folgejahren auf dem sog. »blanken steyn« 80 m über der Ruhr auf Veranlassung des Grafen Adolf von der Mark errichtet; um 1300 Entstehung einer Siedlung – die »vrygheit« (= Freiheit) – am Fuße der Schutz gewährenden B. B.; 1425 noch eine der vier bed. Festungen der Grafschaft Mark, aber im 15. und 16. Jh. zunehmend dem Verfall preisgegeben; nach dem 30-jährigen Krieg (1618–48) Bed.sverlust der Anlage und 1662/63 Abriss; Baumaterial findet Verwendung zum Aufbau von Haus Kemnade; erhaltene Restbauten: viereckiger Hauptturm, Reste der Mauer, hist. Gebäude mit Restaurant, Toreinfahrt und Hof; seit der jüngsten Ren. 1971 kann Turm bestiegen werden; von oben herrlicher Rundblick über das mittlere Ruhrtal und den »Irrgarten« unterhalb der Ruine; Burgstr., 445527 Hattingen

IN DER UMGEBUNG
Haus Kemnade: im 17. Jh. Errichtung der wasserumwehrten Anlage auf den Resten eines Vorgängerbaus (12. Jh.); über Jh. Sitz der Gerichtsbarkeit der Freiherrlichkeit Stiepel; seit 1921 Eigentum der Stadt Bochum; sehensw., dem Bar. verpflichtete Innenausst. mit Kaminen, Deckenverzierungen und Treppenhaus; im Innern Museum für Musikinstrumente vom 16. bis ins 20. Jh. und »ostasiatische Kunstsammlung Ehrich«; Gebäude der Vorburg werden von einem landwirtschaftl. Betrieb genutzt; außerhalb der Gräften von urspr. Standort übertragene ehem. Stiepeler Meierei; Fachwerkbau um 1800 birgt Ausstellung zur ländl. Arbeits- und Wohnkultur; Bauern- und Kräutergarten schließen sich an; di.-so. je nach Jahreszeit und Wochentag wechselnde Öffnungsz., nähere Infos unter Tel.: 0234-51 600 18; Adresse: An der Kemnade 10, 45527 Hattingen

Bügeleisenhaus: wegen spitz zulaufendem Grundriss so gen.; 1611 Erbauung; 1771–1856 Arbeitsstätte von Tuchmachern; Mitte des 19. Jh. Einrichtung einer Metzgerei im EG und Veränderungen am Gebäude; 1941 Enteignung des in jüd. Besitz befindlichen Hauses; 1955 Besitzerwechsel von der Jewish Trust Corporation (JTC) auf den Heimatverein Hattingen-Ruhr e.V.; 1956–62 Rest. des abbruchreifen Gebäudes und, außer klassiz. Schaufenster und neuem Treppenhaus aus der Umbauphase im 19. Jh., Wiederherstellung des urspr. Aussehens; seit 1962 Unterkunft des heimatkundl. Museums mit Funden zur Heimatkunde, von der Isenburg und Burg Altendorf; OG ist Hattinger Künstlern gewidmet; so. von 14–18 Uhr (von April-Dez.) geöffnet; Führungen nach Vereinb. möglich; Tel.: 02324-54 318 oder -22 634; Adresse: Haldenplatz 1, 45525 Hattingen

Ev. St.-Georgs-Kirche: um 1200 Errichtung auf Vorgängerbau; 1424 Eroberung der Stadt durch Ritter des Grafen von Berg und im Zuge dessen Zerstörung, danach Wiederaufbau als dreischiff. got. Hallenkirche; im 17. Jh. im Stile des Bar. ausgestattet; 1807–10 Ren. und Umgestaltung der baufällig gewordenen Kirche nach Geschmack des Zeitgeistes; erhalten gebliebener Altbestand: rom. Turm und Mauern des K.schiffes, schiefer got. Turmhelm sowie hist. Turmhahn aus vergoldetem Kupfer; Orgel von 1830; im Innern fallen Fenster mit biblischen Motiven von 1950 auf; umgeben von im Grundriss erhaltenem ma Kirchplatz; bis 1813 Gemeindefriedhof, 1848 Einebnung der Gräber; ältester erhaltener Grabstein von 1611; nur zu Gottesdiensten, in der Adventszeit und während des Altstadtfestes vom 4.–6. Juli geöffnet; Adresse: Am Kirchplatz, 45525 Hattingen

Der Taufstein in der Gertrudiskirche zu Wattenscheid

Dem Teufel wollte es gar nicht gefallen, daß die Bauern in Wattenscheid und in den Bauerschaften rundherum sich taufen ließen und Christen wurden. Besonders das Kloster Werden an der Ruhr war ihm ein Dorn im Auge. Also beschloß er bei sich, es zu zerstören.

Er schleppte keuchend einen großen Felsbrocken herbei, um ihn auf das kleine Kloster niederfallen zu lassen.

Unterwegs traf er einen jungen Mönch, der von Wattenscheid nach Werden wanderte. Als der den Teufel sah, griff er nach dem Kreuz unter seiner Mönchskutte und rief: »Im Namen Gottes, wirf den Stein fort!« Als der Satan das Kreuz sah, fluchte er grimmig und schleuderte den Felsbrocken in die Richtung, wo das Kloster lag. Aber kraftlos fiel er vor der Ruhr auf einem Berghang nieder, der Platte genannt wird. Der junge Mönch setzte seinen Weg fort. Ludgerus, der Abt des Klosters Werden, ließ den Stein in den Klosterhof holen, und bald machte sich einer der Mönche mit Hammer und Meißel an die Arbeit. Aus dem Teufelsfelsen wurde ein Taufstein mit vier Bildnissen darauf und vier Löwenköpfen darunter. Diesen Taufstein schenkte der Abt der Gertrudiskirche in Wattenscheid, in der er noch heute steht.

Propsteikirche St. Gertrud von Brabant: Ausgrabungsfunde weisen ersten Kirchenbau bereits im 10. Jh. nach; 1868–72 Errichtung der in ihrer Gestalt erhaltenen neugot. Kirche, 65 m hoher Turm von 1895; im Volksmund seit jeher als »Kirchenburg« bez. Gotteshaus bezeugt den urspr. wehrhaften Charakter; 1988–90 Ren.; zur sehensw. Ausst. gehören u.a.: um 1000 entstandener frühroman., auf vier Löwen stehender Taufstein aus Ruhrsandstein mit Darstellungen zum Leben und Wirken von Jesus Christus; St. Pius-Friedensaltar; Fenster für das Turmportal mit dem Abbild der hl. Gertrud (626–659), Schutzpatronin der Kirche (seit 1992); geöffnet nur zu den Gottesdiensten (mo.–fr. 9–10 Uhr, mi. und do. 16.30–17.30 Uhr, sa./so. 8–12 Uhr und so. 18.30–19.30 Uhr); Adresse: Auf der Kirchenburg 2, 44866 Bochum

IN DER UMGEBUNG
Dt. Bergbau Museum: gilt als einzigartig in der Welt; 1930 Gründung durch die Westf. Berggewerkschaftskasse und die Stadt Bochum; auf 12.000 qm Ausstellungsfläche wird Geschichte des Bergbaus von den Anfängen bis in die Gegenwart anschaulich präsentiert; Forschungsstätte für Montangeschichte, Dokumentationszentrum und Archiv sind angeschl.; heute lockt es ca. 400.000 Besucher im Jahr an; größte Attraktion ist »Anschauungsbergwerk«; in einem 2,5 km langen Stollen bei bis zu 22 m Tiefe wird Arbeit unter Tage vorgeführt; Besteigung des seit 1973 von der ehem. Ze-

che Germania in Dortmund übernommenen Förderturmes (Wahrzeichen Bochums) ermöglicht in 60 m Höhe Rundblick auf das »Herz des Reviers«; di.–fr. 8.30–17 Uhr, sa., so. und an feiert. 10–17 Uhr geöffnet; Adresse: Am Bergbaumuseum 28, 44791 Bochum

Zeiss Planetarium: 1964 erbaut; nach Erneuerung der Ausst. im Frühjahr 2000 Neueröffnung; verfügt über modernsten Planetar Europas; Kuppelgebäude mit schuppenartiger Edelstahlverkleidung bietet im Innern Projektionsfläche von 600 qm bei einem Durchmesser des Kuppelraums von 20 m und einem Sitzplatzangebot von 300 Plätzen; multi-mediale Darbietungen zu wechselnden astronomischen Themen ziehen jährlich rund 140.000 Besucher in den Bann; Ort wird auch für Musikveranstaltungen genutzt; dezentrale Beobachtungsstationen (Schiller-Schule, Waldring 71-/Ecke Königsallee, 44789 Bochum und Erich Kästner-Schule, Markstr. 189, 44799 Bochum, Infos unter Tel.: 0234-51 60 60) unter freiem Himmel sind angeschl.; öffentl. Veranstaltungen Zeiss Pl.: di. und do. 14 Uhr, mi. und fr. 19.30 Uhr, sa. und so. 13.30 Uhr, 15 Uhr und 16.30 Uhr; Adresse: Planetarium Castroper Str. 67, 44791 Bochum

Rathaus: 1926–31 Errichtung nach Entwürfen von Prof. K. Roth auf einer Gesamtfläche von 35.000 qm mit ca. 500 Büroräumen, zahlr. Sitzungszimmern und Nebenräumen; nahezu symmetrischer Grundriss; schlichter und sachl. Verwaltungsbaustil der 1920er Jahre; im großzügigen Innenhof sind »Brunnen des Glücks« und »Brunnen der Schönheit« aufgestellt; vom Bochumer Verein gefertigtes Glockenspiel ist weltweit erstes mit Glocken aus Gussstahl und spielt zwischen 7 und 22 Uhr zu jeder vollen Stunde; vor dem Haupteingang 1867 für die Weltausstellung in Paris gegossene Gussstahlglocke mit einem Durchmesser von 3,13 m sehensw.; interessante Innengestaltung, u.a. filigran gearbeitete Bronze- und Eichenholztüren sowie eichenholzvertäfelte Decken; Anfang der 1980er Jahre Angliederung eines Erweiterungsbaus; Gebäude steht seit 1991 auf der Bochumer Denkmalschutzliste; Adresse: Rathausplatz, 44787 Bochum

Kemnader See: 1976–79 angelegt und in Folgezeit zum Naherholungsgebiet mit vielfältigem Wassersport- und Freizeitangebot auf und rund um den See ausgebaut; 125 ha groß; Klappenwehr hält Wasserspiegel konstant auf 72 m über NN; auf dem See verkehrende Fahrgastschiffe bieten z. B. Rundfahrten an (Infos unter Tel.: 02302-19433); am N-ufer des Sees ehem. Zeche Vereinigte Gibraltar Erbstollen; 1925 Stilllegung; im Dritten Reich Unterkunft einer SA-Standartenführerschule, eines Untersuchungsgefängnisses und eines Folterkellers; nach 1945 Flüchtlingsunterkunft; 1985 Rest. des heute unter Denkmalschutz stehenden Stollenmundlochs; sehensw. auch Flözaufschluss; Betriebsgebäude werden als Bootshallen genutzt; Lage: im Städtedreieck Bochum, Witten, Hattingen

Die erste Kohlenzeche an der Ruhr

Vor vielen hundert Jahren hütete ein Junge die Schweine seines Vaters auf den Höhen südlich der Ruhr zwischen Hattingen und Langenberg. Es war ein Tag spät im Herbst. Kalt pfiff der Wind. Die Schweine suchten eifrig nach Eicheln und grunzten zufrieden, denn es war ein gutes Jahr für sie, weil die Eichen reichlich geschüttet hatten. Den Jungen aber fror. Er suchte Reisig zusammen, kramte Zunder und Stein aus seiner Hirtentasche und zündete in einer Kuhle, welche die Schweine gewühlt hatten, ein Feuerchen an, um sich zu wärmen.

Als der Abend kam, rief er mit »mutt, mutt, mutt!« seine Borstentiere zusammen, um sie heimzutreiben. Er ging noch einmal an der Feuerstelle vorbei, die letzte Glut zu löschen. Verwundert sah er, daß das Holz zwar längst aufgebrannt war, aber die Steine, schwarze Steine, wie er sie hier und da an den Hängen schon gesehen hatte, sie glühten noch und gaben eine tüchtige Hitze ab. Bei der Abendsuppe erzählte der junge Hirte seinem Vater, was er beobachtet hatte. Der Alte wurde aufmerksam und meinte bedächtig: »Wenn die schwarzen Steine im Berge so gut brennen und so große Hitze abgeben, wie du sagst, dann bringe morgen mal eine Kappe voll mit heim.« Das geschah. Voller Neugier legte der Vater ein paar Stücke auf die Holzglut des Herdfeuers und fachte sie mit dem Blasrohr zu kräftiger Flamme an. Und siehe da, die schwarzen Steine fingen Feuer! Es war keine hochauflodernde Flamme, wie das Holz sie abgab, es war eher ein Glühen und Glimmen; aber diese Glut strahlte weit mehr Hitze aus als die Glut des Holzes und hielt auch viel länger vor.

Den nächsten Tag ging der Bauer mit in den Berg. Er hatte Karre, Hacke und Schüppe mitgenommen und ließ sich von seinem Sohn zeigen, wo die Schweine die brennbaren Steine losgewühlt hatten. Da hackte und schaufelte er, bis seine Karre beladen war, und brachte sie heim. Von nun an brauchte er in seinem Hause nur noch wenig Holz für die Feuerung und hatte es im Winter so warm wie nie zuvor.

Erfreut und immer noch verwundert erzählte der Bauer seinen Nachbarn von diesen seltsamen Steinen, die brannten und so starke Hitze abgaben. Ja, die schwarzen Steine kannten sie alle, war doch überall an den Hängen und besonders in den Steinbrüchen so ein schwarzer Fleck oder ein schwarzes Band zu sehen. Aber Steine, die brannten? Wer hatte je davon gehört? Jetzt

sahen sie es mit eigenen Augen und mußten sich überzeugen lassen. Nun holten auch sie brennbare Steine und benutzten sie statt des Feuerholzes.

Auch die Schmiede der Gegend hatten von diesen merkwürdigen Steinen gehört. Sie horchten ganz besonders auf. Immer schon hatten sie geklagt, daß die Holzkohle so teuer sei und doch nicht so viel Hitze lieferte, wie sie brauchten. Ein Versuch konnte nicht schaden! Fauchend entfachten die Blasebälge die schwarzen Steine zur Glut, und zu welcher Glut! Das war etwas für sie! Aber woher die Zeit nehmen, diese Steine zu brechen und zu den Schmieden zu schaffen? Sie fragten ihre Nachbarn, Bauern und Kötter, ob die nicht im Winter und zu all den Zeiten, wenn die Bauernarbeit nicht drängte, schwarze Steine brechen und heranschaffen könnten. Die Bauern waren's gern zufrieden, denn die Schmiede versprachen gute Bezahlung. So taten sich dann ihrer ein paar zusammen und gruben die brennbaren Steine. Sie nannten diese Steine »Kohlen«, weil sie so schwarz waren. So entstand die erste Kohlenzeche an der Ruhr. Sie erhielt den Namen »Op der Mutte«, weil Schweine es waren, die den Weg zu den Kohlen gezeigt hatten. Der Ruhm des neuen Brennstoffes aber verbreitete sich rasch über das ganze Land. Vor allem die Schmiede verlangten stürmisch danach. Immer mehr der kleinen Zechen entstanden, immer mehr Menschen fanden lohnenden Erwerb im Kohlenbergbau. Und das war der Anfang für das größte Industriegebiet in Europa, das Ruhrrevier.

Bergbaurundweg Muttental: ältester Kohleabbau bereits im MA nachweisbar; nach 1920 nahezu vollst. Einstellung der Kohlegewinnung am Standort; in den letzten Jz. von der Stadt Witten angelegter bergbaugeschichtl. Rundweg von ca. 9 km Länge inmitten einer Natur- und Kulturlandschaft; aufgestellte Tafeln dienen als hist. Wegweiser durch 200 Jahre Bergbaugeschichte mit über 30 Sehensw. (u.a. Flöze, Pingen, Stollen, stillgelegte Zechen und Betriebsgebäude); besonders reizvoll ist die Besichtigung des 160 m langen Besucherstollens der ehem. Zeche Nachtigall (April–Okt. sa. 14–18 Uhr, so. 11–18 Uhr geöffnet, Führungen halbstündl., Muttentalstr., 58452 Witten); letztes im Ruhrgebiet erhaltenes Bethaus der Bergleute (Anfang 19. Jh.), das früher auch als Kontrollstation der Arbeiter genutzt wurde, beherbergt kleines Bergbaumuseum (April–Okt. di.–fr. 10–12 Uhr und 14–16 Uhr, sa. 10–12 Uhr und 14–18 Uhr, so. 11–18 Uhr geöffnet, Infos unter Tel.: 02302-31 951, www.muttental.de; Muttentalstr., 58452 Witten); Bergbaurundweg M. ist jederzeit zugängl.; Lage: in Witten-Bommern, südl. an die Ruhr angrenzend

IN DER UMGEBUNG

Schloss Steinhausen: in der wechselvollen Baugeschichte mit vielen Eigentümern mehrmals dem Erdboden gleichgemacht und wieder aufgebaut; vermutl. im 13. Jh. von dem Adelsgeschlecht derer von Witten errichtet, um den Handelsweg von Dortmund nach Köln, der bei Witten und Bommern über die Ruhr führt, zu schützen; 1434 von Gefolgsleuten des verfeindeten Dortmunds zerstört; als Reaktion darauf 1470 Errichtung von Burg Berge (heute Haus Witten, Ruhrtalstr. 86, 58452 Witten) auf der ggü. liegenden Ruhrseite; von Sch. St. sind bis heute erhalten geblieben: Giebelhaus der Renaiss. (1607) mit im 19. Jh. umgebautem Turm, klassiz. Herrenhaus (19. Jh.), Schlosskapelle (1648) und alte Ställe; im Privatbesitz; Adresse: Auf Steinhausen, 58452 Witten

Haus Herbede: weit zurückreichende Baugeschichte; Herrenhaus vermutl. aus dem 13./14. Jh. nachweisbar; über Jh. Gerichtsherrensitz der Familie von Elverfeldt, die bis 1889 dort wohnte; im 16. Jh. Ausbau zu einer dreischiff., wasserumwehrten Anlage; im 18. Jh. Umbau zu einem vierflügeligen Hof und in dieser Form bis heute erhalten; in den 1980er Jahren auf Initiative eines Wittener Fördervereins umfassende Instandsetzungsarbeiten; Ausst. u.a.: Rittersaal, Kaminzimmer und sehensw. Innenhof mit Renaiss.-Relief; Kreuzgewölbe (wird von der angeschl. Gastronomie genutzt)

im Keller; Begegnungsstätte, in der Räumlichkeiten für öffentl. und private Veranstaltungen bereitgestellt werden; Ortskern Herbede bietet Fachwerkbauten und Gründerzeit-Villen; Adresse: Restaurant, Von-Elverfeldt-Allee 12, 58456 Witten

König Goldemar

Auf der Burg Hardenstein, deren malerische Trümmer fast von den Wellen der Ruhr bespült werden, saßen einstmals die Ritter von Hardenberg.

Als der vorletzte Herr des alten Geschlechts, Neveling von Hardenberg, zur Zeit des Kaisers Wenzeslaus auf Hardenstein wohnte, hatte die Burg eine Zeitlang einen rätselhaften Bewohner, von dem man sich noch heute nach vielen Jahrhunderten an den Ufern der Ruhr und weit darüber hinaus erzählt.

Eines Abends schaute Herr Neveling aus dem Fenster seiner Burg hinaus auf die glitzernden Wellen der Ruhr. Sein Blick glitt dabei vorüber an seiner Schwester Gotelinde, die in der breiten Mauerwölbung kauerte. Die letzten Sonnenstrahlen umschmeichelten ihre weichen Wangen und spielten mit ihrem seidigen Haar. In der Tiefe des Gemachs kroch bereits die Dämmerung an den Steinwänden in die Höhe.

Da hob Schön-Gotelinde plötzlich lauschend das Haupt und schaute ihren Bruder fragend an. Dieser hatte sich überrascht umgedreht. Aus dem Hintergrunde des Zimmers quollen ihnen süße Töne entgegen. Ein Lied wurde gesungen und von leisen Harfenklängen begleitet. Es war eine wunderbare, überirdische Melodie, wie sie die beiden Geschwister noch nie vernommen hatten. Gleich goldenen Perlen tropfte sie in ihr Ohr, daß sie den Atem vor Entzücken anhielten und daß ihre Augen strahlten.

Und doch war niemand hinter ihnen zu sehen; das Zimmer war leer. Als die singende Stimme einen Augenblick innehielt, vermochte der Graf den Bann, der auf ihm lag, so weit abzuschütteln, daß er in die Leere hineinrief: »Wer bist du, wunderbares Wesen?« Da erwiderte eine weiche und wohllautende Stimme, als ob die Luft sich zu Tönen formte: »Ich bin der Zwergenkönig Goldemar. Laßt mich eine Zeitlang bei euch wohnen; es soll euer Schade nicht sein. Ich verlange von euch nichts weiter als einen Sitz an eurer Tafel und für mein Pferd einen Platz in eurem Stall.«

Ehe der Graf etwas darauf antworten konnte, rief Gotelinde mit heller Stimme dazwischen: »Wer so schön singen und spielen kann wie du, der wird uns immer willkommen sein.«

Da wirbelte gleichsam als Dank ein Lied voll so lustigen Übermuts und sonniger Heiterkeit durch den Raum, daß es dem Grafen und seiner Schwester so froh und leicht ums Herz war wie noch nie in ihrem Leben. So war die Ankunft König Goldemars auf Schloß Hardenstein.

Von da an war er täglicher, freilich nie sichtbarer Gast. Unsichtbar setzte er sich dem Grafen gegenüber an den Tisch. Eine unsichtbare Hand ergriff den Becher und ließ die Würfel rollen. Während die gewonnenen oder verlorenen Münzen hin und her

geschoben wurden, flogen zugleich Scherzworte und ernste Mahnungen aus Goldemars Munde über den Tisch.

»Schwager,« so pflegte Goldemar zu dem Grafen zu sagen, »hüte dich vor dem Ritter Benno; er meint es nicht ehrlich und trachtet dir nach dem Leben. Folge seiner Einladung nicht; er will dich unterwegs überfallen lassen.« Dann gab er ihm Ratschläge, wie er seinen Feinden beikommen und sie überwinden könne.

Oftmals saßen sie auch beim Weine zusammen, jeder einen Humpen vor sich. Der Wein im Becher Goldemars schwand ebenso schnell wie in dem des Grafen. So wurden die beiden immer vertrauter miteinander, und zuweilen schlief der Zwerg sogar mit dem Grafen in einem Bette. Obwohl er niemals sichtbar wurde, reichte er dem Grafen mitunter seine magere, weiche Hand. Wenn der Graf Gäste hatte, so durfte ein Sessel und ein Teller für Goldemar nicht fehlen. Abgesehen von einem Schatten, der im flackernden Kerzenlicht über seinen Platz hinweghuschte, war nichts von ihm zu sehen, aber desto mehr zu hören. Er griff lebhaft in das Tafelgespräch ein, nicht allen zur Freude. Die Herzen der Menschen lagen offen vor ihm da, so daß er ihre geheimsten Regungen und Gedanken kannte. Besonders schien er es auf die Geistlichen abgesehen zu haben, deren verborgene Sünden er oftmals enthüllte, so daß sie schamrot wurden und sich heimlich hinausschlichen.

Am liebsten aber saß Goldemar zu den Füßen der schönen Gotelinde und sang ihr Lieder vor, die er auf seiner Harfe begleitete. Immer schöner und einschmeichelnder wurde von Tag zu Tage sein Gesang, der durch alle Räume der Burg klang.

Im Burghof blieben die Knechte stehen, wenn sie zum Stalle gehen wollten, und blickten zu den Fenstern empor. Die Vöglein in den Zweigen verstummten und lauschten, und die Mädchen in der Küche vergaßen ihre Arbeit. Gotelinde aber war es, als ob sich der Himmel vor ihr öffnete und alles Erdenleid und Weh weit unter ihr versank. Sie wurde nicht müde, in diesen Tonwellen zu schwimmen und alles um sich zu vergessen. Nur zuweilen, wenn sie zufällig die Hand des Zwerges, die die Harfe schlug, berührte, zuckte sie jäh zusammen; denn sie war kalt und feucht wie eine Totenhand. Da wurde sie wohl auf Augenblicke aus allen ihren Himmeln gerissen, bis die Melodien sie von neuem einlullten und sie traumhaft ihre Stimme mit der König Goldemars mischte.

So weilte der seltsame Gast Tag um Tag, Woche um Woche auf der Burg Hardenstein. Sommer und Winter vergingen und wurden wieder neu, bis endlich drei Jahre des Glücks vorbei waren. Da war eines Tages Goldemar nicht mehr da. Das Heu und der Hafer vor dem Stande seines Rappen im Stalle blieben unberührt, kein Schatten verdunkelte mehr seinen Teller an der Tafel, und Hof und Saal blieben still und stumm.

Mit ihm war aber auch Schön-Gotelinde verschwunden. So oft der Graf vom Söller der Burg hinausspähte ins Weite, sie kam niemals wieder. Ob König Goldemar sie durch seine Zauberlieder mit sich gelockt und in sein Reich geführt hatte, oder ob sie freiwillig mit ihm gegangen war, weil sie ohne seine Musik nicht mehr leben konnte, wer will es sagen?

Burgruine Hardenstein: ungesichert ist Geschichte, nach der Karl der Große Wittekind Burg geschenkt haben soll; hist. belegt ist dagegen Ausbau eines rom. Turmbaus (vermutl. 13. Jh.) im 14. Jh. zu einer got. Anlage; bis 1469 von den von H. bewohnt; es wird behauptet, sie seien für ihre Herren, die Erzbischöfe von Köln, als Raubritter aufgetreten; nach Aussterben des Adelsgeschlechts wechselnde Eigentumsverhältnisse; ab Mitte des 18. Jh. unbewohnt und dem stetigen Verfall preisgegeben; 1974–80 Sicherung und teilw. Rekon. der Restbauten mit Haupthaus sowie zwei runden Ecktürmen; malerisch gelegen und nur durch eine hist. Eisenbahnstrecke vom Fluss Ruhr getrennt; Adresse: Hardensteiner Weg, 58456 Witten (nur über Fußweg zu erreichen)

IN DER UMGEBUNG

Museumszug des Eisenbahnmuseums Bochum-Dahlhausen: 1874 eröffnet Bergisch-Märkische Eisenbahngesellschaft 18 km lange Ruhrtalstrecke auf dem mittleren Ruhrabschnitt bei Bochum, Hattingen, Witten und Wetter; auf den Schienen verkehren jz.lang Kohle- und Güterzüge; der hist. M. mit Dampfloks der Jahre 1910–1955 ist heute Eigentum des Eisenbahnmuseums Bo.-Dahll. und verkehrt auf der ansonsten stillgelegten Zugstrecke jeden ersten So. im Monat von April-Okt. und zu Sonderfahrten; Infos unter Tel.: 0234-492516; der Streckenverlauf von Hattingen bis Wengern Ost liegt in landschaftl. schönem Gebiet mit einer abwechslungsreichen Geschichte; Burgruinen und Herrensitze zeugen ebenso davon wie Spuren frühindustrieller Zeit des Ruhrkohleabbaus; Adresse Eisenbahnm.: Dr.-C.-Otto-Str. 191, 44879 Bochum

Naherholungsgebiet Hohenstein mit Berger-Denkmal: Ausläufer des Ardeygebirges, das an der Stelle zur Ruhr hin steil abfällt; parkähnliche Anlage mit guter Infrastruktur, guten Freizeitsportanlagen und Lauftreff werden ergänzt durch Damwildgehege, Streichelzoo, Lehrbienenstand und Baumkundeweg; Berger-Denkmal steht auf Felsspitze 130 m über der Ruhr; 1904 von Turngemeinde Witten in Anerkennung der Leistungen des preuß.

Parlamentariers L. C. Berger (1829–91) errichtet; Aussichtsplattform bietet schönen Blick über oberes Ruhrtal; Lage: Zufahrt über Hohenstein, 58453 Witten

Die Sage von der Teufelskanzel in Syburg

Lange bevor das weithin sichtbare Kaiser-Wilhelm-Denkmal und der Vincketurm auf dem hohen Bergplateau standen, waren es die Ruinen der mittelalterlichen Syburg, die die Blicke vom Lenne-, Ruhr- und Volmetal auf sich zogen. Wer von Norden herüber den einstigen Königsweg kam, machte Rast in der Peterskirche und am Petersbrunnen. Schon in frühester Zeit verweilten die Pilger und Wanderer gern auf dem weitläufigen Gelände der alten Burg, um sich an der Aussicht ins Tal und in die Sauerlandberge zu erfreuen. Und sie blickten auch nach Westen ins Ruhrtal. Dort fällt der Blick zuerst über die bewaldete weite Schlucht auf steil abfallende Felsen, die von Klippen gekrönt sind. Eine von ihnen, die am weitesten hervorragt, heißt die Teufelskanzel, heute wie damals. Die Sage erzählt, daß zuweilen Wanderer, die um Mitternacht von der Ruhr nach Syburg hinaufsteigen, dort auf der Teufelskanzel einen Reiter auf einem Schimmel gesehen haben. Der Reiter schaute für kurze Zeit zur Burg hinüber, bevor er einen mächtigen Sprung tat und in der Luft wie ein Nebelschwaden zerstob. Immer, wenn man die Erscheinung gesehen hatte, war eine Notzeit in Syburg angebrochen. So kam es, daß die Menschen in der Umgebung diese Klippe als eine Kanzel angesehen haben, von der aus der Teufel ankündigte, daß seine Herrschaft mit Not und Unheil in Syburg anbrechen werde.

Aber warum zeigte sich der Teufel ausgerechnet in der Gestalt eines Reiters?

Die einen erzählen: Es war der Verräter, der damals dem Feind bei der wochenlangen Belagerung der Sigiburg durch Karl den

Großen das Geheimnis der Wasserkunst preisgegeben hat. Dadurch konnte den Verteidigern auf der Burg das Wasser entzogen werden, so daß die Verdurstenden sich ergeben mußten. Nachher sollen etliche Sachsen in einer stürmischen Nacht heimlich zur Sigiburg zurückgekommen sein, um den Verräter zu fangen und ihn zu richten. Sie haben ihn zwar aufgespürt, doch er konnte ihnen auf seinem schnellen Pferd entkommen. Er jagte hinüber zu den Klippen, wo die Rächer ihn bis zur äußersten Kante hetzten. Da rief der Verräter in seiner Angst den Sachsengott Krodo um Hilfe an, aber auch den Gott der Christen. Doch vergebens. Er fiel in die Hände seiner Landsleute, die er verraten hatte.

Andere aber erzählen, es sei ein sächsischer Ritter, der da von Zeit zu Zeit um Mitternacht auf der Teufelskanzel wie ein Mahnmal vor dem dunklen Nachthimmel sichtbar werde und dann plötzlich wieder verschwände.

Nach der Eroberung der Sigiburg durch die Franken war der sächsische Ritter immer wieder seinen Feinden entkommen. Er hat sich auch nicht taufen lassen, wie alle anderen Sachsen. Oft genug war er als Verfolgter in schwierige und gefährliche Lagen geraten, aus denen er sich nur mit List und oft nur mit Hilfe seines Schwertes befreien konnte. Da er wußte, daß die feindlichen Franken ihm überall auflauerten, konnte er es nur noch in dunklen Nächten wagen, seine Heimat auf verschlungenen Wegen aufzusuchen, um seinen Stammesgenossen, die sich hatten taufen lassen, ihre Untreue vorzuhalten.

Einmal, als er wieder auf Schleichwegen zur Sigiburg ritt, entdeckte ihn ein fränkischer Wachtposten. Der alarmierte die Mannschaft, die sich sofort aufmachte, den seit langem gesuchten Sachsen zu fangen. Doch der Ritter floh zu den Klippen über der Ruhr, wo er in einer der Schluchten zu entkommen trachtete. Aber die Franken kannten inzwischen alle Schleichwege, schnitten sie ihm ab und hetzten ihn die Klippen hinauf. Die Hu-

fe der Pferde knallten auf das harte Felsgestein, daß die Funken stoben. Da sprang das gehetzte Tier des Verfolgten ohne zu zögern auf die Teufelskanzel hinüber und – auf einen verzweifelten Zuruf seines Herrn – schwebte es, als ob es hinüber auf die Sigiburg springen wollte, über dem Abgrund und stürzte mit seinem Reiter in die Gipfel der Bäume, die von der Schlucht aufragten, durchbrach die Äste und landete auf steinigem Grund. Die Verfolger hatten dem Ritter zuvor noch warnend zugerufen: »Spring nicht, sonst bist du des Teufels!« Nun standen sie da wie erstarrt. Einer von ihnen, ein alter Haudegen, sprach leise vor sich hin: »Gott helfe seiner Seele!« Kaum hatte er das gesagt, da erscholl als Antwort aus der dunklen Tiefe ein häßliches Gelächter herauf.
»Das war ein Teufelssprung!« stieß einer der Verfolger aus, und alle starrten entsetzt in die Tiefe. Der sächsische Ritter, den sie ihrem Gesetz unterwerfen wollten, war ihnen entkommen.
Bei Tagesanbruch ritten sie in die Schlucht, um den Abgestürzten zu bergen. Doch sie suchten vergebens. Weder vom Reiter noch vom Pferd fanden sie etwas. Nur die Bäume trugen helle Narben von abgerissenen Ästen.

Burgruine Hohensyburg: 775 Eroberung der »Sigiburg« durch Karl den Großen; um 1100 Ausbau auf einem Vorsprung des Ardeygebirges; 1235 erstmals Erwähnung der Herren von Syburg; 1287 teilw. Zerstörung auf Geheiß von Graf Eberhard von der Mark; darauf folgt vermutl. partieller Wiederaufbau und erneute Nutzung; mit dem 17. Jh. zunehmender Verfall; seit 1945 Eigentum des Landschaftsverbandes Westf.-Lippe; Restbauten bestehen aus Bergfried, Palas, Mauerring und vorgelagertem Wall; umstrittenes Kriegerdenkmal (aufgebahrter Soldat, auf dem ein Adler hockt) aus Sandstein von 1930 in Ruine aufgestellt; auf Steintafeln stehen Namen der in den Weltkriegen gefallenen Soldaten; von oben herrlicher Blick auf den Hengsteysee im W und den Zusammenfluss der Ruhr und Lenne im O; Adresse: Hohensyburgstr., 44265 Dortmund

IN DER UMGEBUNG

Vincketurm und Kaiser-Wilhelm-Denkmal: im Jahre 1857 Errichtung des V.turms in Anerkennung der Verdienste des Freiherrn L. von Vincke (1774–1844) um den Wiederaufbau Westf. nach 1815; 20 m hoher, achteckiger Aussichtsturm in direkter Nachbarschaft zur Burgruine; 1955 Rest., heute im Besitz des Landschaftsverbandes Westf.-Lippe; 1902 Enthüllung des Kaiser-Wilhelm-Denkmals, bestehend aus Dreiturmgruppe, zentralem Reiterstandbild Kaiser Wilhelms I. und vier Bronzestandbildern vor den Türmen; 1935–36 wegen angeblicher Baufälligkeit Umbaumaßnahmen im Stile des nationalsoz. Kunstgeschmacks in vereinfachter klassiz. Form (u.a. Entfernung von Türmen und Standbildern); Lage ca. 200 m westl. des V.turms gelegen

Ev. Pfarrkirche St. Peter: bereits 799 Kirchenweihe innerhalb der alten Burgumwallung nachweisbar; nach 1100 rom., einschiff. Saalbau und Wehrkirche; W-turm 12./13. Jh.; nach starker Zerstörung 1945 durch eine Fliegerbombe 1953–54 Wiederaufbau in vereinfachter Form und unter Verlust des wehrhaften Charakters; ausgestattet u.a. mit spätgot. Chor aus dem 15. Jh. (17. Jh. Ren.) und modernen Glasfenstern; auf sehensw. K.friedhof sind alte Grabsteine, z.B. aus karol. und otton. Zeit, erhalten geblieben; so. von 8.30–11Uhr geöffnet, ansonsten nur nach tel. Absprache (0231-48 26 48); Adresse: Syburger Kirchstr., 44265 Dortmund

Reinold von Montalban

1. Ritter Reinold

Heymon von Dordogne war der Schwäher
Kaiser Karl's, der ihm die Schwester freite;
Und sie zeugten vier gewalt'ge Söhne:
Rittsart, Writsart, Adelhard und Reinold,
Heymonskinder nur beim Volk geheißen.
Reinold, zwar der jüngste, war der stärkste:
Als den Sohn der Vater schlug zum Ritter,
Ward kein Roß gefunden, das ihn trüge.
Sprach da Heymon: »Sei nicht traurig, Reinold,
Denn ich weiß ein Roß, sofern du's zwingest!
Beyart heißt's, ein fester Thurm verwahrt es,
Stärke hat's von zehn, des Raben Farbe,
Leopardenaugen, keine Mähnen,
Flüchtig ist es wie der Pfeil vom Bogen.«
Deß ward Reinold froh: den Beyart zwang er,
Ritt nach Hof mit Heymon, mit den Brüdern.

Kaiser Karl im Kreis der Paladine
Zu Paris empfing den Schwäher festlich,
Jubelnd pries das Volk die Heymonskinder.
Aber Ränke spann der König Ludwig
Seinen Vettern, daß er sie verderbe,
Weil ihr Ruf ihm bittern Neid erweckte;
Dafür straft' ihn Reinold mit dem Leben.
Ob des Sohnes Tod ergrimmt der Kaiser,
Hastig hub er an die blut'ge Fehde
Wider Heymon, wider Heymon's Söhne;
Und erschlagen wurden ihre Mannen,
Und erstochen wurden ihre Rosse –
Reinold nur stand in den Bügeln ruhmreich.

*Da zu Fuß gewahrt' er seine Brüder,
Hieß die drei noch auf den Beyart springen,
Und der Beyart schoß im Flug von dannen
Mit den Heymonskindern, aus der Heimath
Trug er fort das Doppelpaar der Brüder:
In der Fremde sollte bald ertönen
Ihres Schwertes Klang und ihres Namens!*

2. Reinold auf Montalban
*Fürder zog das Doppelpaar der Brüder
Längs des Meers, durch wilde Felsenschlünde
Senkte sich der Pfad ins Land Hispania.
Blut'ge Fehde war da hell entlodert,
Alle Mohrenschaft, so glaubt an Mahom,
Staunte bald der tapfern Christenritter,
Staunte Reinold's wundergleicher Stärke.
König Yvo, Herr von Tarragona,
Gab sein Kind Clarissa zur Gemahlin
Für getreuen Waffendienst dem Reinold,
Und er gab ihm eine steile Klippe,
Durch und durch von weißem Marmorsteine;
Gründen soll er dort die starke Feste.
Aber Reinold rief erfahr'ne Meister:
»Baut mir ein Kastell auf dieser Klippe,
Baut es ganz aus lautrem Marmorsteine,
Mächtighoch, vier Mauern in der Runde!« –
Nach der Weisung thaten da die Meister,
Und das Schloß erhub sich; seine Zinnen
Leuchten weithinaus im Sonnenglanze.
Reinold sprach das Wort am Tag der Weihe:
»Weil es steht auf weißer Marmorklippe,
Soll mein Haus denn Montalban genannt sein!«*

Sieben Jahre schwanden: nie erloschen
Lohte fort der alte Groll des Kaisers
Um den Sohn, den Reinold ihm erschlagen,
Wie der Rost nur tiefer frißt im Eisen;
Und die alte Fehde, nie erloschen,
Lohte fort, durch Blut und Brand geschüret.
Oft in Noth kam Reinold, denn gewaltig
War die Hand des Kaisers, aber Beyart
Half ihm stets, das treue Roß, von dannen;
Oft in Demuth bot den Frieden Reinold,
Unversöhnlich immer blieb der Kaiser,
Dessen Macht auf Erden keiner beugte.
Wieder hielt er Montalban umlagert,
Zu ihm trat Frau Aya, seine Schwester,
In das Zelt, der Heymonskinder Mutter,
Fiel zu Fuß dem Bruder, fleht' in Thränen:
»Blicke gnädig, Herr, auf meine Söhne!«
Sprach der Kaiser: »Wohl! Die fromme Mutter
Soll Gewährung finden! So mir Reinold
Beyart gibt, sein Roß, damit zu schalten
Als mir's gutdünkt, schenk' ich Allen Gnade!« –
Reinold's Brüder wollten das verweigern,
Doch er selber sprach: »Es sei! Wir mögen
Durch das Roß den Kaiser uns versöhnen,
Dem wir endlich nimmer widerständen.
Also sei'n wir ihm zu Willen: besser
Eins verloren als verloren Alles!«

3. Das Roß Beyart
Freude war und Jubel - in dem Lager,
In der Feste. Da gebot der Kaiser:
»Zween Mühlstein' um den Hals dem Beyart,

Und ins Wasser stürzt ihn von der Brücke!«
Also that man. Beyart ging zu Grunde,
Taucht' empor, schlug ab die schweren Steine,
Schwamm und sprang ans Land und lief zu Reinold.
Da gebot der Kaiser: »Zween Mühlstein'
Um den Hals, um jeden Fuß noch einen,
Und zum Andern stürzt ihn von der Brücke!«
Also that man. Beyart ging zu Grunde,
Taucht' empor und schlug die Stein in Stücke,
Schwamm ans Land mit Macht und lief zu Reinold.
Zornig rief der Kaiser: »Zween Mühlstein'
Um den Hals, um jeden Fuß desgleichen!
Und dein Auge, Reinold, sollst du wenden:
So du hinschaust, kann er nicht versinken!«
Reinold sprach: »Es sei! Doch kommt er nochmals,
Thu' ich nichts mehr – denn mein Herz ist wehe!« –
Ob dem Beyart schlägt die Fluth zusammen,
Aus der Flut taucht Beyart, schaut nach Reinold
Wie mit Menschenaugen, Hülfe flehend,
Aber der stand abgewandt von ferne –
Und zu Grunde ging der treue Beyart.

Da verschwur sich Reinold, daß er fürder
Nie ein Roß bestieg', noch Sporen trüge,
Noch ein Schwert sich gürtet' an die Seite.
Aymerich den Erstgebor'nen setzt' er
Sich zum Erben, küßte Weib und Kinder,
Zog im schlechten Pilgerkleid von dannen,
Also seiner Sünden Schuld zu büßen.

4. Der Pilgrim.

Wunder sind geschehn im heil'gen Lande! –
Vor den Türken floh das Heer der Christen,
Da erschien ein Pilgrim. »Stehet!« rief er,
»Steht und kämpft! Sieg wird den Streitern Christi!«
Aus der Erde riß er einen Pflaumbaum
Und erschlug mit solchem Pilgerstabe
Was ihm nahkam – Mahom's Schaar zerstäubte.
Gen Jerusalem die Gläub'gen führt' er,
Stürmend ward das heil'ge Grab erobert,
Und sie boten ihm die Königskrone.
»Das sei ferne!« sprach er. »Mein Gelübd' ist
Armuth, Niedrigkeit, der Sünden Buße!«
Aus dem Lager in die Wüste schritt er:
Von dem Pilgrim ward nichts mehr vernommen!

Um die Zeit war Agilolphus Bischof
In dem heil'gen Cöln, der wollt' ein Kirchlein
Gründen für Sanct Peter, rief die Werkleut'
Aller Orten: trat ihn an ein Pilgrim
Arbeit heischend, um dem Herrn zu dienen:
Weil nun dieser ernst und mild von Wesen,
Ward er aller Werkleut' Obermeister.
Agilolph der Bischof sah da staunend,
Wie der Fremdling Kranke heilt und Krüppel,
Wie er schaffet mehr denn fünf der Andern,
Aber mindern Lohn begehrt als Einer:
Und so hieß man ihm »Sankt Peters Werkmann«.
Ruhm des Fleißes nährt den Groll der Trägen.

Insgeheim erschlagen sie den Pilgrim;
Seinen Leichnam, wohlbeschwert mit Steinen,

Soll des Rheines Fluth von hinnen tragen;
Doch ans Ufer trägt die Fluth ihn wieder,
Daß der Frevel nicht verhohlen bliebe.

Boten kamen an dem Tag aus Dortmund –
Das sich jüngst bekehrt zum Christenglauben –
Von den Heiligthümern zu erbitten,
Deren viel im frommen Cöln bewahrt sind.
Mit dem Clerus pflegte Raths der Bischof,
Gott der Herr beschied sie: »Gebet ihnen
Fördersamst den Leib des heil'gen Reinold,
Den der Rheinstrom euch zurückgegeben!« –
Da geschah es, wie der Herr geboten:
Auf dem Wagen steht die Truhe, fürder
Ohne Rosse rollet leicht der Wagen
Ueber Berge, durch die Thalgelände,
Rollt gen Dortmund,
Und das Thor erschließt sich,
Schließt sich wieder, und es hält der Wagen.
Das ist Gottes Hand! Auf dieser Stelle
Steigt empor des heil'gen Reinold Kirche. –
So ist Reinold Dortmund's
Hort und Schutzherr,
Und er wahrt des Amts seit tausend Jahren.
Wenn der Feind die Mauer keck berannte,
Stand das Heymonskind im Waffenglanze
Leuchtend auf der Zinne zorngewaltig –
Jählings stob des Feindes Schwarm von dannen!

Ev. St. Reinoldi-Kirche: Anfänge können bis ins 9./10. Jh. (rom. Bau) zurückverfolgt werden; bis zur Veräußerung im 17. Jh. Aufbewahrungsort der Gebeine des Hl. Reinoldus, Stadtpatron Dortmunds; Zerstörung durch Brand

1232; 1250–70 Errichtung einer dreischiff. Basilika mit Langhaus und Kreuzrippengewölbe; 1421–50 Fertigstellung des spätgot. Chores; 1454 Vollendung des 112 m hohen Turms (»Wunder Westfalens«), der 1661 einstürzt und 1701 von neuem Turm mit bar. Zwiebelhaube ersetzt wird; im 2. WK durch Luftangriffe stark beschädigt; 1945–56 Wiederaufbau; zur sehensw. Ausst., die im Krieg gerettet werden konnte, gehören u.a.: spätgot. Schnitzaltar (1420–30), Holzstatuen des hl. Reinoldus (13. Jh.) und Karls des Großen (15. Jh.) am Übergang vom Langhaus zum Chor, ein bronzenes Lesepult in Form eines Adlers (um 1450), Apostelfiguren im Chorabschluss (1420–30) und Chorgestühl (um 1470); Auskünfte zu Führungen, Tel.: 0231-88 23 009; Adresse: Ostenhellweg 2–4, 44135 Dortmund;

IN DER UMGEBUNG

Ev. Marienkirche: rom. Basilika aus dem 12. Jh., urspr. mit Zwillingsturmpaar (nördl. Turm wird 1805 wegen baulicher Mängel abgerissen); got. Chor aus Mitte des 14. Jh.; im 2. WK ausgebrannt und bis 1957 wiederhergerichtet; zur sehr sehensw. Ausst. gehört der wohl bed. Hochaltar des 15. Jh. (um 1415–20) von K. von Soest; bei der Neugestaltung des Altars 1720 im Stile des Bar. starke Beschneidung der dreiteiligen Bildfläche, auf der die Geburt Christi, die Anbetung der Könige und der Marientod dargestellt werden; charakteristisch sind plastische, von hoher Monumentalität erfüllte Figuren und große, leuchtende Farbflächen; im nördl. Seitenschiff Berswordt-Altar (um 1390), ein Triptychon mit Kreuztragung und Kreuzigung Christ sowie Kreuzabnahme (Mittelteil); di.–fr. 10–12 und 14–16 Uhr, sa. 10–13 Uhr geöffnet; Adresse: Kleppingstr. 3–7/Ecke Ostenhellweg, 44135 Dortmund

Museum Ostwall: reichh. Sammlung von Gemälden, Grafiken, Skulpturen, Objekten und Fotos beginnt mit der klassischen Moderne und endet im 21. Jh.; durch den Ankauf der »Sammlung Gröppel« wird 1958 Grundstock (dt. Expressionismus) gelegt; 1988 Erweiterung durch Erwerb der »Sammlung Feelisch« mit den Schwerpunkten »Informel«, »Zero« (1957–67 bestehende Kunstvereinigung in Düsseldorf), »Fluxus« (eine Form der Aktionskunst) und »Happening« (Bez. für provokative aktionsreiche [Kunst]veranstaltungen v.a. der 1960er Jahre) u.a. mit Werken von J. Beuys und M. Duchamp; Kunstströmungen der 1980er Jahre werden vertreten durch die »Neuen Wilden«, die 90er Jahre durch »Konkrete Kunst«; darüber hinaus verfügt M. O. über umfassende Sammlung des russ. Malers A. Jawlensky (1864–1941); zudem Wechselausstellungen; di., mi., fr. und so. 10–17 Uhr, do. 10–20 Uhr, sa. 12–17 Uhr geöffnet; Adresse: Ostwall 7, 44135 Dortmund

WIM Zeche Zollern II/IV: »Ikone des Ruhrgebiets«; 1898 Beginn der Abteufarbeiten und 1902 bereits erste Kohleförderung auf Schacht II; 1904 Inbetriebnahme der Kokerei, die 1918 stillgelegt wird; 1910 Fertigstellung der überirdischen Anlagen; hübsche Backsteinbauten und moderner Maschinenpark tragen dazu bei, dass Z. Z. als »Musterzeche« der Gelsenkirchener Bergbau AG angesehen wird; 1926 Aufnahme in den Verband der Vereinigten Stahlwerke AG; 1966 endgültige Schließung; 1969 die Maschinenhalle mit auffallend schönem Jugendstil-Portal unter Denkmalschutz gestellt und Abriss der Z.anlage abgewendet; 1979 Anschluss an WIM und Beginn von Rest.arbeiten (u.a. Wiederaufbau zweier bereits demontierter Fördergerüste); heute wartet Anlage mit dem Museum für Sozial- und Kulturgeschichte des Ruhrkohlebergbaus auf und bietet darüber hinaus Raum für kulturelle Veranstaltungen; di.–so. 10–18 Uhr geöffnet; Adresse: Grubenweg 5, 44388 Dortmund

Der tolle Jobst von Strünkede

Kommt der Besucher nach Herne-Baukau zu dem eindrucksvollen Wasserschloß Strünkede, so findet er an der dortigen Schloßkapelle einen Hinweis auf den legendären tollen Jobst von Strünkede.

Um 1500 geboren, wuchs dieser am Hof des Klever Herzogs auf und hatte seinen Vater zu bewachen, der auf dem eigenen Schloß zu Strünkede zu lebenslanger Haft verurteilt war. Der Vater galt nämlich bei den benachbarten Bauern und Bürgern als äußerst unberechenbar und leicht aufbrausend. Dem Bürgermeister von Münster hatte er eine ganze Ochsenherde gestohlen. Außerdem war er mit Waffengewalt gegen den vom Klever Herzog geschickten Wattenscheider Boten vorgegangen und hatte dessen Pferd erschossen.

Diese ungestüme Wesensart hatte Jobst von seinem Vater geerbt, weshalb er der »tolle Jobst von Strünkede« genannt wurde.

Kein Einheimischer wagte sich allein auf die Landstraße, weil er fürchten mußte, vom wüsten Ritter Jobst und seinen verwegenen Gefolgsleuten aufgegriffen zu werden. Sogar vor Totschlag schreckte dieser nicht zurück. Unbekümmert ritt Jobst mit seinen Leuten durch die fast reifen Kornfelder und brachte die Bauern um den Ernteertrag, von dem sie ohnehin einen Teil auf Schloß Strünkede abzuliefern hatten. Auf Leute, die ihm nicht sofort gehorchten, hetzte er erbarmungslos seine scharfen Hunde. Als auf einem der Schloßfeste die Tochter des tollen Jobst die Augen zu sehr einem jungen Knappen zuwandte, der mit seiner musikalischen Darbietung die ganze Festgesellschaft begeisterte, beendete der strenge Vater das Spiel. Er ließ den Knappen in einen Zweikampf führen, damit er erschlagen werde. Am Ende dieses angeordneten Schaukampfes waren schließlich beide Zweikämpfer tot.

Als Jobst von Strünkede wieder einmal die Recklinghauser Bürger in Angst und Schrecken versetzte und sie bis an deren Stadttor verfolgte, fand er dort eine unerwartet große Bürgerwehr vor. Der tolle Jobst mußte sich mit seinen Leuten zurückziehen, während das Bürgerheer ihn verfolgte. Als Jobst kurz vor dem Schloß hastig seine Mannschaft zur Schlachtordnung aufstellen wollte, war auch sein Schmied dabei, an dessen Frau sich Jobst vergangen hatte. Der nutzte die Gelegenheit zur Rache und streckte den

tollen Jobst mit einem gewaltigen Axthieb nieder. Aus Freude über die als gerecht empfundene Bestrafung des Ritters wurden in den späteren Jahrzehnten die Moritaten vom tollen Jobst von Strünkede besonders während der Kirmes von Bänkelsängern vorgetragen. Dazu spielte dann die Drehorgel.
Die beiden letzten Strophen wurden von den Leuten mit besonderer Inbrunst gesungen:

> *Aber nachts in der Gespensterstunde*
> *dann kommt zu aller Schrecken*
> *der Ritter von der Geisterrunde*
> *und spukt in allen Ecken.*
>
> *Noch immer beten die alten Leute:*
> *»O Herr, vor Teufels Scharen*
> *und tollen Jobst von Strünkede*
> *mögst gnädig uns bewahren!«*

Schloss Strünkede, Emschertalmuseum der Stadt Herne: Vorläuferbau lässt sich auf Jahr 1142 datieren; bis ins 18. Jh. im Besitz der von Strünkede; Belagerung, Zerstörung und Wiederaufbau kennzeichnen wechselvolle Schlossgeschichte; erhalten geblieben ist Wasserschloss des 16./17. Jh. in der Formensprache der Renaiss.; bar. Portal mit Strünkeder Wappen von 1664; Jugendstiltor von 1900 im Innenhof; im Schlosspark 1272 von Bernd von Strünkede gegründete Schlosskapelle; Ausbauten im 14./15. Jh., Dach und Fenster 20. Jh.; innen u.a. Gruft von Reinhard (†1535) von Strünckede und seinem im Alter von 29 Jahren erschlagenen Sohn, dem »tollen Jobst« (†1529) sowie Wandgrabsteine; innen seit 1938 Abt. des Emschertalmuseums: Sammlung umfasst Ur- und Frühgeschichte, Regional-, Stadt- und Schlossgeschichte sowie Glas- und Keramikausstellung (di.–fr., so. 10–13 Uhr und 14–17 Uhr, sa. 14–17 Uhr geöffnet, Eintritt frei!); in Gründerzeit-Villa Städt. Galerie im Schlosspark mit zeitgenöss. Kunst (Öffnungsz. siehe Emschertalmuseum oben); sehensw. auch ehem. Schlossmühle; Adresse: Karl-Brand-Weg 5, 44629 Herne

IN DER UMGEBUNG

Zechensiedlung und »KunstWald« auf ehem. Zechengelände Teutoburgia: gleichzeitiger Baubeginn der Zechensiedlung und angeschl. Zeche Teutoburgia; 1909–23 Ausbau der Wohnanlagen nach Vorstellungen einer Gartenstadt; 1911 bereits voller Zechenbetrieb unter Tage; 1925 Einstellung der Kohleförderung wegen Unwirtschaftlichkeit; 1942/43 Errichtung eines Kriegsgefangenenlagers auf Arbeitsgelände und Aufrechterhaltung des noch bestehenden Betriebs mit Gefangenen; 1984 Abriss der Zechenanlage bis auf Förderturm und Maschinenhalle (heute unter Denkmalschutz); denkmalgerecht rest. Siedlungsanlage; Ende der 1980er Jahre Umgestaltung der Industriebrache zu einem sehensw. »KunstWald« mit »Arbeits- und Aktionsfläche« in der ehem. Maschinenhalle (weitere Infos unter Tel.: 02323-62206) Adresse: Schadeburgstr./Baarestr., 44627 Herne

Flottmannhallen: in Region als einmalig geltende Industriebauten im Jugendstil; ehem. Produktionsstätten für Bohrhämmer des Fabrikanten H. Flottmann; 1983 Auslagerung der Produktion nach Bochum und Teilabriss des brachliegenden Werkgeländes; 1908 nach Plänen der Architekten Schmidtmann und Klemp errichtete Schmiede, Schlosserei und Hallen werden unter Denkmalschutz gestellt und können so erhalten bleiben; seit 1986 über Grenzen Hernes hinaus bekanntes Kulturzentrum mit abwechslungsreichem Programm (Ausstellungen, Kabarett, Theater etc.); Infos unter Tel.: 02323-16 29 51/-52/-53; Adresse: Flottmannstr. 94, 44625 Herne

Die drei Kugeln von Leithe

Nach verschiedenen Gebietsveränderungen und Eingemeindungen gehört Leithe heute zu einem Teil nach Essen und zum anderen Teil nach Wattenscheid, während der ehemalige Rittersitz auf Gelsenkirchener Gebiet liegt.

Haus Leithe am Schwarzbach war früher eine Wasserburg. Der befestigte Herrensitz, die Burg nebst den dazugehörenden Nebengebäuden und Anlagen, war gerade fertiggestellt. Der Ritter von Leithe setzte sich am Abend vor den Kamin und grübelte. Die Baukosten waren so hoch, daß er nun kein Geld mehr hatte. Nicht ein einziger Heller war übriggeblieben. Als armer Mann würde er aber von den anderen Rittern verachtet, und das Volk würde ihm nicht mehr gehorchen.

Während der Ritter in seine Gedanken versunken war, kam aus dem Kamin eine goldene Kugel angerollt. Auf dieser Kugel stand eine stolz aufgerichtete Gestalt, die mit Hilfe ihrer flinken Zehenspitzen sich auf der Kugel anmutig fortbewegte. Es war eine goldene Fee. Ihr goldblondes Haar fiel lang herab, das Gewand war aus Gold gewebt, und ihr Gesicht erstrahlte in goldenem Glanze. Über der rechten Schulter lag eine rote Schärpe, und in ihrer Hand hielt sie ein kleines Kästchen.

Aufgeschreckt und zugleich voller Entzücken konnte der Ritter kein Wort herausbringen.

Da sprach die Fee zu ihm: »Ich bin die Glücksfee und will Dir helfen. Nimm dieses Kästchen. Es enthält drei goldene Kugeln. Auch ein Brief liegt dabei. Aber frage nicht weiter! Solange das Kästchen ungeöffnet in Deinem oder Deiner Nachkommen Besitz bleibt, wird Euch die erste Kugel Reichtum, die zweite Ehre und die dritte Macht verleihen.« Freudig nahm der Ritter das Kästchen in Empfang. Die gute Fee sprach noch: »Beachte meinen Rat!« Dann war sie verschwunden, noch ehe der Ritter sich bei ihr bedanken konnte.

Der Herr von Leithe bewahrte das Kästchen wie einen geheimen Schatz und schloß es sicher ein. Bald brachten die Bauern dem Ritter ihre Steuern und andere Abgaben. Der Burgherr wurde reich und konnte sogar der Essener Äbtissin und anderen vornehmen Leuten Geld leihen. Dem Ritter von Leihte wurde auch Achtung und Ehre zuteil. Sogar zu einer Königskrönung wurde er eingeladen.

Als der Graf von der Mark dringend Geld nötig hatte, verkaufte er dem Ritter von Leithe sein Drostenamt. So wurde der Ritter für die Umgebung ein mächtiger Mann. Die Fee hatte es ihm versprochen: Reichtum, Ehre und Macht wurden ihm reichlich geschenkt. In dem Wappen, das er sich einige Zeit später zulegte, konnte man sehen, mit welcher Dankbarkeit der Ritter von Leithe seine gute Fee in Erinnerung behielt: Der goldene Grund mit dem roten Querbalken stellte symbolisch die Fee dar, wie sie einst auf ihrem goldenen Gewande die rote Schärpe trug. Die drei goldenen Kugeln in dem roten Querbalken des Wappens erinnerten an Reichtum, Ehre und Macht, welche dem Ritter von Leithe sowie auch seinen Erben zuteil wurden.

Nach etlichen Generationen gab es schließlich einen Nachfolger, der aus Neugierde das Kästchen aus dem Versteck holte und es aufbrach. Da lagen nun die drei goldenen Kugeln und ein versiegelter Brief. Schnell öffnete der Ritter den Brief und las: »Der Ritter, der diesen Brief liest, verliert Reichtum, Ehre und Macht. Nur mit Hilfe der goldenen Kugeln kann er dies verhindern. Jährlich am Johannistag muß er dicht an den Mühlenteich treten, mit der rechten Hand die Kugeln hoch über seinen Kopf werfen und mit der linken wieder auffangen. Fällt jedoch die erste Kugel ins Wasser, dann fällt mit ihr auch der Reichtum. Verliert der Ritter bei diesem jährlichen Kugelwurf ein zweites Mal eine Kugel, dann geht ihm auch Achtung und Ehre verloren. Fällt dann noch die letzte Kugel in den Teich, dann ist auch die Macht des Ritters vorbei.«

Der junge Ritter wurde beim Lesen dieses Briefes ganz blaß. Um sein Unglück aufzuhalten, ging er also am Johannistag an den Mühlteich und warf die erste goldene Kugel hoch. Weil er sie aber mit der linken Hand nicht auffangen konnte, fiel sie ins Wasser. Daraufhin ließ er den Teich entleeren und im Schlamm nach der kleinen Goldkugel suchen. Aber vergebens! Mit dem Reichtum ging es auf der Burg nun zu Ende, denn der Ritter zeigte auch einen leichtsinnigen und verschwenderischen Lebensstil. Auch im nächsten Jahr trat er wieder am Johannistag an den Mühlenteich. Bei diesem Kugelwurf verlor er die zweite Kugel und mit ihr auch Ansehen und Ehre. Wieder ein Jahr später ging die letzte Kugel verloren. Kurze Zeit darauf entzog der Graf dem Ritter, der keinen Reichtum und keine Ehre mehr hatte, das Drostenamt und damit auch die Macht. Der verarmte Ritter, der auch der letzte Ritter von Leithe war, zerriß den Brief und wanderte nach Liefland aus. Dort verlor sich seine Spur.

 Haus Leithe: ehem. Wasserburg am Leithebach, der um 1800 die alte Grenze der Grafschaft Mark und des Stifts Essen markiert und den auch umliegende Bauernschaften und das Adelsgeschlecht der von Leithe im Namen tragen; im 15. Jh. stirbt Erblinie der Herren von Leithe aus und es folgen wechselnde Besitzverhältnisse, bis Gut 1749 öffentl. versteigert wird; nachdem es mehrere Generationen den von Isselstein gehörte, gelangt es 1810 in das Eigentum der Gemeinde, heute Stadt Gelsenkirchen, der es noch angehört; erhaltenes Herrenhaus ist vermutl. um 1565 errichtet, Torhaus aus der 2. Hälfte des 18. Jh., darüber Wappen der Familie von Isselstein; leider derzeit in schlechtem baulichen Zustand; Mühlenbruchstr., 45879 Gelsenkirchen

IN DER UMGEBUNG
 Skulpturenwald Rheinelbe: auf Terrain der 1928 stillgelegten Zeche Rheinelbe; im Zuge der IBM Emscher Park seit 1996 Umgestaltung der Industriebrache zu einem »Natur- und Kunstraum«; Highlights des von dem Umweltkünstler H. Prigann gestalteten Sk.Rh. sind der ca. 85 m hohe »Spiralberg« – zweitgrößte Industriehalde des Ruhrgebiets – und auf Berg füh-

rende »Himmelstreppe«; auf der Höhe, die sehensw. Rundblick gewährt, steht aus Betonquadern von alten Dortmunder Zechen errichtetes Kunstwerk; von Natur zurückeroberte Flächen (»Industrienatur«) weisen Baumbestand, Pflanzen und Tiere auf; Natur-Info und Führungen: Forststation Rheinelbe, Tel.: 0209-147 48 44; Lage: Leithestr. 35/Zufahrt Virchowstr., 45886 Gelsenkirchen

Ev. Bleckkirche: älteste Kirche Gelsenkirchens; 1735 Errichtung eines rechteckigen, einschiff. Saalbaus (»Capelle am Blecke«); 1879–1889 Anbau eines Querschiffs und Turms sowie Erweiterung des Altarraums mit Apsis; 1992–96 aufwendige Ren.; Ausst.: berühmter Renaiss.altar von 1574 mit Darstellung des Abendmahls (da Apostel aristokratischer westf. Herrengesellschaft gleichen, als sog. »Westfälisches Abendmahl« bez.); »Kirche für die Stadt«, eine Verbindung von Kultur und Glaube; Kontakt und Öffungszeiten unter Tel: 0209-59 59 84; Adresse: Bleckstr., 45889 Gelsenkirchen (direkt ggü. vom Haupteingang des Ruhr-Zoos)

Nordsternpark: auf ehem. Gelände der Zeche Nordstern (1858 nördl. des Reviers), die 1993 stillgelegt wird; für 1997 dort stattfindende Buga Verwandlung der brachliegenden Industriefläche in Landschaftspark neuen Typs; ehem., durch Wohn- und Gewerbebauten ergänzte Zechenanlagen der Baujahre 1947–54 (u.a. mit markantem ehem. Förderturm) im N und eine Parklandschaft im S verbinden sich zu einer interessanten Einheit; heute steht N. für Strukturwandel des Ruhrgebiets; Sportanlagen, Freilichtbühne auf dem die Anlage zweiteilenden Rhein-Herne-Kanal, »Modelleisenbahnanlage« und Besucherstollen gehören zum Freizeit- und Erholungsangebot; ganzjährig zugängl.; Lage: Nordsternstr./Am Bugapark im Stadtteil Horst, 45899 Gelsenkirchen

Schloss Horst: 1555–1578 lässt Rütger von der Horst auf Trümmern einer wesentlich älteren Vorgängerburg Maßstäbe setzendes Renaiss.-Wasserschloss von europ. Rang errichten; vierflügelige Anlage mit Innenhof, vier Wohntürmen, breiter Gräfte und beeindruckenden Steinmetzarbeiten, die nicht zu unrecht der »Steinerne Schatz« gen. werden; seit dem 18. Jh. zunehmender Verfall, Mitte des 19. Jh. steht nur noch hübscher Hauptflügel (auch Dienerflügel) mit Erker und Resten eines Turmes; 1988 kauft Stadt Sch. und lässt es mit zusätzlichen Fördermitteln des Landes NRW 1995–99 rest. und teilw. wiederaufbauen; innen Renaiss.-Museum und Standesamt; kostenlose Führungen am ersten Do. im Monat um 18 Uhr, Infos unter Tel.: 0209-169 61 63; dient der Bürgerbegegnung; Adresse: Turfstr. 21, 45899 Gelsenkirchen

Ostwestfalen-Lippe

Der Herr von der Wewelsburg

Auf der Wewelsburg hauste einmal ein recht böser, harter Herr. Er plagte die Bauern bis aufs Blut, schändete ihre Töchter und Frauen und plünderte die Krämer, die mit ihren Waren auf der Landstraße daherzogen. Sein Burgkaplan, ein frommer Priester, ermahnte ihn oft, seine ruchlosen Pfade zu verlassen; er stellte ihm die Gerichte des Ewigen in den schwärzesten Farben vor – aber alles war umsonst. Die ernsten Worte des Kaplans vermochten nicht, das steinerne Herz des gestrengen Herrn zu rühren; er blieb wie er gewesen war. Aber als einmal der Herr von der Wewelsburg eine arme, wehrlose Dirne aufgegriffen und mit Gewalt zu seinem schändlichen Willen gebracht hatte, da ließ es der Kaplan nicht mehr bei ernsten, mahnenden Worten bewenden. Er sagte dem Wüterich geradezu, daß er nicht länger in seinen unheiligen Mauern die heiligen Zeremonien verwalten, daß er überhaupt nicht länger bei einem unverbesserlichen Sünder sich aufhalten dürfe. Und darauf schickte er sich an, die Wewelsburg für immer zu verlassen. Aber der wilde Herr ließ ihn greifen und binden, indem er mit fürchterlicher Stimme rief: »Meinst du, eitler Pfaff, ich hätte nicht Mittel, mich eines lästigen Predigers zu entledigen? Meinst du, ich müsse warten in guter Geduld, bis du selbst gingest?« Darauf ergriff er ihn und erdrosselte ihn mit eigenen Händen an den Pforten der Kapelle.

Gräßlich lachend, setzte er sich dann zum schwelgerischen Bankett, mit seinen Kumpanen auf das Wohl seiner neuen Geliebten zu trinken. Unter tollem Jubel vergingen die Stunden des Tages und noch in die Nacht hinein dauerte die sündliche Lust. Endlich taumelte der Herr von der Wewelsburg auf sein Lager. Wollüstige Träume umgaukelten sein Hirn. Da schlug die Schloßuhr Mitternacht, dumpf – langsam – ernst wie nie. Und von der Kapelle her erhob es sich stumm und nebelhaft und huschte über den gepflasterten Hof zur verschlossenen Pforte hinein. Das war der Geist des gemordeten, unbegrabenen Priesters. Durch alle die langen Gänge, an allen Türen vorüber ging er, schlich er, leise – leise. Er suchte die Gemächer des trunknen Herrn. Wie tiefes Seufzen stieg es aus ihm auf, als sich die schwere Eichentür knarrend vor ihm öffnete.

Jetzt war er darin – jetzt stand er am Bette. Und ein Geräusch ward laut und ein Getön und ein Wimmern und Heulen, daß es anzuhören war wie ein langer, qualvoller Kampf, wie ein Ringen zum Tode. Alle in der Burg erwachten. Aber keiner wagte nachzusehen; denn sie schauderten vor Entsetzen. Kalter Schweiß troff von ihren Schläfen. Endlich wurden die gräßlichen Klänge schwächer, immer schwächer, und als die Turmuhr eins schlug, da verhallte der letzte schwere Seufzer. Als man bei Tagesanbruch den Herrn von der Wewelsburg wecken wollte, fand man ihn mit umgedrehtem Genicke am Boden liegend. Sein Antlitz war von fürchterlicher Todesangst entstellt worden, daß die Seinen ihres Herrn Leiche kaum erkannten.

Auf dem Friedhofe der Wewelsburg fand man am nämlichen Tage einen frischen Grabhügel, den niemand aufgeworfen hatte. Die Leute dachten es gleich wohl, wenn sie es sich auch gerade nicht merken ließen, daß hier der fromme Kaplan zum ewiglangen Schlafe ruhe.

Wewelsburg: Reste einer Wallanlage nachweisbar; 1603–9 Ausbau der Anlage auf Veranlassung von Dietrich IV. zur architektonisch seltenen, dreiflügeligen »Dreiecksburg« mit drei Türmen im Stil der Weserrenaiss.; wechselvoller Werdegang und im MA Schauplatz von »Hexenprozessen«; im 17. und 18. Jh. Nebenamtssitz der Fürstbischöfe von Paderborn; im 19. Jh. einsetzender Verfall der Gesamtanlage; 1924 Ankauf durch Landkreis Büren und Ausbau; auf Anweisung H. Himmlers (1900–45) 1933–45 Erweiterung zur »SS-Schule Haus Wewelsburg« durch Häftlinge des seit 1939 angeschl. KZs Niederhagen; 1945 Sprengung auf Befehl; ab 1949 bis Ende der 1970er Jahre Wiederaufbau; in hist. Räumen Unterkunft einer DJH sowie des Kreismuseums W., u.a. mit Abt. zur Geschichte des Paderborner Landes sowie Dokumentation »Wewelsburg 1933–1945. Kult- und Terrorstätte der SS« im ehem. Wachgebäude der SS; di.–fr. 10–17 Uhr, sa., so. und feiert. 10–18 Uhr geöffnet; Adresse: Burgwall, 33142 Büren

IN DER UMGEBUNG
Gut Böddeken, ehem. Augustiner-Chorherren-Kloster: 836 Gründung urspr. als Kanonissenstift auf Geheiß des Paderborner Archidiakons Meinolf; nach schwerwiegendem Brandunglück im 14. Jh. 1409 Übernahme durch Augustiner-Chorherren aus Zwolle und 1434–84 Ausbau; im Zuge der Säkularisation 1803 Aufgabe und nach 1822 Gutsanlage; fällt in Besitz der von Mallinckrodt; im OG der weitgehend erhaltenen Klostergebäude einzige noch existierende ma Klosterbibliothek Westf.; Wandmalereien aus dem 15. Jh. mit sehensw. ikonografischen Darstellungen; Teile der Anlage werden von Eigentümern bewohnt, in einem anderen Teil ist ein Internat untergebracht; von außen jederzeit zugängl.; Adresse: Gut Böddeken 1, 33142 Büren

Kath. Kirche »Maria Immaculata«: (= lat. »die Unbefleckte«, d.h. die unbefleckt Empfangene), ehem. Jesuitenkirche: Vermögen des Moritz von Büren (†1661) sichert Ausbau der Jesuitenniederlassung in Büren; 1754–73 Errichtung der Kirche in unmittelbarer Nähe des zuvor errichteten Jesuitenkollegs (heute Mauritiusgymnasium) im Stile des Bar.; Langhaus mit Querschiff, dessen Kreuzwinkel von Seitenschiffen ausgefüllt werden, ergibt im äußeren Grundriss Rechteck; in der Mitte Vierung mit Kuppel; aufwendig verzierte und mit überlebensgroßen Statuen gestaltete Fassade (O-seite); innen: prachtvolle Rokokoausstatt. mit weißen Stukkaturen, Ranken-, Muschel- und Säulenwerk, Blumengehängen und beeindruckenden

Deckenmalereien, die verherrlichende Szenen aus dem Leben Marias darstellen; Führungen werden angeboten; Tel.: 02951-970124; Adresse: Burgstr., 33142 Büren

Burgruine Ringelstein: um 1200 Errichtung; ehem. Jagdhaus der Herren von Büren; 1631 (im Dreißigjährigen Krieg) in nur 30 Tagen Hinrichtung von 50 wegen Hexerei angeklagten und verurteilten Männern, Frauen und Kindern; später zunehmend dem Verfall preisgegeben; im angeschl. »Hexenkeller« sind Zeugnisse der Hexenprozesse ausgestellt; Führungen werden angeboten; Infos über Touristikgemeinschaft Büren, Tel.: 02951-97 01 24; Adresse: Harthberg, 33142 Büren

Der Brunnen im Dom zu Paderborn

Im Dom zu Paderborn quillt ein tiefer, kühler Brunnen, die Pader, nach der die Stadt ihren Namen hat. Kein Fremder, der sich den alten Dom zeigen läßt, versäumt es, sich diesen Brunnen anzusehen; denn an ihn knüpft sich eine altertümliche Sage.

In der Tiefe des Brunnens ruhen Schätze von Gold und Edelsteinen, die mehr wert sind als das ganze Paderbornsche Land; aber niemand vermag sie zu heben; denn ein schwerer Bann hält sie seit alters fest. Nur über eins hat der böse Zauber keine Macht, und das ist ein steinernes Muttergottesbild. Wer das rechte Wort und die rechte Zeit weiß, kann es herausholen. Und wem das gelingt, der hat das größte Kleinod von der Welt in seinem Besitze. Sobald nämlich das Wunderbild aus dem Brunnen gehoben ist, wird das Haus und die Stadt und das Land, wo es sich befindet, mit allem nur erdenklichen Glück gesegnet werden.

Ein Bischof hatte auch von dem wunderbaren Marienbilde gehört, und je mehr er darüber nachdachte, desto stärker wurde sein Verlangen, in den Besitz des beglückenden Bildes zu gelangen. Er las alle Bücher, in denen etwas von Zauberei, Schätzegraben und Geisterbeschwören vorkam; aber nirgends fand er etwas von den Schätzen des Brunnens und wie sie gehoben werden könnten. Darüber wurde er ganz mißmutig und krank, und mancher der Domherren freute sich schon darauf, bald sein Nachfolger zu werden.

Da kam eines Tages ein Mann zu dem Bischof und erbot sich, das Bild aus dem Brunnen zu holen. Der Bischof war darüber aufs höchste entzückt und versprach ihm reiche Belohnung. Der Mann bat um drei Tage Vorbereitungszeit; dann wolle er sein schweres Werk beginnen. Am dritten Tag ging er mit dem Bischofe, der nun alle seine Munterkeit wieder erlangt hatte, in den Dom und schloß sich ganz allein mit ihm ein.

Gerade als es Mittag war, stellten sie sich an den Rand des Brunnens, und der Fremde fing an, nachdem er dem Bischof das größte Stillschweigen auferlegt hatte, aus einem alten, großen Buche halblaut zu lesen. Das dauerte lange Zeit. Darauf nahm er ein graues Pulver, streute es in den Brunnen und sprach dazu mit lauter Stimme:

> *»Geister im Bronnen,*
> *Ich habe begonnen*
> *Euch zu beschwören;*
> *Ihr sollt mich hören!«*

Dann las er wieder in dem großen Buche eine Weile, aber nicht so lange wie das erstemal, warf wieder etwas von dem Pulver in den Brunnen hinab und rief:

> *»Geister der Tiefen,*
> *Die unten schliefen,*
> *Weichet zurücke*
> *Vor meinem Blicke!«*

Wieder las er im Buche; wieder warf er das Pulver hinab; wieder rief er, indem er zugleich mit einem Spiegel und Ring wunderbare Zeichen über dem Wasser beschrieb:

»Geister der Wellen,
Bringt es zum Hellen,
Was ihr da unten in feuchter Macht
Lange bewacht,
Alle die Schätze, alle die Pracht!
Hört, ich ruf' euch bei Nostradamus Spiegel;
Hört, ich beschwör' euch bei Salomons Siegel,
Das da eröffnet der Hölle Riegel!
Hört! – Hört! – Hört!«

Der Bischof, der zufällig einen Blick in den Spiegel warf, sah, wie sich plötzlich ungeheure Gestalten darin zu regen begannen; sie wanden und ballten und bäumten sich. Und wie die Geister im Zauberspiegel, so bewegte sich das Wasser im Brunnen; es zischte und schäumte, daß dem Bischof ein Grauen ankam. Doch nach und nach ward es ruhiger im Spiegel und stiller in der Tiefe; die Bilder verblaßten; das Wasser sank. Endlich ward es ganz trocken im Brunnen, und eine Treppe wurde sichtbar, die auf vielen Stufen hinabführte. »Wartet auf mich eine kleine Weile«, sagte der Zauberer zum Bischof; »sogleich bin ich mit dem heiligen Bilde wieder bei Euch.« Darauf stieg er die Treppe hinunter und verschwand am Ende durch eine kleine Tür unten im Brunnen.

Es dauerte gar nicht lange, so kam er zurück und trug das schwere Steinbild, das ganz grau und verwittert aussah, auf seiner Schulter. So wie er heraufstieg, kam das Wasser langsam hinter ihm her, und als er oben war, stand es gerade wieder so hoch im Brunnen wie vor der Beschwörung. Ein unbeschreiblich angenehmer Duft ging von dem Muttergottesbilde aus, das der Bischof sogleich mit eigenen Händen auf den Hochaltar stellte.
Darauf fragte er den Fremden: »Hast du denn sonst nichts, mein Sohn, von den köstlichen Schätzen, die der Abgrund verbirgt?«
Da fing der Fremde an zu erzählen von der Tiefe, wo Paläste von Gold und Burgen von Perlen stehen; wo in duftenden Gärten Demantblumen blühen; wo in Bächen edler Wein über Rubinfelsen rinnt. »Aber alles«, fügte er hinzu, »ruht unter so schwerem Geisterbann, daß es dem, der die Hand danach ausstreckt, unfehlbar Verderben bringt.«
»So ist es mir doch noch vergönnt, diese Wunder wenigstens zu sehen und anzustaunen«, fiel der Bischof ein, »und darum will ich hinab!«
Es half nichts, daß der Zauberer ihm die großen Gefahren, mit denen das Unternehmen verbunden war, vorstellte und daß er ihn mit Tränen anflehte, sein Leben und sein Seelenheil nicht so leichtfertig aufs Spiel zu setzen. Der Betörte blieb bei seinem Verlangen, und der Fremde mußte die Beschwörung zum zweiten Male beginnen.
Als das geschah, brausten die Wasser viel wilder als vorher; die Geister wanden sich mit sichtbarer Wut über das doppelte Wehe, das ihnen angetan wurde. Aber der verblendete Bischof achtete nicht auf diese gefahrdrohenden Zeichen. Er stieg hastig die Stufen hinab und verschwand hinter der kleinen Tür.
Der alte Bischof ist nie wieder zum Vorschein gekommen; aber auch der fremde Zauberer und das steinerne Marienbild blieben verschwunden. Ob es wieder in den Brunnen hinabgestiegen,

oder ob der Fremde mit ihm ungesehen entkommen ist, das kann niemand sagen. Der Zauberbrunnen im Dome rauscht dagegen noch heute wie einst.

Dom St. Maria, St. Kilian und St. Liborius: weit über 1000-jährige Kirchenbaugeschichte; mehrere Kirchenneubauten im MA; bis heute erhaltene Teile gehen vorwiegend auf 13. Jh. zurück; Krypta und südl. Vorhalle 12. Jh.; rom. W-turm vermutl. 12. Jh.; dreischiff. Hallenkirche mit zwei Querhäusern im 2. WK stark beschädigt, daraufhin Wiederaufbau und Rest.; an südl. Front Paradiesportal; üppige Innenausst., darunter sehr beeindruckendes rom. Epitaph von Fürstbischof Dietrich von Fürstenberg (nördl. Seite des westl. Querschiffs), Kreuzaltar von Gröningen (1703, östl. Querhaus), Krypta (birgt Gebeine des hl. Liborius sowie u.a. Grabplatte des Bischofs Meinwerk (†1050) aus 13. Jh.); »Hasenkamp« (nördl. Ausbau am östl. Querschiff) mit berühmtem Drei-Hasen-Fenster (16. Jh.), östl. davon Atrium (vorwiegend 11. Jh.), dahinter Kreuzgang; sagenumwobener Brunnen ist von außen rechts neben »Hasenkamp« zu sehen und leider von innen i. d. R. nicht zugängl.; Kunstwerk vor Stadtsparkasse nördl. des Paderquellgebiets, ca. 5. Min. Fußweg in nördl. Richtung, zeigt u.a. »Brunnensage«; Adresse: Domplatz, 33098 Paderborn

IN DER UMGEBUNG

Erzbischöfliches Diözesanmuseum und Domschatzkammer: Anfang der 1970er Jahre über Restbauten des ma Bischofspalastes errichtet; 1991–93 Umgestaltung und Wiedereröffnung; Schwerpunkt der Sammlung liegt auf sakraler Kunst vom 10. bis ins 20. Jh.; besonders sehensw. sind die Imad-Madonna (11. Jh.), eine der ältesten Darstellungen der thronenden Madonna in der abendländischen Kunst, und Tragaltar (um 1100) von R. von Helmarshausen; ferner seien hervorgehoben: Liboriusschrein aus vergoldetem Silber, umfassende Sammlung ma Bildwerke und westf. Bar.skulpturen wie z.B. der Libori-Festaltar von 1836; in der Schatzkammer sind u.a. liturgische Geräte und Reliquien ausgestellt; Sonderausstellungen; di.–so. 10–18 Uhr geöffnet; Adresse: Markt 17, 33098 Paderborn

Kaiserpfalz mit Kapelle und Museum: Ausgrabungen in 1960er Jahren legen Fundamente der karol. Kaiserpfalz Karls des Großen und räumlich leicht versetzt umfangreichere Reste der jüngeren otton.-sal. Kaiserpfalz aus dem 11./12. Jh. frei; darüber, unter Einbeziehung freigelegter alter Bausubstanz, in 1970er Jahren Errichtung einer 50 m langen Palastaula; innen Museum u.a. mit Funden aus Zeit Karls des Großen (Glasfragmente, Keramik) und Resten von Wandmalereien der ersten Pfalzkapelle (8. Jh.); zudem hist. Ausstellungstücke zur Geschichte der Stadt und des Umlandes; besonders sehensw.: ehem. Pfalzkapelle, heute Bartholomäuskapelle (1017), neben Museumsgebäude; gilt als älteste Hallenkirche Dt.; di.–so. 10–18 Uhr geöffnet; Am Ikenberg 2, 33098 Paderborn

Rathaus: Errichtung 1613–20 von H. Baumherr im Stil der Weserrenaiss.; im 2. WK zerstört und von 1947–58 wiederaufgebaut; sehensw. grau-weiße Fassade mit drei Volutengiebeln, von denen äußere wuchtige OG-Erker zieren, darunter (im UG) Laubengänge; im 1. OG (großer Ratssaal) Fensterreihe mit Halbsäulen; Sitz des Stadtparlaments; vor dem Gebäude bar. »Kump« (Brunnen) mit Wappen der Stadt; Adresse: Rathausplatz, 33098 Paderborn

Jesuitenkirche St. Xaverius: zählt zu einer der bed. Kirchen des Jesuitenordens auf nordwestdt. Gebiet; 1682–92 Errichtung der dreischiff. Basilika; im 2. WK stark beschädigt, danach Wiederaufbau; jüngst Rest. sowie originalgetreue Rekon. des im Krieg zerstörten Bar.altars; von außen prächtige Bar.fassade, innen hell und reich geschmückt mit kostbaren Kirchenschätzen; daran angeschl., auf hist. Grund (1614 am Ort Gründung der ersten Universität Westf.), Gymnasium und Theol. Fakultät; werkt. von 9–18 Uhr geöffnet; Adresse: Kamp, 33098 Paderborn

Schloss Neuhaus: ehem. kurfürstl. Residenz: bed. westf. Wasserschloss im Stil der Weserrenaiss.; Anfänge gehen auf 14. Jh. zurück, Ausbau im 16. Jh.; heute vierflügelige Anlage mit runden Ecktürmen, Gräften und Park; bis 1802

Residenz der Fürstbischöfe Paderborns; aufgrund der Landesgartenschau 1994 zuvor Rest. der Sch.anlage und Herrichtung eines bar. Sch.gartens nach hist. Plänen aus dem 18. Jh.; von kultivierten Auen eingeschl.; Wechselausstellungen in ehem. Reithalle (1825 gebaut, 1994 Rest.); im bar. Marstall Unterkunft des Hist. Museums (zur Stadtteilgeschichte von Schloss Neuhaus) und des Naturkundemuseums (di.–so. von 10–18 Uhr geöffnet); im hist. Remter ständige Ausstellung zur Baugeschichte des Schlosses (di.–fr. 13–18 Uhr, sa. und so. 10–18 Uhr geöffnet); Besichtigung der Anlage im Rahmen von Führungen; abwechslungsreicher Veranstaltungskalender von Mai–Okt.; Kontaktadresse: Schloss- und Auenpark, Marstallstr. 10, 33104 Paderborn

Die Asseburger Glückskelche

Auf der Hinnenburg bei Brakel sitzen seit dem Mittelalter die Grafen von Asseburg. Es geschah einmal, daß die Gräfin mitten in der Nacht erwachte, weil sie sich leise angerufen fühlte. Da erblickte sie ein Zwergenmännlein mit einer Laterne; es bat die Edelfrau dringlich, doch mit ihm zu seiner Zwergenfrau zu kommen, die der Hilfe sogleich bedürfe. Die gütige, immer hilfsbereite Frau stand eilends auf, nahm ein paar gute Heil- und Stärkungsmittel mit sich und folgte dem Zwerg und seiner kleinen Leuchte durch die finstere Nacht bis in eine geräumige Höhle und in das Schlafgemach der Zwergin. Die war am anderen Morgen froh genesen. Der Zwerg führte die Edelfrau bis an das Tor des Schlosses zurück, entknotete das seidene Tuch, das er bis dahin an einem Stocke vorsichtig über der Schulter getragen hatte, reichte der Gütigen mit feinen Dankesworten im Namen der Zwergin drei goldene Kugeln und dazu drei wundersam schimmernde Gläser und sagte: »Diese Kelche sollen dir und deiner Familie ein Hort des Glückes sein. Doch behütet sie gut! Sollte eines der Gläser durch eure eigene Schuld zerbrechen, so muß ein Zweig eures Stammes verdorren!«

Lange Zeit hielt die Familie die Gläser in sorgsamer Hut. Einmal aber war ein großes Fest auf der Hinnenburg. Im hohen Rittersaal saßen die beiden Grafensöhne mit ihren übermütigen Jagd- und Kampfgenossen bei Becherklang und Spiel. Und als die Mitternacht schon lange vorüber war, stieg die Ausgelassenheit noch; denn die Brüder ließen jetzt einen feurigen, blutroten Wein auftragen. Der eine aber rief plötzlich: »Den muß ich aus einem der alten Glückskelche trinken, und ich werde mit euch anstoßen!« Der alte Leibjäger nahte sich dem Grafen ehrerbietig und mahnte ihn, indem er ihn an das Wort des Zwerges erinnerte, von seinem Vorhaben abzulassen. Doch war der schon Trunkene einer Belehrung nicht mehr zugänglich und befahl, daß der Kelch gebracht würde. So geschah es – und das klang und schwang durch das weite Gemach wie anschwellender Orgelton, so oft der zarte Glasrand anstieß – mit Rubinglanz überleuchtete das Glas allen Kerzenschimmer bis in die fernste Ecke des Saales – lauter erklangen die Becher – lauter, aber wie grollend schwang des Kelchrands Orgelton. Da – ein hoher Klang wie ein Schrei: das Glas war gellend zersprungen!

Schreckensbleich sprangen die Brüder auf und eilten hinaus, die Zechgenossen folgten. Man bestieg die Pferde zu einem wilden Ritt, und dabei kamen beide Brüder zu Tode. Mit ihnen war ein Zweig der Asseburger erloschen. Die beiden anderen Gläser aber blieben ein wohlbehüteter Schatz der Familie.

Hinnenburg: auf 282 m hoher Bergspitze gelegen; 1237 erstmalige urkundl. Erwähnung als Wohnsitz des Ritters Berthold von Brakel; mit dem Aussterben der Erblinie fällt Besitz dem Geschlecht derer von der Asseburg zu; 1335 Brandkatastrophe, daraufhin Wiederherstellungsarbeiten; überdauert Dreißigjährigen Krieg unbeschadet; im 17. und 18. Jh. Umgestaltung (bar. Ausschmückung und Erweiterungsbauten, Vergrößerung des S-flügels in doppelter Länge), bei der wehrhafter Charakter verloren geht; Rokokostukkaturen im Innern; heute dreiflügeliges Schloss mit Vorbau und Kapelle; Anlage eines Sch.parks nach franz. Vorbild wird nach 1779 wieder aufgegeben; 1934 aus bis heute ungeklärter Ursache erneuter schwerer Brandschaden an im Jahre 1746 fertiggestelltem Anbau des S-flügels; in Nachkriegszeit Wiederherstellungs- und Erneuerungsarbeiten; Unterkunft des bed. Asseburger Archivs (leider nicht zugängl.); wird bewohnt und ist nur von außen zu besichtigen; Adresse: Hinnenburg, 33034 Brakel

IN DER UMGEBUNG

Kath. Pfarrkirche St. Michael und Johannes d. T.: ältester Vorgängerbau aus dem 9. Jh.; um 1160 Umbau zur rom. Pfeilerbasilika; um 1350 Errichtung des got. Hochchores anstelle älterer rom. Apsis; nach Brand vermutl. nach 1517 Anbau des südl. Seitenschiffs; im 19. Jh. Abbruch und Neubau des Turmes unter Verwendung alten Baumaterials; an äußerer O-wand sehensw. Kreuzstein aus Sandstein; lat. Inschrift erinnert an zwei bei Bauarbeiten 1335 zu Tode gekommene Steinmetze; zur interessanten Innenausst. gehören u.a.: Orgel mit doppelseitig bemalten Türen von J. G. Rudolphi, die als einzigartig im westf. Raum gelten (1975 Rest., 1977 Einweihung), Kanzel (1622), steinerner Hochaltar (1748) und Grabstein derer von Asseburg und Haxthausen; Turmbereich zugängl., ansonsten nur zu Gottesdiensten geöffnet; Auskunft unter Tel.: 05272-5483; Adresse: Kichplatz, 33034 Brakel

Hist. Marktplatz: Bild wird geprägt vom hist. Rathaus, dem Haus »Alte Waage« (links, vom M.platz aus) und dem Haus des Gastes, ehem. Ackerbürgerhaus aus dem 16. Jh. (rechts); Rathaus: geht auf 13. Jh. zurück; mit Vierpässen durchbrochenem Treppengiebel und sehensw. S-portal (zum M.platz) im Renaiss.-Stil (1573); »Alte Wage«: um 1350 wahrscheinl. Sitz der Ritter von Modexen; Steinhaus mit spätgot. Stufengiebel; bis 1840 hierin Stadtwaage und Kornmagazin; 1868 Rest. und Umbau; nach erneutem, umfassenden Umbau seit 1980 im Innern Ratssitzungssaal, Stadtarchiv und Ausstellungsfläche; Haus des Gastes: Steinhaus aus dem 13./14.

Jh. nachweisbar; 1571 Wiederaufbau nach Stadtbrand, danach wechselnde Nutzung und Anbau (1796–1805); 1943 Enteignung aus jüd. Besitz, 1981 Rückgabe und heute im städt. Besitz; nach Umgestaltung im Innern Tourist Information, Volkshochschule, Jugendmusikwerk und Stadtmuseum; Adresse: Marktplatz, 33034 Brakel

Schloss Gehrden, ehem. Benediktinerinnenkloster: Gründung beginnt mit Verlegung des B.klosters von Iburg nach Gehrden im Jahre 1142; 1150–90 Errichtung der Stiftskirche (heute kath. Pfarrkirche St. Peter und Paul), dreischiff. rom. Pfeilerbasilika mit Querhaus; bar. Innenausst.; beherbergt größtes hist. Glockenwerk Westf. (1992–94 Rest.); in der 2. Hälfte des 17. Jh. Umbau der Klosteranlage; 1810 Säkularisation und nach Veräußerung Abriss einiger Klosterbauten; 1955–66 Sicherung der Kirche und Ren. des Inventars; »Schloss« geht 1965 in Eigentum des Erzbistums Paderborn über und wird heute als Familienferien- und Bildungsstätte »Schloss Gehrden« genutzt; Park mit 800 Jahre alter »Apostellinde« angeschl. und jederzeit zugängl. (Kirche von 8.30–17.30 Uhr geöffnet); Führungen und Besteigung des Kirchturms nach Absprache; Infos unter Tel.: 05648-380; Adressen: Schloßstr. 2 (Kirche), Schloßstr. 6 (Bildungsstätte), 33034 Brakel

Die weiße Lilie

Die Mitternacht verklang. Des Mondes Licht
Weilt zögernd auf den Zinnen von Corvei,
Doch nicht dem Tag gehorcht die heil'ge Pflicht:
Schon regt sich's in den Zellen der Abtei.

Zur Matutin der Glocke Ruf erschallt,
Den Herrn der Welt zu preisen mit Gesang:
Schlaftrunkner Mönche schwerer Tritt verhallt
Eintönig im gewölbten Klostergang.

Im Kirchenraum herrscht dämmernd öde Nacht,
Die ew'ge Lampe flackert ungewiß,
Der Mondstrahl dämpft der Scheiben farb'ge Pracht,
Fern in den Winkeln nistet Finsterniß.

Vom hohen Chor nur strömt ein milder Glanz,
Der legt sich über Betstuhl und Altar:
Im hohen Chor da hing an eh'rnem Kranz
Die weiße Lilie, leuchtend wunderbar.

Naht eines Mönches letzte Stund' heran,
So thut es ihm die weiße Lilie kund:
Auf seinem Betstuhl findet er sie dann
Im Gotteshaus zu früher Morgenstund! –

Ein fester Schritt durchmißt den Gang in Hast,
Zur Kirche tritt Marcward von Spiegel ein,
Dem kaum ein wilder Jugendtraum verblaßt,
Da sucht' er übersatt die Ruh allein.

Zum hohen Chor eilt Marcward – steht gebannt,
Als blickt' er in den tiefsten Höllenpfuhl –
Nach seinem Betstuhl starrt er unverwandt:
Die weiße Lilie liegt auf seinem Stuhl!

Wohl hat sich Marcward aus der Welt verbannt,
Doch zahlt' er nicht dem Leben Abschiedsold –
Die weiße Lilie schleudert seine Hand
Aufs Pult des greisen Bruders Weribold;

Dann kniet er trotzig, sorglos seiner Schuld.
Die Mönche treten müd' und lässig ein,

Und Bruder Weribold schleicht an sein Pult –
Ihm zuckt ins Aug der weißen Lilie Schein!

Den Alten packt's, daß er daniederlag,
Um spät von schwerer Krankheit aufzustehn.
Marcward von Spiegel starb am dritten Tag.
Die weiße Lilie ward nicht mehr gesehn.

Schloss Corvey und Kirche: ehem. Benediktinerabtei mit Klosterkirche (heute kath. Pfarrkirche St. Stephanus und Vitus); Ludwig der Fromme (778–840) ermöglicht 823 durch Umzug der Benediktinermönche aus dem westfränk. Corbie Gründung der Niederlassung am Ort; 844 Weihung der Klosterkirche; im Dreißigjährigen Krieg massiv zerstört; auf Wunsch des Fürstbischofs Christoph Beernhard von Galen ab 1667 im Stile des Bar. wiederaufgebaut und endgültig 1750 vollendet; 1803 Auflösung; heute traditionell im Besitz des Fürstenhauses Ratibor und Corvey; imposantes W-werk der Kirche geht auf 9. Jh. zurück (Umbau der Fassade zur Zweiturmanlage im 12. Jh.); K.schiff im Stile des Bar., im W-teil Fresken aus dem 9. Jh. erhalten; daran angeschl. Kreuzgang (u.a. auch Begräbnisstätte der Äbte) mit Triumphkreuz (um 1250) und Äbtegalerie; im Schloss: Kaisersaal, hist. Räume des 18. und 19. Jh., ehrwürdige, ehem. Fürstbischöfliche Bibliothek und Museum »Höxter-Corvery« (Volks- und Heimatkunde); neben Kirche Grabstät-

te des ehem. Bibliothekars auf Sch.C. und Dichters Hoffmann von Fallersleben; April–Nov. 9–18 Uhr geöffnet, Führungen möglich; Außenanlage jederzeit zugängl.; in Sommermonaten vielseitiges Veranstaltungsangebot; Adresse: Kulturkreis Höxter-Corvey GmbH, Schloss Corvey, 37671 Höxter

IN DER UMGEBUNG

Ev. St. Kiliankirche: um 800 erster dem Märtyrer Kilian (†689) gewidmeter Kirchenbau; 1100 Weihung des rom. Nachfolgerbaus; in folgenden Jh. Um- und Ausbau; im 14. Jh. Anbau des spätgot. Seitenschiffs und Erweiterung des Chorraums; von 1500–15 nördl. Anbau der St. Annenkapelle; W-seite nach Corveyer Muster mit doppelten Türmen (48 und 45,65 m hoch) gilt als schönste ihrer Art im Weserraum; südl. Portale spätgot.; sehensw. Innenausst.: u.a. sechseckiger Renaiss.-Taufstein mit Wappen, Engelsköpfen und Inschrift, Renaiss.-Kanzel aus Holz (1597) mit Alabasterreliefs, Kreuzigungsgruppe (Christus, Maria und Johannes) aus dem 16. Jh. sowie Bar.orgel von 1710; werkt. von 8–18 Uhr geöffnet; Adresse: An der Kiliankirche, 37671 Höxter

Rathaus: eins von vielen sehensw. Fachwerkgebäuden der Altstadt; 1608–18 auf Resten eines älteren Steinbaus (1250) errichtet; langgezogener Bau mit Treppenturm an Eingangseite; sehensw., reichverzierter Holzerker an W-seite; seit 1959 unter dem Turmdach Glockenspiel, das in geregelten Abständen vorwiegend Lieder von Hoffman von Fallersleben (Dichter der Nationalhymne) erklingen lässt; nach Umzug der Verwaltung von 1988–93 San.; nunmehr Kultur- und Veranstaltungsort; im EG Fremdenverkehrs- und Kulturamt; Adresse: Weserstr. 11, 37671 Höxter

Adam- und Eva-Haus: 1571 im Stil der Frührenaiss. erbautes Fachwerk; nach jüngster Wiederherstellung eins der hübschesten Häuser Höxters; über dem Eingang holzgeschnitzte Veranschaulichung der Kreuzigungsgruppe (links des Kreuzes Johannes, rechts Maria); rechter Hand Verkündigungsgruppe (Jungfrau Maria und Engel Gabriel), linker Hand unbekannte biblische Figuren; auf Eckständer zur Schnakenstr. Darstellung des Sündenfalls im Bild mit Adam und Eva unter dem Apfelbaum; insgesamt reichh. mit Palmettenrosetten und Blattrankenornament verziert; Adresse: Stummringestr. 27, 37671 Höxter

Die Externsteine im Lippischen

Als in unserer Gegend noch das graue Heidentum herrschte und sich Kaiser Karl gewaltsam bemühte, die Bewohner zum Christentum zu bekehren, gelang es ihm erst nach manchen harten Kämpfen, viele der vornehmsten Sachsen zur Annahme der neuen Lehre zu bewegen; nur Herzog Wittekind hielt mit einigen seiner Getreuen noch an dem Glauben der Väter fest, sah aber bald keine Hoffnung mehr vor Karls Waffen. Da erschien plötzlich eines Nachts der Teufel, bot ihm seine Hilfe an und versprach, zur Sicherheit für ihn und seine Getreuen einen so gewaltigen Heidentempel zu bauen, daß ihn der starke Karl nicht wohl stürzen könne. Der Teufel versicherte ihm auch, daß die meisten Neubekehrten zurückkämen, wenn sie eine Zuflucht fänden, weil der neue Glaube noch keine Wurzeln in ihren Herzen geschlagen hätte. Für das alles verlangte er nur, daß Wittekind und seine Anhänger dem väterlichen Glauben treu bleiben, was der Herzog mit Freuden einging. Der Teufel übernahm dann, den Bau in der nächsten Vollmondnacht zu vollenden.

Von diesem Tage an waren Wittekinds Waffen gegen Karl außerordentlich glücklich; sein Anhang vermehrte sich täglich, und es würde bald schlimm genug ausgesehen haben, wenn Wittekind im Herzen nicht doch bald Zuneigung zur neuen Lehre empfunden und seinen Wahn immer mehr erkannt hätte. Eilig ging er zu Karl hin und ließ sich taufen.

Unterdessen hatte der Teufel eifrig gearbeitet, und Gewölbe und Hallen erhoben sich zu einem schier unbesiegbaren Riesentempel. Als der Böse aber sah, was Wittekind tat, fiel er in Wut über das neue Gebäude her, riß Säulen, Wände, Giebel und Grundmauern auseinander und verstreute die Teile hier und da. Das sind die Externsteine, die noch heute grau und verwittert am Eingange des Teutoburger Waldes zu sehen sind. Oben auf einem von ihnen findet sich ein Opferstein, den der Teufel zu zerstören vergaß.

Der Berggeist bei den Externsteinen

Der vierte Felsen der Externsteine trägt auf seiner Spitze einen mächtigen Steinblock. Er liegt dem Felsen so lose auf, daß manche Leute behaupten, er bewege sich, wenn der Sturm heult. Ein Fürst von Lippe hatte Sorge, der Stein möchte eines Tages herabstürzen und Schaden anrichten. Darum befahl er, ihn mit Gewalt von seinem hohen Sockel herabzuwerfen. Eine ganze Schar von Männern schaffte mit Brechstangen und Hämmern, um dem Befehl des Landesherrn nachzukommen. Schon wackelte der Stein, und der Vorarbeiter rief: »Legt Keile unter, gleich haben wir ihn!« Da geschah etwas Merkwürdiges: Ein furchtbares Brausen und Krachen erhob sich, daß den Männern Hören und Sehen verging und sie wie tot zu Boden fielen. Keiner konnte auch nur eine Hand rühren. Als sie nach einiger Zeit wie-

der aufschauten, war es ruhig wie zuvor. Aber die Arbeiter waren noch wie betäubt. Voll Schrecken erzählten sie von dem seltsamen Toben in der Luft. Einige aber wollten gehört haben, wie eine drohende Stimme gerufen hatte: »Eck will juff, wenn jüi müi müinen Stöin anpackt!« Da wußten alle, daß es der Berggeist gewesen war, der sie so wild bedroht hatte. Still gingen sie nach Hause, denn nun wagte sich keiner mehr an den losen Stein heran. Darum hängt er noch heute dort.

Externsteine: bis zu 40 m hohe, z. T. zu besteigende Sandsteinfelsen; bed. Natur- und Kulturdenkmal und womöglich vorchristl. Kultstätte; Grabungsfunde belegen Aufenthaltsort von Menschen aus Steinzeit (um 10.000 v. Chr. und jünger); nach sog. »Großskulpturen-Hypothese« sollen Skulpturen im Gestein, z. B. »hängender Odin« aus german. Mythologie (vierter Felsen von rechts), Zeugnisse altsteinzeitl. Jagdkultur sein; 1115 wahrscheinl. Weihung der unteren Kapelle (am ersten Felsen, auch »Grottenfelsen« gen.) durch Paderborner Bischof Heinrich II., daraufhin Erweiterung zur »Heilig-Grab-Gedenkstätte«; im 17. Jh. am Fuß Bau einer Festung, wenig später Verfall und Anfang 19. Jh. Entfernung der Reste; Steintreppe zur »Höhenkapelle« (zweiter Felsen) und schmiedeeiserne Bogenbrücke zwischen dem zweiten und dritten Felsen von 1811; am Boden des ersten Felsens einmaliges Relief von Kreuzabnahme Christi; am Rand »Einsiedlerzelle«, dahinter Felsengrab; oben auf viertem Felsen sog. »Wackelstein«; Lage: Horn-Bad Meinberg/ Stadtteil Holzhausen-Externsteine, südl. der Externsteiner Str. im gleichnamigen NSG

IN DER UMGEBUNG
NSG Externsteine: 140 ha groß; auf Bergrücken des Knickenhagens (südöstl. der E.) und Bärensteins (nordwestl. der E.) durch Berghude (= Beweidung) seit dem MA sich ausbreitende und von Menschenhand erhaltene Bergheide mit malerischem Ensemble aus Pfeifengrasbulten, Wacholder, Besenheide, Blaubeersträuchern, Birken sowie sonst selten vorkommendem

Ilex (= Stechpalmenart); nordwestl. am Fuß des Knickenh. in Nähe von Quellen, Bruchwald, östl. des Kamms Buchen- und Eichenwald; im Frühling großer Artenreichtum an Kräuter- und Blumenflora; Lage: in nördl. und südl. Ausdehnung der E.; Kontakt: Forstamt Horn, Schmales Feld 21, 32805 Horn-Bad Meinberg; Tel.: 05234-3200

Burgmuseum: stadtgeschichtl. Museum in Burg Horn, einer der ältesten Residenzen der Edelherren zur Lippe und bed. Baudenkmal; erstmals 1326 als »Steinernes Haus« erwähnt; in späteren Jh. Neu- und Ausbauten, zuletzt im 19. Jh.; Schwerpunkt der Ausstellung: Stadtgeschichte, Hintergrundinformationen zu den Externsteinen, Geschichte der Burg Horn; Öffnungsz. sind abhängig von Wochentag und Jahreszeit; Infos unter Tel.: 05234-20 12 00; Adresse: Burgstr. 13, 32805 Horn-Bad Meinberg (Stadtteil Horn)

Hist. Kurpark: 56 ha groß und eines der ältesten Mineral- und Moorheilbäder Dt.; Errichtung der spätbar. Anlage Ende des 18. Jh., 1820 Umbau und bis heute z. T. in der Form erhalten; im 20. Jh. Ausweitung um Berggarten, Kurpark am See und Länderwaldpark; am Rand hist. Kurgebäude »Zum Stern« (1769–73) und »Rose« (1775); sehensw. auch Brunnentempel, zugleich Wahrzeichen des Bades; innen Heilquelle; Musikmuschel von 1928; Kurtheater vorhanden; zu jeder Jahreszeit besuchenswert; Lage: Allee, 32805 Horn-Bad Meinberg (Stadtteil B. M.)

Die weiße Frau

Zerriss'ne Wolkenbilder jagt der Sturm,
Des Schlosses Schatten reckt der Mondschein lang,
Die Wetterfahne kreischet auf dem Thurm.

Und langsam schleicht durch Corridor und Gang
Mit schwerem Tritt der alte Kastellan,
Oft täuscht sein Ohr der eignen Schritte Klang.

Ob ihre Pflicht die Andern all' gethan,
Prüft noch der treue Diener wohlbedacht,
Ob sie nach Schloß und Riegel sorglich sahn.

Da wirft der Sturm ein Fenster auf mit Macht,
Und Regen fährt dem Alten ins Gesicht:
Erloschen ist die Leuchte, ringsum Nacht!

Fernher vom End' des Ganges schimmert Licht –
Bedünkt's dem Kastellan – ein bleicher Strahl,
Der durch der Glasthür trübe Scheiben bricht.

Er schärft den Blick und sinnt: »Im Erkersaal?« –
Ein leiser Schauer hemmte seinen Gang –
Die Pflicht gebeut, da bleibt ihm keine Wahl!

Und schreitet fest den Corridor entlang,
Steht an der Thür und wirft den Blick hinein
Und hat erschaut, was er geahnet bang:

Am Tische sitzt, bei zweier Kerzen Schein,
Ein weißes Frauenbild, ihn täuscht kein Wahn,
Im zweiten öden Saal sie ganz allein:

Gar emsig schreibt die Frau – jetzt ist's gethan,
Die Thür weht auf, die er geschlossen fand,
Sie schwebt heraus und nickt dem Kastellan.

Ein schwarzer Gürtel um ihr weiß Gewand,
Der Handschuh schwarz, – das sieht der alte Mann,
Eh' sie vor seinem Aug' in Duft verschwand.

Tief stöhnt er auf, befreit von schwerem Bann:
»Herrgott! – das hohe Fürstenhaus bewahre!«
Und wanket heim. Ein kurzer Mond verrann,
Da lag die junge Fürstin auf der Bahre.

Fürstl. Residenzschloss: findet 1366 erstmals Erwähnung; seit 1511 Residenz der lippischen Landesherren; im 16. und 17. Jh. Ausbau zu einer vierflügeligen Anlage im Stil der Weserrenaiss.; im 18. Jh. z. T. Umbau mit bar. Elementen; ab 1780 durch Beseitigung des Befestigungsbaus im Zutrittsbereich Entstehung des begrünten Sch.platzes und weiterer Gebäude (1780–1800); bar. Pfeilergittertor am Eingang zur Anlage (Lange Str.); großer Sch.turm mit hübscher Haube (um 1600); innen zu besichtigen: 1882 eingerichteter Roter Saal (u.a. mit Wandbedeckungen aus rotem Seidendamast, aufwendigen Deckengemälden und spätbar. Stukkaturen), ebenfalls 1882 eingerichteter, vollst. mit dunklem Eichenholz verkleideter Ahnensaal mit Ahnengalerie, die drei Königszimmer (1709/10 eingerichtet

u.a. mit wertvollen Alexander-Gobelins von 1670) und Jagdzimmer; Sonderausstellung »Jagdwaffen aus 4 Jahrhunderten« und Vorführung »Schloss Detmold und die Weserrenaissance« werden angeboten; Führungen tägl. 10 –17 Uhr von April –Okt. und 10 –16 Uhr von Nov.-März zu jeder vollen Std. (außer 13 Uhr), Sonderführungen möglich; Adresse: Zugang Lange Str., 32756 Detmold

IN DER UMGEBUNG
Neues Palais und P.garten: 1706 –18 lässt Graf F. Adolph dreiflügeligen Bar.bau »Favorite«, später Witwensitz »Friedamadolphsburg« errichten; 1847 –56 Umbau zu einem dreigeschoss., klassiz. Gebäude; seit 1947 Sitz der Nordwestdt. Musikakademie, heute Hochschule für Musik; Gartenvorderseite zieren fünf Zinkguss-Statuen (antike Musen) von 1863 –67; P.garten: bed. Gartenkunstanlage, urspr. franz. Stufengarten, 1849 –65 Umgestaltung im Stil eines engl. Landschaftsgartens und Ausweitung; auf Gelände befindet sich u.a. ein alter Baumbestand und ein Zierbrunnen (südl. Seitenfront des P.) mit Delfinen und Tritonen, im südl. Teil Aula (1965 –68); Adresse: Neustadt 22, 32756 Detmold

Westf. Freilichtmuseum – Landesmuseum für Volkskunde: mit 80 ha Fläche größtes Freilichtm. Dt.; mehr als 100 Originalbauten veranschaulichen 500 Jahre (vom frühen MA bis ins 20. Jh.) westf. Land- und Kleinstadtleben; Häuser, Höfe und Dorfanlagen (z. B. Paderborner Dorf, Sauerländer Dorf usw.) führen Besuchern Vielfältigkeit vergangener westf. Kultur vor Augen; Vorführungen der Handwerkskunst (Schmieden, Mahlen, Textilherstellung und -pflege) sowie bäuerl. Arbeit (in Abhängigkeit von der Witterung) werden geboten; auf im Grünen liegendem Gelände wachsen zudem mehr als 200 Obstsorten; selten gewordene regionale Haustierrassen (z.B. die Lippegans oder das Bentheimer Landschaf) werden gehalten und vom Aussterben bedrohte Pflanzen angebaut; di.–so. und an Feiert. 9 –18 Uhr von April –Okt. geöffnet; Adresse: Krummes Haus, 32756 Detmold

Hermannsdenkmal und Hünenringe (auch Grotenburg): 1838 Baubeginn des H.denkmals nach Plänen des Bildhauers E. Bandel; am 16.08. 1875 Einweihung in Anwesenheit des Kaisers Wilhelm I.; einerseits als Andenken an bed. Sieg des Cheruskerfürsten Arminius (im Volksmund Hermann gen.) über drei röm. Legionen 9 n. Chr., andererseits als Ausdruck des erwachten nationalen Selbstverständnisses nach vollzogener Einheit Dt. (Reichsgründung 1871) zu verstehen; auf Unterbau aus Sandstein steht Heldenstatue aus Kupferblech mit Schild und zum Himmel gestrecktem Arm und Schwert in der Hand (Gesamthöhe 53,46 m); kann bis zum Aussichtsumlauf bestiegen werden; unterhalb des Hügels Ausgrabungen zweier Hünenringe: großer H.ring aus La-Tène-Zeit (5.–1. Jh. v. Chr.) , kleiner H.ring aus 9.–10. Jh. n. Chr., vermutl. ehem. Zufluchtsstätten; ganzjährig geöffnet, Tel.: 05231-88 948; Adresse: Denkmalstr., 32760 Detmold

 Adlerwarte Berlebeck: »älteste und artenreichste Greifvogelwarte Europas«; 1939 von A. Deppe gegründet, 1972 Übereignung an Stadt Detmold; 1975 Einrichtung einer Auffangstation für kranke Vögel und Ausbau der Abflugtribüne für Greifvögel; seit 1970er Jahren große Erfolge bei Nachzucht; 1982 Errichtung neuer Großvolieren; in 90er Jahren weitere Vergrößerung der Warte u.a. durch ein Lehr- und Informationszentrum (vermittelt Wissenswertes rund um Greifvögel sowie Arten- und Naturschutz); hohe Priorität besitzt Pflege und Auswilderung verletzter heimischer Greifvögel; größte touristische Attraktion sind die regelm. stattfindenden Freiflugvorführungen; März–Nov. 9.30–17.30 Uhr (Freiflugprogramm um 11 und 15 Uhr, +16.30 Uhr Mai–Sept), Nov–Febr. 10–16 Uhr (nur Führungen) geöffnet; Adresse: Adlerweg 13–15, 32760 Detmold

Die letzten Riesen

Von den beiden letzten Riesen Westfalens wohnte der eine auf der Sparrenburg bei Bielefeld und der andere auf dem Ravenschen Brinke, dem Ravensberge.

Sie waren so groß, daß sie sich von einem Berge zum anderen die Hände geben konnten und zu ihrer Lust große Kugeln wie Bälle hin und her warfen. Als aber einmal einer der Riesenbälle ins Tal herabflog, schlug er ein so großes Loch in die Erde, daß es noch heute zu sehen ist.

Wenn sie mittags Brei gekocht hatten, reichten sie sich davon in gewaltig großen Löffeln über das Tal herüber und hinüber, so daß die Leute, die im Grunde wohnten, immer ein Schrecken ankam. Wenn sie draschen, was sie ebenfalls verstanden, war der Stiel ihres Flegels so groß wie jetzt der größte Heubaum, und als Flegel saß ein halber Eichbaum daran.

Im Streit aber rissen sie die stärksten Eichen bei den Kronen aus der Erde und schlugen damit aufeinander los. Im übrigen aber mußten sie sich vertragen; denn sie hatten zu gemeinsamer Benutzung nur einen Backtrog.

Einmal hatte der Riese auf dem Sparrenberg einen ganzen Ochsen mit Haut und Haaren verzehrt. Davon war er müde geworden. Als er nun schlafend auf dem Rasen lag, flog ihm ein Huhn, das von einem Fuchse verfolgt wurde, in die Nase. Nun mußte der Riese so gewaltig niesen, daß der ganze Berg bebte und alle Hasen aus dem Kohl auf drei Stunden Entfernung flüchteten.

»Die verwünschten Fliegen!« rief der im Schlafe gestörte Riese.

Da hörte er vom Ravenschen Brinke her ein gewaltiges Geräusch und glaubte, sein Nachbar habe allein gebacken und kratze jetzt den Trog aus.

»Warte, du Racker, das will ich dir versalzen!« sagte er, und mit drei Sprüngen war er auf dem Brinke.

Aber er hatte sich getäuscht; denn sein Nachbar lag am Berge und hielt seinen Mittagsschlaf und kratzte sich den Bart, worin ein Zaunigel herumkrabbelte. Ärgerlich darüber, daß ihn sein Nachbar angeführt hatte, nahm der Sparrenburger Riese den Backtrog, stülpte ihn sich als Hut auf den Kopf und schlich leise von dannen. Als ihm aber unterwegs, zwischen Werther und Halle, sein hölzerner Hut unbequem wurde, stülpte er ihn oben auf die Egge. Da erstickten alle Eichen und Buchen, und seit der Zeit will auf der Egge nichts mehr recht gedeihen; sie ist und bleibt die kahle Egge.

Sparrenburg: im Auftrag des Grafen Ludwig von Ravensburg 1240–50 errichteter Herrschafts- und Wohnsitz; sowohl für militär. Sicherung des Passes im Teutoburger Wald als auch für Schutz der Bürger von Bed.; Herzöge von Kleve veranlassen im 16. Jh. Umbau zur Festung nach Entwürfen des ital. Bauherrn A. Pasqualini; Außenmauer mit vier Rondellen und Scherpentiner; im Innern Kasematten, genutzt als Lagerstätte für Munition, Behausung, Werkstätten und Bäckerei; im Dreißigjährigen Krieg weder bestürmt noch erobert; nach Herrschaft von Friedrich Wilhem von Brandenburg (1647–88) stetiger Verfall; Mitte des 18. Jh. Nutzung als Amtshaus und Gefängnis; 1944 bombardiert, fünf Jahre später wiedereröffnet; neugot. Burggebäude, Burghof mit Brunnen (60 m tief); im Innenhof Denkmal des großen Kurfürsten; von oben herrliche Sicht auf Stadt und Umland; von April–Okt. Turmbesteigung und Besuch der Kasematten möglich; Führungen werden angeboten; Tel.: 0521-136 79 56; Adresse: Am Sparrenberg, 33602 Bielefeld

IN DER UMGEBUNG

Ev. Neustädter Marienkirche: Errichtung wohl bis 1320–30 in Folge des 1293 gegründeten Kollegiatstifts; dreischiff. got. Hallenkirche; 1944 u.a. Zerstörung der bar. Turmhauben, in Nachkriegszeit Wiederherstellung mit Spitzhelmen; Innenausst. u.a. mit sehensw. Grabdenkmal des Grafen

Otto III. (†1305) und seiner Gemahlin H. zur Lippe (†1320) aus 1. Hälfte des 14. Jh.; Verstorbene sind in Form einer in Stein gehauenen Vollplastik auf der Deckplatte liegend abgebildet, zwischen ihnen Kind; Engel, Tiere (zu Füßen des Herrscherpaares) und Baldachine ergänzen symbolträchtiges Kunstwerk; Lächeln der Gräfin prägt Bildeindruck; ebenfalls hervorgehoben seien neugot. Choraltar mit thronender Muttergottes (Hauptbild) und zwölf kleineren Tafelbildern aus dem Jahr 1400, darüber 15 hochgot. Steinfiguren des ehem. Lettners; geöffnet mi. 15–17 Uhr und nach So.gottesdienst; Auskunft unter Tel. 0521-60854; Adresse: Ecke Breite Str./ Papen-Sieker-Str., 33602 Bielefeld

Kunsthalle: Stiftung der Familie Oetker; 1966–68 Errichtung nach Plänen des amerik. Architekten P. C. Johnson aus rotem Sandstein in Form eines Kubus; Ausstellungshalle für dt. und intern. Kunst des 20. und 21. Jh.; Dauerausstellung präsentiert Kunst des Expressionismus, Kubismus (Plastik) und ausgewählte Werkserien einzelner Künstler aus intern., zeitgenöss. Kunst (M. Ernst, Man Ray u.a.); zudem vier große Wechselausstellungen pro Jahr; in der Vergangenheit waren eine Folge von Picassos Kunstwerken, Werke zur Klassischen Moderne, zum Expressionismus, zur zeitgenöss. Kunst und zur Fotografie schwerpunktmäßig zu sehen; im Außenbereich mit angeschl. Garten sind Werke bekannter Künstler, z. B. »Der Denker« von A. Rodin am Haupteingang, zu bewundern; di., do., fr., und so. 11–18 Uhr, mi. 11–21 Uhr, sa. 10–18 Uhr geöffnet, Führungen so. 11.30 Uhr und mi. 19 Uhr; Adresse: Arthur-Ladebeck-Str. 5, 33602 Bielefeld

Crüwell-Haus: 1530 am Alten Markt erbaut, Mittelpunkt der im 2. WK stark zerstörten Innenstadt; C.-Haus brennt 1944 aus, prachtvoller spätgot. Stufengiebel bleibt aber erhalten; heute neben weiteren hübschen Patrizierhäusern eines der schönsten Gebäude der Bielefelder Altstadt; im Treppenhaus sind 7000 Delfter Kacheln (16.–18. Jh.) aus dem Arsenal R. Mitzlaff-Crüwells einen Blick wert; Adresse: eingangs der Obernstr., Treppenhaus über Piggenstr. zugängl., 33602 Bielefeld

Leineweber-Denkmal: neben Sparrenburg Wahrzeichen der Stadt; erinnert an wirtschaftl. Entwicklung Bielefelds, die im Zuge der Industrialisierung mit der Leinenherstellung und -verarbeitung (bereits in vorindustrieller Zeit wichtiger Wirtschaftszweig) beginnt; 1909 aufgestelltes, 3 m hohes Standbild von H. Perathoner stellt Leineweber mit Pfeife, Stock und Köcher dar; 1954 Verlegung des Standortes; nach Protesten aus der Bevölkerung 1960 an alter Stelle mit neuem Sockel wieder aufgestellt; Lage: Altstädter Kirchplatz (vor St. Nicolai-Kirche), 33602 Bielefeld

 Ravensberger Spinnerei: Errichtung 1855–62; im 19. und 20. Jh. eine der größten Flachsspinnereien Europas; 1968 Auslagerung, 1988 endgültige Aufgabe; seit 1986 dient HG VHS; Denkmal der Industriekultur, das Einflüsse des Burg- und Schlossbaus erkennen lässt; vor Haupteingang Zierteiche – früher auch als Kühl- und Löschwasserbehälter in Gebrauch – angelegt; angeschl. sind 1978 eingerichteter Rochdale Park, Hist. Museum, Museum Huelsmann sowie »Hechelei« (Disko); Komplex bietet abwechslungsreiches Kultur-, Freizeit- und Naherholungsangebot; Museen: seit 1994 Unterkunft des Hist. Museums im Ravensberger Park (Hausnr. 2), Ausstellung zur Stadtgeschichte mit Schwerpunkt »Industriezeitalter«, interaktiv und modern aufbereitet; Sonderausstellungen (mi-fr. 10–17 Uhr, sa./so. 11–18 Uhr geöffnet, Führungen so. 11.30 Uhr); im M. Huelsm. (ehem. Direktorenvilla, Ravensberger Park 3) ist altes Kunsthandwerk ausgestellt; Sonderausstellungen (di.–fr. 14–18 Uhr, sa./so. 11–18 Uhr geöffnet, Führungen sa. 14.30 und so. 11.30 Uhr); Adresse: (VHS), Ravensberger Park 1, 33607 Bielefeld

Die Vision zu Herford

Im Jahr 1011, am Tage der Heiligen Gervasius und Protasius, ging ein armer Schäfer nach Herford, um sich im Hochstifte eine Gabe zu erbitten. Als er nahe der Stadt auf einem Hügel war und gerade unter eine große Linde kam, erschien ihm die Jung-

frau Maria und gebot ihm, der Äbtissin zu sagen, sie möchte an dieser Stelle eine Kirche und eine Wohnung bauen für fromme Klosterjungfrauen, die sollten ganz besonders ihr dienen. Der Schäfer tat, wie ihm befohlen war, allein die Äbtissin, die kluge Godesta, eine Schwester Bernhards, Herzog zu Sachsen, nannte den armen Mann einen Betrüger und ließ ihn ins Gefängnis werfen. Manchen Tag saß er hier und sann vergebens, wie er sich rechtfertigen und das Gebot Mariens in Erfüllung bringen könnte. Auch der Bischof zu Paderborn, der heilige Meinwerk, hatte geurteilt, wenn die Jungfrau mit ihm geredet hätte, so müßte er ein Wahrzeichen bringen, sonst könnte man ihm nicht glauben. Endlich erschien ihm die Himmelskönigin wieder, war voller Freude und lobte ihn, daß er die Prüfung überstanden habe, und offenbarte ihm, was nun geschehen sollte. Alsobald ließ der Gefangene der hochwürdigen Frau sagen, daß er jetzt zu dem Wahrzeichen bereit wäre, man möchte ihn nur hinführen auf jenen Hügel, wo ihm die Erscheinung zuteil geworden wäre. Das geschah und eine große Menschenmenge folgte ihm. Da nahm der Schäfer seinen Stab, aus dem er ein Kreuz gemacht hatte, und steckte ihn in die Erde. Und wie die himmlische Jungfrau es ihm verheißen und er es der Äbtissin vorhergesagt hatte, kam von der Linde eine weiße Taube herab, das war aber niemand anders als die Jungfrau Maria, und setzte sich auf das Kreuz.
Da zweifelte niemand mehr, daß der Schäfer die Wahrheit gesagt hatte, man ließ ihn frei. Da wurde die Kirche und bei der Kirche das Stift auf dem Berge erbaut. Lange hat man geglaubt, ein Spänchen von dem Holz der Linde sei gut gegen Zahnschmerzen und andere Übel, und man hat so viel Spänchen geholt, daß am Ende vom Stamm wenig übrig blieb. Und das Fest der Erscheinung ist hernach alljährlich mit großer Herrlichkeit begangen, bis endlich die Veranlassung vergessen und aus der Feier ein Volksfest geworden, welches indessen noch immer die Vision genannt wurde.

Und von dem in die Erde gepflanzten Kreuze ist auch noch ein Stück übrig. Es befindet sich in dem Altare der Kirche, die um den Stamm der Linde gebaut ist.

Ev. Marienkirche, ehem. Stiftskirche: Gründung durch Äbtissin Godesta (ca. 1002–40); 1290–1350 (ca.) Errichtung der bis heute weitgehend erhaltenen westf. Hallenkirche im Got.stil; Außenansicht: vier quergesetzte Satteldächer mit Fialengiebeln und faszinierende Giebelkunst über Chor (im O); im 14. Jh. Anbau der Sakristei (nördl. des Chores), W-turm von 1902; 1955–60 und 1985–89 jüngste Ren.phasen; innen beeindruckendes Raum- und Lichterlebnis; Innenausst.: imponierender spätgot., in feinen Zierformen gearbeiteter Altartabernakel aus Sandstein (um 1480), versehen mit drei Türmen (Spitzen krönen Tauben), sechs Hl.figuren und Doppelmadonna (darin Aufbewahrung des »wundertätigen« Baumstumpfes); ferner seien »Stehende Muttergottes« (Stein, um 1330–40), Vesperbild (um 1500), sog. »Weinende Maria« (Holz, um 1500) und Schnitzaltar (um 1500) erwähnt; auf hist. K.friedhof befinden sich alte Grabmale (ältestes 1470, jüngstes 1787); i. d. R. geschl., Termin nach Absprache, Tel.: 05221-82031, Adresse: Luttenbergstr., 32049 Herford

IN DER UMGEBUNG

Neustadtbrunnen: prachtvoller Brunnen aus Sandstein von 1599; 1830 aus Besitz der Stadt veräußert, 1962 Rückkauf und Rückführung an urspr. Standort; stehender Bannerträger auf dem Brunnengehäuse hält in seiner Rechten Banner, in seiner Linken Schild der freien Reichsstadt Herford; Adresse: Neuer Markt, 32052 Herford

Ev. Johanniskirche: dreischiff. und dreijochige got. Hallenkirche der um 1220 gegründeten Neustadt aus 13./14. Jh. bis heute weitgehend erhalten; 1414–1810 Aufbewahrungstätte des Dionysius-Kapitels (Dionysius-Schatz mit Taufgeschenken Karls des Großen an Wittekind); Anfang 20. Jh. notwendig gewordene Ausbesserungen am Fundament führen zum Abbruch und Wiederaufbau des W-turms in alter Form; zur sehensw. Innenausst. gehören: z. T. erhaltene got. Glasmalereien der Chorfenster, holzgeschnitzte Amtsstühle der Handwerkszünfte der Neustadt aus dem 17. Jh. und vom ehem. Bürgermeister D. Pöppelmann (Vorfahre des Erbauers des Dresdner Zwingers) gestiftete bar. Kanzel von 1602; geöffnet werkt. von 11–17 Uhr, Adresse: Hämelinger Str., 32052 Herford

Ev. Münsterkirche, ehem. St. Marien und Pusinna: erste Kirche des hochadeligen Damenstifts um 790; unter Äbtissin G. zur Lippe 1220 begonnener und ca. 1280 vollendeter zweiter Kirchenneubau; bis heute bestehende spätrom., westf. Hallenkirche ist erste ihrer Art und daher von besonderer baugeschichtl. Bed.; got. Anbauten an S-seite (Krämerchor um 1340 und Beichtkammer, 1400); Chorvergrößerung um 1430; oberstes Turmgeschoss und Helm von 1856–60; Langhaus und Anbauten weisen quergestellte Satteldächer mit Dreiecksgiebeln auf; aufwendig gestaltete und sehr sehensw. S-seite (Schaufassade); von alter Innenausst. ist wenig erhalten geblieben, darunter: reich verzierter achteckiger Taufstein (um 1490), Grabstein der Stiftsdame Jutta von Bavenhausen (†1315) mit schöner got. Figur, Tumba der Äbtissin M. von Waldeck (†1442) mit kunstvollen got. Ausführungen (beide Chorraum), frühbar. Kanzel (1630–40) und moderne Glasbilder (1953) von E. Klonk; geöffnet werkt. von 11–17 Uhr, Adresse: Münsterkirchplatz, 32052 Herford

Fürstenau-Denkmal: aussagekräftige, moderne Plastik von G. Knorr; Darstellung Anton Fürstenaus mit mehrfach längs gespaltenem Kopf; abwehrende Handhaltung des vom Körper weggestreckten linken Arms symbolisiert sein erfolgreiches Bemühen, Herford vor der Einnahme durch schw. und kaiserl. Truppen im Dreißigjährigen Krieg bewahrt zu haben, rechte Hand weist auf kaiserl. Urkunde hin, in der die Freiheit der Stadt verbrieft ist; Adresse: Ecke Bielefelder Str./Radewiger Str., 32052 Herford

Widukinds Liebesprobe

Durch den Gau der Engern brachten
Unglücksboten bange Mär:
»Widukind, der Held der Schlachten,
Unser Herzog, lebt nicht mehr.
Jetzt, da Friedensblumen sprossen,
Hat der Tod sein Aug' geschlossen.«

Und zur Burg in Enger wallten
Scharen rings aus Berg und Tal.
Ihre Trauerklagen hallten
Durch den hohen Rittersaal,
Wo im Sarg verschlossen ruhte
Widukind, der edle, gute.

Immer kamen neue Scharen,
Und die Klage tönte fort:
»Ach, ins Land der Nacht gefahren
Ist er, unser Held und Hort.
Alle hätten gern gegeben
Für ihn Leib und Licht und Leben.«

Volk auf Volk! Ein Kommen, Gehen!
Wieder war der Saal gefüllt;
Wollten all den Leichnam sehen,
Doch der Sarg war schwarz verhüllt.
Starke, stolze Männer weinten,
Sachsen, die es ehrlich meinten.

Plötzlich eines Vorhangs Seide
Teilt sich. Herrlich, ragend steht
Widukind im Ritterkleide;

Durch den Saal ein Staunen geht.
Halb mit Freude, halb mit Schrecken
Schauen sie den stolzen Recken.

Und er spricht: »Wie ich mich freue
Dieser Trauer weit und breit!
Daß die Liebe, daß die Treue
Wahr sei wie in alter Zeit,
Volk, in deines Herzens Tiefen:
Nur dies eine wollt' ich prüfen.

Seht, ich lebe! ... Dank euch allen,
Dank, die ihr gekommen seid!
Hört, die Zehnten sollen fallen.
Liebe hat von Last befreit.
Auf der Liebe lichten Wegen
Geh' ich einst dem Tod entgegen.«

Ev. Stiftskirche St. Dionysius/Pfarrkirche: Grabungsfunde belegen Kirchenbau um 800; 948 Gründung eines Kollegiatstifts für Kanoniker durch Mathilde, zweite Frau Heinrichs I., und Beginn der »Widukind-Tradition«; zum einen wird Widukind Gründung der ersten Kirche zugeschrieben, zum zweiten soll seine Grablegung dort erfolgt sein (beides nicht bewiesen); um 1250 werden Gebeine aufgefunden, die fälschlicherweise für die W. gehalten werden; um 1350 Wiederaufbau der jetzigen Hallenkirche; Kirchturm separat; 1414 Umsiedlung des Stifts nach Herford unter Mitnahme des Dionysiusschatzes; 1882 Rückführung der »falschen« Gebeine nach Enger; 1971–73 grundl. Ren. und Grabungen; zur sehensw. Innenausst. zählen u.a.: Grabplatte W. (um 1100), eine der ältesten ma Grabplastiken Dt., dahinter Schrein (14. Jh.) mit den Gebeinen einer jungen Frau (bis in die 1970er Jahre für die W. gehalten), Schnitzaltar von H. Stavoer (1525) und rechteckiges Bronzerelief (1881) mit der Darstellung der Taufe W.; di.–fr. 9–12 Uhr und 14–17 Uhr, sa. 9–12 Uhr, so. 11–17 Uhr geöffnet; Adresse: Kirchplatz, 32130 Enger

IN DER UMGEBUNG

Widukind-Museum: (Widukind/Wittekind = Führer der aufständischen Sachsen 778–85; westf. Adliger; entfacht ab 777 immer wieder Aufstände gegen fränk. Herrschaft; 784/85 Verwüstung des Landes durch Karl den Großen und als Folge davon Unterwerfung W., der sich 785 in Attigny taufen lässt); am 8. Juni 1939 Einweihung der W.-Gedächtnisstätte in Ackerbürgerhaus von 1716; W. wird zum »Prototyp des german. Führers« im Geiste nationalsoz. Geschichtsideologie; nach Neuaufbau und -konzeption am 23. April 1983 Wiedereröffnung; jüngst nochmals völlig neue Präsentation und Konzeption der Ausstellung; neuer Schwerpunkt: Geschichte des »Widukind-Mythos« durch die Jh. bis in die Gegenwart; wegen Umbaus bis 2005 geschl. (Infos unter Tel.: 05224-977970); Adresse: Kirchplatz 10, 32130 Enger

Liesbergmühle: Wahrzeichen Engers; 1756 Errichtung auf Geheiß Friedrich des Großen als sog. »Zwangsmühle« zur Versorgung der Bevölkerung mit Mehl; bei entsprechender Wetterlage 7–8 Zentner Mahlleistung pro Tag; seit 1960 außer Betrieb; 1990/91 Ren. angrenzender Fachwerkhäuser, abends beleuchtet; 2001/02 Rest.- und San.arbeiten am Stumpf, Kopf, den Flügeln und der Windrose; steht unter Denkmalschutz; auf 118 m Anhöhe weithin sichtbar; Adresse: Windmühlenweg, 32130 Enger

Das Rheinland

Meister Gerhard von Ryle

Meister Gerhard war ein gar hochmütiger, vermessener Steinmetz, der aber die Kunst zu bauen aus dem Grunde verstand, so daß weder in deutschen noch in wälschen Landen seinesgleichen zu finden gewesen. Als er eines Tages hoch oben auf dem Domkrahnen stand und mit Stolz und Herzenslust sein Wunderwerk betrachtete, da trat plötzlich ein Mann in feuerfarbenem Mantel mit schwarzem Hut, darauf eine Hahnenfeder schwankte, auf einem Fuß hinkend zu dem Kölner Baumeister und bot ihm freundlich seinen Gruß. Meister Gerhard dankte und fragte, was sein Begehr; woraufhin der Fremde erwiderte, er selber sei auch ein Baumeister aus Wälschland drüben, und anfing, seine Kunstgeschicklichkeit über alle Maßen zu rühmen. Da rückte Meister Gerhard sein Käpplein aufs Ohr, lachte höhnisch und meinte, der wälsche Fremde würde wohl auch so ein Steinmetz sein, wie sie als Pfuscher in allen Landen herumliefen. Der Fremde aber ergrimmte hoch und bot dem Kölner Dombaumeister eine Wette an, früher ein unterirdisch Bächlein von Trier bis in die Stadt Köln am Rhein durch Berg und Tal fertig gestellt zu haben, ehe denn Meister Gerhard den Dom vollendet hätte. »Ei, Meister Prahlhans«, versetzte der Kölner Steinmetz, »was soll's gelten?« »Deine Seele für mich«, antwortete der Wälsche, »wenn ich in Gestalt einer Ente auf meinem Bächlein daher geschwommen komme, ehe denn du diesen Krahn hier abgebrochen.« »Topp, es gilt, schlag ein, du Narr«, rief der Domsteinmetz zornrot. Und der Fremde schlug kräftig ein und verschwand plötzlich. Meister Gerhard führte den Dombau mit noch größerem Eifer fort, aber über seiner Stirn schwebte eine Wolke, wie wenn ihn eine böse Tat bedrücke. Den vielen Fragen seiner Eheliebsten um den Grund seiner Verstimmung wich der Steinmetz barsch aus. Aber einmal in der Nacht konnte er den dringenden Fragen der neugierigen Hausfrau nimmer widerstehn; er offenbarte die Wette mit dem Wälschen, fügte indessen sorglos hinzu, er wolle sie wohl gewinnen, denn nur dann könne in dem Bächlein Wasser fließen, wenn auf jede hundert Schuh der Leitung ein Luftloch aufgelassen würde, und darauf würde sein Widerpart nimmer verfallen.

Nun geschah es, daß seit einiger Zeit ein vornehmer, auf einem Fuß hinkender Mann, der sich für einen fahrenden Magister ausgab, des Domsteinmetzen Wohnhaus häufig aufsuchte und sich immer viel mit der Hausfrau zu schaffen machte. Der Magister tat viel neugierige Fragen um dieses und jenes, und als er sich eines Tages wieder einfand, kam auch die Rede auf den unverkennbaren Trübsinn des abwesenden Ehegatten und da verriet die Frau dem Fremden den Hergang mit der Wette, und sie eröffnete ihm sogar das Geheimnis betreffs der Luftlöcher, welches Meister Gerhard ihr damals so sorglos vertraut hatte. Kaum war der Unseligen ihr Mund zur Ruh' gekommen, da versank der fahrende Magister spurlos in der Diele. Hohngelächter scholl durch Haus und Hof, während ein brenzlicher Schwefelgestank die Stube erfüllte.

Meister Gerhard stand gerade auf dem Turmkran und trieb die Werkleute rüstig zur Arbeit an, horch, da hörte er deutlich das Geschnatter einer Ente, die zu Füßen des Turmes in einem eben zutage getretenen Bächlein schwamm. Mit wildem Aufschrei stürzte sich der unglückliche Domsteinmetz vom Kran in die schwindelnde Tiefe. Die Wette war für ihn verloren. Während unten im Abgrund sein Leib zerschellte, trug Satanas in seinen Klauen die arme Seele zur Hölle.

Der Dombau blieb viele Jahrhunderte unvollendet. Denn Meister Gerhard ging am hellen Tage droben auf dem Turm um und stürzte manchen wackern Steinmetz in die Tiefe. Erst als es einem heiligen Mann gelang, den Geist zu bannen, wagten die Baumeister an dem unterbrochenen Werk wieder weiter zu arbeiten.

Dom St. Peter und Maria: röm.-heid. Tempelanlage, später frühchristl. Kirchenanlage nachweisbar; 870 Vollendung des karol. Doms; 1164 gelangen Reliquien der Hl. Drei Könige nach Köln und erheben Dom zur bed. Wallfahrtskirche; 1248–1322 Bau des got. Doms unter Leitung des Dombaumeisters Gerhard auf Trümmern des durch Brandabbruch zerstörten Vorgängerbaus; Weiterbau und Innenausschmückung bis etwa 1560, danach Einstellung aus Geldmangel; 1794 Besetzung durch napoleon. Truppen, Nutzung des Doms als Lagerraum; 1842 Weiterbau nach ma Plänen, 1880 endgültige Vollendung; bis 1956 Ausbesserung von Schäden durch Fliegerbomben aus 2. WK; Witterung und Umweltbelastung machen Dom zur »ewigen« Baustelle; sehr kostbarer goldener Dreikönigsschrein (um 1200) mit Reliquien der Hl. Drei Könige im Kircheninnern; sehensw. Domschatzkammer; Besteigung des S-turms empfehlensw.; zahlr. Führungen werden angeboten; Adresse: Domplatz am Hauptbahnhof, 50667 Köln

IN DER UMGEBUNG
Romanische Kirche St. Gereon: im 4. Jh. auf röm. Gräberfeld errichtete Friedhofskirche zu Ehren von Märtyrern der thebäischen Legion unter

Hauptmann Gereon; im 11. und 12. Jh. Erweiterung der Choranlage mit Krypta; um 1220 Errichtung des Dekagons; Chor und Taufkapelle mit fragmentarisch erhaltenen Wandmalereien des 13. Jh.; v.a. sehensw.: Reste des Fußbodenmosaiks aus dem 12. Jh. in der Krypta; mo.–sa. 9–12.30 Uhr, 13.30–18 Uhr und so. 13.30–18 Uhr geöffnet, Führungen nur nach Absprache mit Pfarramt, Infos unter Tel.: 0221-13 49 22; Adresse: Gereonsdriesch 2-4, 50670 Köln

Romanische Kirche St. Maria im Capitol: 1040–1065 errichteter dreischiff. Kirchenbau mit Kleeblattchor im O und drei Türmen im W auf Fundamenten eines röm. Kapitolstempels; im Grundriss der Geburtskirche in Bethlehem nachempfunden; 1525 Aufstellung des Renaiss.-Lettners; bis 1985 Wiederaufbau nach schweren Kriegsschäden im 2. WK; sehr sehensw. Innenausst.: u.a. 1060 entstandene rom. Holztüren mit Darstellungen des Lebens Jesu, Glasmalereien und Skurrilität: Knochen eines Grönlandwals aus dem Pleistozän im südl. Seitenschiff, im Volksmund »Zint Mergens Repp« – Marias Rippen – gen.; (mo.-so. 10-18 Uhr geöffnet, Führungen nur nach Absprache mit Pfarramt, Infos unter Tel.: 0221-21 46 15; Adresse: Kasinostraße 6, 50676 Köln

Römisch-Germanisches-Museum: 1970–74 errichtet über Resten einer röm. Stadtvilla und ma Kaiserpfalz; »offenes Museum« für alle, vorbildlich in Präsentation der Exponate; Sammlung zur Urgeschichte, röm. und merow. Epoche, Schwerpunktthemen bilden röm. Alltagsleben und Objekte angewandter Kunst (Glas, Tonlampen, Schmuck); besonders sehensw.: Dionysos-Mosaik (220/230 n. Chr.) und Rekon. des Poblicius-Grabmals (um 40 n. Chr.); di.–so. 10–17 Uhr geöffnet; Adresse: Roncalliplatz 4, 50667 Köln

Wallraf-Richartz-Museum – Foundation Corboud: benannt nach Stadtmäzenen F. F. Wallraf (1748–1824) und J. H. Richartz (1795–1861); 1861 Eröffnung, in Folgezeit ständige Erweiterung der Ausstellung; 1943 Zerstörung des Gebäudes durch Fliegerbomben nach vorhergegangener Auslagerung der Exponate; 1957 Errichtung eines neuen Gebäudes an gleicher Stelle; Schwerpunkte der Sammlung: ma Kölner Malerei, niederl. und altdt. Tafelmalerei (1300–1550), niederl. und fläm. Malerei des 16.–18. Jh. (u.a. Rembrandt und Rubens), ital. und span. Malerei des 17. Jh., dt. Romantik, dt. und franz. Realismus und Impressionismus des 19. Jh.; di. 10–20 Uhr, mi.–fr. 10–18 Uhr und sa./so. 11–18 Uhr geöffnet; Adresse: Martinstraße 39, 50667 Köln

Die Heinzelmännchen

Wie war zu Köln es doch vordem
Mit Heinzelmännchen so bequem!
Denn war man faul – man legte sich
Hin auf die Bank und pflegte sich.
Da kamen bei Nacht, ehe man's bedacht,
Die Männlein und schwärmten und klappten und lärmten
Und rupften und zupften
Und hüpften und trabten und putzten und schabten:
Und eh' der Faulpelz noch erwacht,
War all sein Tagewerk bereits gemacht.

Die Zimmerleute streckten sich
Hin auf' die Spän und reckten sich.
Indessen kam die Geisterschar
Und sah, was da zu zimmern war,
Nahm Meißel und Beil und die Säg in Eil:
Sie sägten und stachen und hieben und brachen,
Berappten und kappten,
Visierten wie Falken und setzten die Balken:
Eh' sich's der Zimmermann versah,
Klapp! stand das ganze Haus schon fertig da.

Beim Bäckermeister war nicht Not,
Die Heinzelmännchen backten Brot.
Die faulen Burschen legten sich,
Die Heinzelmännchen regten sich –
Und ächzten daher mit den Säcken schwer
Und kneteten tüchtig und wogen es richtig,
Und hoben und schoben
Und fegten und backten und klopften und hackten.
Die Burschen schnarchten noch im Chor,
Da rückte schon das Brot, das neue, vor.

Beim Fleischer ging es just so zu:
Gesell' und Bursche lagen in Ruh'.
Indessen kamen die Männlein her
Und hackten das Schwein die Kreuz und Quer.
Das ging so geschwind wie die Mühl im Wind.
Die klappten mit Beilen, die schnitzten an Speilen,
Die spülten, die wühlten
Und mengten und mischten und stopften und wischten.
Tat der Gesell die Augen auf –
Wapp! hing die Wurst da schon zum Ausverkauf.

Beim Schenken war es so: es trank
Der Küfer, bis er niedersank;
Am hohlen Fasse schlief er ein.
Die Männlein sorgten nur um den Wein
Und schwefelten fein alle Fässer ein
Und rollten und hoben mit Winden und Kloben
Und schwenkten und senkten
Und gossen und panschten und mengten und manschten.
Und eh' der Küfer noch erwacht,
War schon der Wein geschönt und fein gemacht.

Einst hatt' ein Schneider große Pein:
Der Staatsrock sollte fertig sein;
Warf hin das Zeug und legte sich
Hin auf das Ohr und pflegte sich.
Da schlüpften sie frisch auf den Schneidertisch
Und schnitten und rückten und nähten und stickten
Und faßten und paßten
Und strichen und guckten und zupften und ruckten,
Und eh' mein Schneiderlein erwacht,
War Bürgermeisters Rock bereits gemacht.

Neugierig war des Schneiders Weib
Und macht' sich diesen Zeitvertreib:
Streut Erbsen hin die andre Nacht;
Die Heinzelmännchen kommen sacht.
Ein's fährt nun aus, schlägt hin im Haus,
Die gleiten von Stufen und plumpen in Kufen,
Die fallen mit Schallen,
Die lärmen mit Schreien und vermaledeien.
Sie springt hinunter auf den Schall
Mit Licht: husch, husch, husch, husch! – verschwinden all!

O, weh, nun sind sie alle fort,
Und keines ist mehr hier am Ort!
Man kann nicht mehr wie sonsten ruhn,
Man muß nun alles selber tun!
Ein jeder muß fein selbst fleißig sein
Und kratzen und schaben und rennen und traben
Und schniegeln und biegeln
Und klopfen und hacken und kochen und backen.
Ach, daß es noch wie vormals wär'!
Doch kommt die schöne Zeit nicht wieder her.

Heinzelmännchenbrunnen: 1899 Stiftung des Kölner Verschönerungsvereins anlässlich des 100. Geburtstags von August Kopisch (1799–1853) nach Entwürfen von E. und H. Renard; Stil in volkst. Got. aus Sandstein und Schmiedeeisen; Adresse: Am Hof 12–14, 50667 Köln (vor Brauhaus »Früh«)

IN DER UMGEBUNG

Rheinschifffahrt: vielfältiges Angebot an Fahrten auf dem Rhein; Panoramafahrten nach Düsseldorf, Nachtfahrten, Abendfahrten mit Live-Musik oder Fahrten auf der Nostalgie Route mit Schaufelraddampfer Goethe (über Koblenz nach Mainz); Sonderfahrten und Charterservice; Infos unter Tel.: 0221-20 88 318, www.k-d.com; Adresse: Köln-Düsseldorfer, Deutsche Rheinschifffahrt AG, Frankenwert 35, 50667 Köln

Der Bürgermeister Gryn

Zur Zeit, als Engelbert von Falkenburg Erzbischof von Köln war, hatten die Streitigkeiten zwischen diesem geistlichen Fürsten und der Stadt den höchsten Grad der Erbitterung erreicht. Von der einen Seite zeigte sich das beharrliche, mächtige Streben, die widerspenstigen Bürger unter eine verhaßte Herrschaft zu beugen, von der andern ein hartnäckiger, trotziger Widerstand, der die wohl erworbenen Rechte der Stadt behauptete und keine Nachgiebigkeit kannte. Es konnte daher nicht fehlen, daß der Haß überhand nahm und beiden Theilen jede Gelegenheit willkommen war, einander Schaden und Verlust zu bereiten.

Der Erzbischof machte gleich beim Beginne seiner Regierung große Anstrengungen, die Stadt unter seinen Willen zu zwingen. Zu diesem Zwecke erbaute er unter andern den Bayenthurm mit starken Mauern und Zinnen, als eine feste Burg; allein die muthigen Bürger ließen sich nicht schrecken; sie erstürmten bald nachher die aufgeführten Vesten und verjagten die feindlichen Söldner.

Unter den Bürgermeistern Köln's, die sich, in den damaligen bewegten Zeiten, der Vertheidigung der gewerbreichen, mächtigen Stadt und der Rechte des Volkes besonders annahmen, glänzen die aus der berühmten Familie Overstolz, und daneben nicht minder der einer alten kölnischen Familie angehörige Hermann Gryn. Das mannhafte Entgegentreten dieses Wackern gegen des Bischofs offene und heimliche Pläne zogen ihm den Haß der Gegenpartei und der Geistlichkeit des Erzstiftes zu. Es wurden keine Ränke gespart, dem Biedermanne etwas anzuhaben, und als dies lange nicht gelingen sollte, wurde ein teuflischer Plan zu seinem Verderben ersonnen.

Zwei Domherren namentlich bestrebten sich, unter dem Deckmantel heuchlerischer Freundlichkeit, in ein gutes Vernehmen zu dem Bürgermeister zu treten, und bei dessen Arglosigkeit gelang dies ihnen nur zu wohl. Unter allerlei Vorwand unterhandelten und verkehrten sie mit ihm, bis ihr Vorhaben zur Ausführung reif war.

Der Ritter Hermann erhielt eines Tages eine Einladung von seinen vermeinten Freunden zu einem Gastmahle, welches im Domkloster gehalten werden sollte. Er begab sich zur bestimmten Stunde dahin, und da von den angeblich sonst erwarteten Gästen noch keiner erschienen war, machte einer der Domherren den Vorschlag, mittlerweile die Gemächer des großen, damals wenig betretenen Stifts-Gebäudes zu besehen. Gryn ließ sich von seinen Wirthen begleiten. Er hatte manches Gemach schon betrachtet, als ihm am äußersten Ende eines Ganges eine Thür geöffnet ward, durch die, auf Einladung der Domherren, der nichts Böses Ahnende in ein ziemlich dunkles Gemach trat. Kaum befand er sich darin, als die schwere Thür plötzlich hinter ihm geschlossen und verriegelt wurde, während mit schrecklichem Gebrüll ein großer Löwe aus einem Winkel emporsprang und mit feurigen Augen den Eintretenden anstarrte.

Bei diesem höchst unerwarteten Anblicke kam der Bürgermeister anfangs zwar außer Fassung, allein ein Moment der Ueberlegung, welcher ihn die Tücke seiner Feinde und seine Gefahr klar erkennen ließ, gab ihm die volle Besinnung zurück. Rasch umwickelte er den linken Arm mit seinem Mantel, lehnte sich an die Wand und riß das Schwert aus der Scheide. Sobald der durch mehrtägiges Fasten zur Wuth gereizte Löwe den gewaltigen Sprung auf den Ritter that, stieß dieser ihm die geschützte Linke in den offenen Rachen, während sein scharfer Stahl des Raubthiers Brust durchbohrte. In wenig Augenblicken war der Löwe todt hingestreckt. Inzwischen hatten die Verräter, an dem Gelingen ihres schändlichen Plans nicht zweifelnd, Lärm gemacht und mit erheuchelter Angst nach Hülfe für den Bürgermeister gerufen, der von dem Löwen des Erzbischofes angefallen sei. Auf ihr Geschrei lief alsbald eine Menge Volkes zusammen; die Thüre des Gemachs wurde gesprengt, und zum größten Erstaunen Aller und zur unbeschreiblichen Freude des Volkes, fand man das Oberhaupt der Stadt unversehrt und das Thier leblos zu dessen Füßen. Aber mitten unter dem Jubel erbleichten die Verräther, deren Schandthat jetzt durch den Mund des Geretteten offenbar wurde, und zu spät suchten sie ihr Heil in der Flucht. Vom wüthenden Volke ergriffen, wurden sie, ohne vorhergegangenes richterliches Urtheil und ohne Rücksicht auf ihren Stand, sogleich aufgeknüpft, nahe am Domkloster, da, wo die von dieser Zeit an Pfaffenthor genannte Pforte stand.

Gryns That aber, welcher die Bürger Köln's stets mit Stolz gedachten, ist, in halb erhabener Arbeit in Stein dargestellt, noch heutigen Tages am Portale des Kölner Rathauses zu sehen.

Altes Rathaus: bereits 1135 urkundl. erwähnt; 1. Hälfte des 14. Jh. Errichtung des zweigeschoss. got. Saalbaus mit Hansasaal im 1. OG, dessen S-wand mit »Neun Guten Helden« (um 1330) und N-wand mit Prophetenfiguren von 1410 geschmückt sind; 1407–14 Bau des spätgot. Ratsturms (61 m); 1541 Entstehung des Renaiss.-Löwenhofs; 1569–73 Errichtung der Renaiss.-Laube (u.a. mit Darstellung des Kampfes von Bürgermeister Gryn gegen Löwen); 17. Jh. Errichtung des Span. Baus; weitreichende Zerstörung im 2. WK, später Wiederaufbau von Teilen; 1958 Einbau eines Glockenspiels, 1954–56 Errichtung eines neuen Span. Baus; großzügige Rest. des Turms, 1994–95 Verzierung der Außenfassade mit 124 Figuren der kölnischen Stadtgeschichte; modern gestaltete O-front (zum Marktplatz hin), z. T. hist. Innenausst.; ab 1972 Nutzung der neu eröffneten Räumlichkeiten durch Stadtobere; weiterhin sehensw.: Ausgrabungen des röm. Praetoriums (=  Stadthalterpalast) und Abwasserkanals unter Span. Bau (Zugang Kleine Budengasse, di.–fr. 10–16 Uhr, sa./so. 11–16 Uhr geöffnet); Reste der ma Mikwe (= jüd. Kultbad) im ehem. jüd. Stadtviertel (endgültige Vertreibung 1424); Vorraum, Badeschacht (16 m tief) mit Treppen und Badetrog (alles unterirdisch) erhalten; Glaspyramide auf Rathausplatz ermöglicht Blick von außen; Schlüssel beim Rathauspförtner oder an der Kasse des Praetoriums erhältlich, Führungen und Veranstaltungen im Rathaus finden statt, Infos unter Tel.: 0221-470 43 60 ; Adresse: Altes Rathaus, Judengasse, 50667 Köln

IN DER UMGEBUNG
Zoologischer Garten: 1860 Gründung als drittältester Zoo Dt.; völlige Zerstörung im 2. WK, 1947 Wiedereröffnung; beherbergt großen Tier- und Artenbestand; hervorzuheben sind: Tropenhaus, Urwaldhaus für Menschenaffen, »Eulenkloster« mit freifliegenden Eulen sowie Aquarium mit Terrarium und Insektarium (neben Haupteingang); 9–18 Uhr (Sommer) bzw. 9–17 Uhr (Winter) Zoo, 9.30–18 Uhr Aquarium geöffnet; Adresse: Riehler Str. 173, 50735 Köln

Flora und Botanischer Garten: 1864 Eröffnung als »Zier- und Lustgarten«; 1914 Anschluss des Botanischen Gartens; weitgehende Zerstörung im 2. WK, Wiederaufbau und teilw. Rekon. des alten Flora-HG; sehensw.: unterschiedl. Gartenstilanlagen, tropische und subtropische Pflanzen, alter Baumbestand sowie »Lehrgarten« und Gewächshäuser (10–16 Uhr, außer mo.–fr. 12–13 Uhr geöffnet); tägl. 8–21 Uhr (Sommer) bzw. bis zur Dämmerung (Winter) zugängl., www.die-flora.de; Adresse: Am Botanischen Garten 4, 50735 Köln

Schloss Augustusburg: 1725 Baubeginn im Rokokostil auf Gelände einer ma Wasserburgruine als Residenz für Kurfürst und Erzbischof Clemens August von Wittelsbach (1700–61); 1768 Fertigstellung der dreischiff. und dreigeschoss. Anlage mit Mansardendach und bar. Gartenanlage unter dem nachfolgenden Kurfürst Max Friedrich von Königsegg (1761–84); nach 1794 Besetzung durch franz. Truppen; in Folgejahren Plünderung der Innenausst.; ab 1815 im Besitz des preuß. Königs Friedrich Wilhelm IV. und nach Rest.arbeiten ab 1876/77 Nutzung als königl. Residenz; schwere Kriegsschäden im 2. WK, danach Wiederaufbau; seit 1984 mit Jagdschloss Falkenlust und Gartenanlagen UNESCO-Welterbestätten; sehr sehensw.: üppig ausgestattetes Treppenhaus mit Deckenfresken, kunstvoll bunten Stuckmarmorverzierungen und Statuen sowie auth. bar. Gartenanlage; Febr.–Nov. di.–fr. 9–12.30 Uhr und 13.30–17 Uhr geöffnet, sa./so. 10–18 Uhr; Adresse: Verwaltung Schloss Brühl, Schlossstr. 6, 50321 Brühl

Jagdschloss Falkenlust: 1729–37 Bau des Rokoko-Jagdschlosses für Falkenjagd in unmittelbarer Nähe des Hauptschlosses; 1794 Besetzung durch franz. Truppen; nach wechselnden Besitzverhältnissen heute Eigentum des Landes NRW (ebenso Schloss Augustusburg); kostbare Innenausst.; Museum zur Falknerei im Nebengebäude; in unmittelbarer Nähe achtseitige Muschelkapelle aus dem 18. Jh. mit Sakristei und Mansardendach; Öffnungsz. und Adresse siehe Schloss Augustusburg

Der Mönch zu Heisterbach

Ein junger Mönch im Kloster Heisterbach
Lustwandelt an des Gartens fernstem Ort;
Der Ewigkeit sinnt tief und still er nach,
Und forscht dabei in Gottes heil'gem Wort.

Er liest, was Petrus der Apostel sprach:
»Dem Herrn ist ein Tag wie tausend Jahr,
Und tausend Jahre sind ihm wie ein Tag!«
Doch wie er sinnt, es wird ihm nimmer klar.

Und er verliert sich zweifelnd in den Wald:
Was um ihn vorgeht, hört und sieht er nicht;
Erst wie die fromme Vesperglocke schallt,
Gemahnt es ihn der ernsten Klosterpflicht.

Im Lauf erreicht er den Garten schnell;
Ein Unbekannter öffnet ihm das Tor.
Er stutzt – doch sieh, schon glänzend die Kirche hell
Und draus ertönt der Brüder heil'ger Chor.

Nach seinem Stuhle eilend tritt er ein,
Doch wunderbar, ein andrer sitzet dort;
Er überblickt der Mönche lange Reihn:
Nur Unbekannte findet er am Ort.

Der Staunende wird angestaunt ringsum,
Man fragt nach Namen, fragt nach dem Begehr;
Er sagt's, da murmelt man durchs Heiligtum:
»Dreihundert Jahre hieß so niemand mehr.«

»Der letzte dieses Namens«, tönt es laut,
»Er war ein Zweifler und verschwand im Wald,
Man hat den Namen keinem mehr vertraut.«
Er hört das Wort, es überläuft ihn kalt.

Er nennet nun den Abt und nennt das Jahr;
Man nimmt das alte Klosterbuch zur Hand,
Da wird ein großes Gotteswunder klar:
Er ist's, der drei Jahrhunderte verschwand!

Ha, welche Lösung! Plötzlich graut sein Haar,
Er sinkt dahin und ist dem Tod geweiht,
Und sterbend mahnt er seiner Brüder Schar:
»Gott ist erhaben über Ort und Zeit.«

»Was er verhüllt, macht nur ein Wunder klar;
Drum grübelt nicht, denkt meinem Schicksal nach:
Ich weiß: ihm ist ein Tag wie tausend Jahr,
Und tausend Jahre sind ihm wie ein Tag!«

Ehem. Zisterzienserabtei Heisterbach: 1202–1227 Errichtung der 88 m langen rom. Abteikirche auf Veranlassung der vom Petersberg abgewanderten Zisterziensermönche; 1803 Auflösung und teilw. Sprengung der Klosteranlage; alte Überreste: Chorruine und Brunnenschale aus Kreuzgang (heute im Zehnthaus); Pfortenhaus am Eingang (1750); auf parkähnlichem Gelände befindet sich außerdem Gedenkstein zu Ehren des Cäsarius von Heisterbach, Verf. des »Dialogus miraculorum« (wichtige Quelle über Leben im MA), ein hist. Brauhaus und Café-Restaurant; Adresse: Café-Restaurant Kloster Heisterbach, Heisterbacher Str., 53639 Königswinter

IN DER UMGEBUNG

Petersberg (331 m): 400 v. Chr. erste Besiedlung nachgewiesen; auf Gelände Ausgrabungen von Teilen einer Ringwallanlage um 100 v. Chr. und Reste einer fünfschiff. Kirche aus dem 12. Jh. zu sehen; 1764 Errichtung der St.-Peter-Kapelle (vollst. ren. und tägl. geöffnet); 1892 erstmalig Hoteleröffnung, nach 2. WK bis 1952 Sitz der Alliierten Hohen Kommissare; Unterkunft zahlr. Staatsgäste; nach Ausbauten heute gehobene Hotelanlage, Gäste- und Konferenzhaus der Bundesregierung; Adresse: Petersberg 1, 53639 Königswinter

Drachenfels (321 m) und Burgruine: im 12. Jh. Errichtung der Burg auf Geheiß des Kölnischen Erzbischofs Arnold I. ; 1633 Besetzung durch schw. Truppen im Dreißigjährigen Krieg, im Folgejahr Sprengung; bereits in der A Abbau des Trachytsteins, im MA Nutzung für got. Dombau in Köln; nach Einbrüchen der rheinseitigen Ruinenanlage 1836 Enteignung der Steinbrüche und Sicherung der Restbauten; heute meistbestiegener Berg Europas (denkmalgeschützt) mit Panoramablick auf Rheingegenden; Fußweg und Zahnradbahn (von 1883) führen nach oben; Nov.–März 10–18 Uhr, April bis 19 Uhr, Mai–Okt. 9–20 Uhr tägl. alle 30 Min. in Betrieb; Adresse: Bergbahnen im Siebengebirge AG, Drachenfelsstr. 53, 53639 Königswinter (Talstation)

Schloss Drachenburg: 1881–84 Errichtung im neugot. Stil durch Baron Stephan von Sarter als eine Mischung aus Schloss-, Burg- und Villenbau; 1903 Versteigerung, danach wechselnde Eigentümer und Nutzung, Beschädigungen im 2. WK und danach; in den 1970er Jahren Instandsetzungsarbeiten durch Privateigentümer; ab 1989 Eigentum des Landes NRW; Besteigung des N-turmes, Nutzung der angeschl. Parkanlage und Schlossbesichtigung sind trotz anhaltender Ren.arbeiten (bis ca. 2006) möglich; Steinfassaden des Sch. D. zieren berühmte Figuren aus Geschichte, Kunst und Sagenwelt; Innenausst.: Einrichtungsgegenstände aus Gründerzeit, verschiedene Räumlichkeiten mit koloss. Wandgemälden; April–Okt. 11–18 Uhr außer mo. geöffnet in Verbindung mit Schlossführung; Adresse: Drachenfelsstr. 118, 53639 Königswinter

Die Entstehung des Siebengebirges

Wo nun die Berge Drachenfels und Rolandseck liegen, war einst das Rheinthal abgeschlossen. Ein gewaltiger See breitete sich oberhalb Königswinter aus. Die Leute, welche damals die Eifel und den Westerwald bewohnten, faßten den Plan, den See abzuleiten und zu diesem Zweck das Gebirge zu durchstechen. Da sie sich aber der gewaltigen Arbeit nicht gewachsen fühlten, sandten sie zu den Riesen und verhießen ihnen großen Lohn.

Sieben Riesen waren sofort bereit, solcher verlockenden Botschaft zu folgen. Jeder nahm einen gewaltigen Spaten auf die Schulter, und bald waren sie emsig an der Arbeit. In wenigen Tagen hatten sie eine tiefe Lücke ins Gebirge gegraben; das Wasser drang in diese ein und vergrößerte sie zusehends, so daß der Strom bald abfloß. Die Leute freuten sich des errungenen Vorteils, dankten den Helfern und schleppten die Gaben herbei, welche sie verheißen hatten. Die Riesen teilten den Hort brüderlich und jeder schob seinen Anteil in seinen Reisesack. Dann schickten sie sich zur

Heimkehr an. Vorher jedoch klopften sie ihre Spaten ab, daß das Felsgebröckel und der anhaftende Grund zu Boden falle. Davon entstanden die sieben Berge, welche noch bis auf den heutigen Tag am Rhein zu sehen sind.

Siebengebirge: Teil eines Vulkanfeldes mit mehr als 40 Erhebungen, von denen Ölberg (461 m), Löwenburg (455 m), Lohberg (435 m), Nonnenstromberg (335 m), Petersberg (331 m), Wolkenburg (324 m) und Drachenfels (321 m) die bekanntesten sieben sind; Ausgrabungsfunde belegen Menschenansiedlung bereits in Altsteinzeit (12.000 v. Chr.); Name leitet sich ab von Siefen oder Siepen, im Rheinland gebräuchliche Bez. für schluchtartige Bachtäler; Lage: rechtsrh., südöstl. von Bonn, erstreckt sich über Länge von ca. 15 km

IN DER UMGEBUNG
Naturpark Siebengebirge: touristisch erschlossenes NSG; 200 km Wanderwege (auch Reitwegenetz) durch Laubwälder mit Aussichtspunkten ins Rheintal, die Eifel und den Westerwald; Biotope, Waldlehrpfad, Streuobstwiesen, Steinbruchhalden und Burgruinen können erkundet werden; Infos: Tourismus Siebengebirge GmbH, Drachenfelsstr. 11, 53639 Königswinter

Siebengebirgsmuseum: auf Initiative des Königswinterer Heimatvereins 1939 Eröffnung des Museums mit Sammlung zur Heimatgeschichte; Schließung im 2. WK, 1956 teilw. Wiedereröffnung; in den 1970er und Anfang der 80er Jahre Umgestaltung, Ausbau und Ren.; 1993–94 nochmals bauliche Erweiterung; Ausstellungsbereiche: Impressionen, Entstehung der Landschaft, Regionalgeschichte, Weinbau/Schifffahrt, Rheinromantik und Tourismus und Eduard-Rhein-Zimmer; Sonderausstellungen, April–Okt. di.–sa. 14–17 Uhr, mi.14–19 Uhr, so. 11–17 Uhr; Nov.–März mi. 14–19 Uhr, sa./so. 14–17 Uhr geöffnet; Adresse: Kellerstr. 16, 53639 Königswinter

Der ungeduldige Wind

Um das ehemalige Jesuitenkloster zu Bonn ist es sehr windig; da heult und braust es oft so stark, daß die Mädchen ihre Röcke festhalten und die Jungen ihren Mützen nachlaufen müssen. Weshalb aber gerade hier der Wind so ungestüm auftritt wie sonst nirgendwo in der Stadt, darüber weiß man eine alte Geschichte zu berichten. Sie erzählt, daß einst der Teufel einmal mit dem Winde durch Bonn spazieren ging, und daß die Beiden hierbei auch zu dem damals neuerrichteten Jesuitenkloster kamen. Der Teufel hatte es noch nie gesehen und wußte auch nicht, was für Leute darin wohnten. Das wollte er nun gerne auskundschaften, und drum sagte er zu dem Winde: »Warte hier ein Weilchen; denn ich will mich flink einmal in diesem Hause umsehen.« Der Wind war zufrieden, und der Teufel verschwand im Kloster. Doch darin gefiel es ihm so gut, daß er gar nicht mehr zum Vorschein kam. Infolgedessen hatte der Wind lange zu warten. Selbst heute noch streunt er da herum und heult oft böse auf, wenn er ungeduldig wird.

Namen-Jesu-Kirche: 1686 Baubeginn für Niederlassung der 1590 in Bonn gegründeten Jesuitengesellschaft; 1717 Einweihung durch Kurfürst Joseph Clemens; in »Franzosenzeit« militär. Nutzung und weitgehende Zerstörung der Innenausst. (aus Epoche erhalten: Teile des Gestühls und der Kanzel); seit 1934 kath. Universitätskirche; nach dem 2. WK ren.; Gebäude mit doppeltürmiger W-fassade vereinigt sowohl im Innern als auch von außen rom., got. und bar. Stilelemente auf sich; werkt. i. d. R. geschl.! Schlüssel wird bei Bedarf im Sekretariat der Hochschulgemeinde (Schaumburg-Lippe-Str. 6, 53113 Bonn, Tel. 0228-91 44 515) ausgehändigt; Adresse: Bonngasse 6-8, 53111 Bonn

IN DER UMGEBUNG

Beethoven-Haus: Geburtshaus, Museum, Forschungszentrum und Kammermusiksaal; bereits wenige Jahre nach B. Geburt (1770–1827) Umzug der Familie innerhalb Bonns; 1792 endgültiger Wegzug B. nach Wien; 1889 Gründung eines Vereins zur Erhaltung des vom Abriss bedrohten Gebäudes und Grundsteinlegung der heute größten B.-Sammlung der Welt; dem Museum mit auth. Zeitzeugnissen (u.a. Instrumente, Hörrohre, Flügel, Alltagsgegenstände, Porträts) sind 1927 gegründetes Forschungszentrum zum Leben und Werk B., eine umfangreiche themenbezogene Bibliothek, 1989 eröffneter Konzertsaal für Kammermusik und ein in Entstehung befindlicher Raum mit Arbeitsterminals (bieten Zugang zum »Digitalen Beethoven-Salon« und dem digitalen B.-Archiv) angeschl.; so. ganzjährig 11–16 Uhr, April–Okt. mo.–sa. 10–18 Uhr, Nov.–März mo.–sa. 10–17 Uhr geöffnet; Adresse: Bonngasse 18–26, 53111 Bonn

Münsterbasilika mit Kreuzgang: bereits in röm. Zeit Kultstätte (»cella memoriae«) zur Verehrung der Märtyrer und späteren Stadtpatrone Cassius und Florentius; erste Saalkirche (um 400 n. Chr.), dann karol. Bau (um 780) nachweisbar; Ausbauten des 11.–13. Jh. mit rom. und got. Stilelementen prägen Erscheinungsbild bis heute; in den Kölner Kriegen (1583–87) Raub der in Schreinen auf dem Hochaltar aufbewahrten Märtyrergebeine; zwei Königskrönungen im MA; 1794 Einmarsch der franz. Truppen und als Folge davon 1802 Auflösung des Cassiusstiftes; starke Beschädigung im 2. WK und Wiederaufbau bis 1982; zur sehensw. Innenausst. gehören u.a.: Maria-Magdalena-Altar mit Grablegung Christi (um 1600), rom. Taufstein (12. Jh.), figurenverzierte Chorstuhlwangen (um 1200), Schweißtuch der Veronika (got. Gemälde um 1320); sehensw. ist auch einziger im Rheinland erhaltener rom. Kreuzgang (12. Jh.) mit verzierten Säulenkapitellen; mo.–fr. 9–12 Uhr, do. 16–19 Uhr geöffnet; Adresse: Münsterplatz, 53111 Bonn

Haus der Geschichte der Bundesrepublik Dt.: am 14. Juni 1984 Eröffnung des modern und offen gestalteten Museums zur dt. Geschichte von

1945 bis in die Gegenwart (multi-medial ausgestattet); auf 4.000 qm Ausstellungsfläche für permanente Ausstellung (650 qm für wechselnde Ausstellungen bei einer Gesamtnutzfläche von 22.000 qm), untergliedert in fünf Hallen auf vier Ebenen; zu Höhepunkten der Sammlung zählen: Dienstmercedes Konrad Adenauers, Eisdiele der 1950er/60er Jahre, ein »Rosinenbomber« und Suchdienstkartei des DRK; angeschl. ist Zeitgeschichtl. Forum Leipzig (Adresse: Grimmaische Str. 6, 04109 Leipzig); di.–so. 9–19 Uhr geöffnet, Eintritt frei; Adresse: Willi-Brandt-Allee 14, 53113 Bonn

Poppelsdorfer Schloss und Botanischer Garten: Kurfürst Joseph Clemens legt 1715 Grundstein, sein Nachfolger Clemens August lässt es fertig stellen und tauft es Schloss Clemensruh; 1794 inbesitznahme durch franz. Truppen und Zweckentfremdung der Räumlichkeiten; 1818 wird es aus preuß. Besitz als Institutserweiterung der Universität übereignet; 1959 Rest. nach schweren Zerstörungen im 2. WK; innen Mineralogisches Museum mit Kristall-, Erdgestein-, Meteoriten- und besonders sehensw. Edelstein-Sammlung; ehem. bar. Lustgarten ist heute öffentl. zugängl.er Botanischer Garten (auch Forschungsstätte) mit Gewächshäusern und seltenen Pflanzenarten; Führungen und Vorträge werden angeboten; Öffnungsz. Botanischer G.: April–Okt. tägl. außer sa. 9–18 Uhr, Nov.–März tägl. außer sa. 9–16 Uhr, Gewächshäuser tägl. außer sa. 10–12 und 14–16 Uhr; (Meckenheimer Allee 171, 53115 Bonn) Adresse: Schloss, am Ende der Poppelsdorfer Allee, 53115 Bonn

Alter Friedhof: urspr. 1715 für einfaches Volk und Soldaten von Kurfürst Josef Clemens angelegt und im 19. Jh. von J. P. Lenné zu parkähnlichem Friedhof umgestaltet; bekannt als letzte, oft aufwendig gestaltete Ruhestätte zahlr. Persönlichkeiten des Bonner Geisteslebens im 19. Jh., darunter: August Wilhelm von Schlegel, Robert und Clara Schumann, Adele Schopenhauer und Charlotte von Schiller; ebenfalls sehensw.: aus Ramersdorf (Siebengebirge) übertragene spätrom.-got., dreischiff. und dreichorige Georgskapelle (um 1230); Adresse: Am Alten Friedhof (Bornheimer Str.), 53113 Bonn

Theobald und Theolinde

Als Theobald von Lechenich bei dem Ritter Theoderich zu Zülpich den Rest der Knappenjahre verlebte, klang die Burg, die seit dem frühen Tode ihrer Herrin still lag, wider von frohem Gelächter; denn der Jungherr, der den Kampf meisterte, schritt wie der Lenz, so daß Theoderich und seine Tochter Theolinde sich seiner freuten. Wie er vom Herzoge von Jülich zum Ritter geschlagen wurde und der Zülpicher beim Mahle die Verlobung seiner Tochter mit dem Ritter bekanntgab, jubelten Fanfaren, und Theolinde reichte dem Verlobten, der in goldener Rüstung vor ihr kniete, eine blaue Schärpe, die sie gestickt hatte.

Am nächsten Morgen beurlaubte er sich von der Verlobten und folgte der Einladung des Herzoges zum Turnier nach Nideggen. Da seine ungestüme und doch zuchtvolle Art in allen Waffengängen siegte und er schon gekrönt werden sollte, trat Theoderich in die Schranken. Er hatte bisher auf den Nideggener Turnieren obgesiegt und duldete keinen besseren Kämpfer neben sich, und sogleich hub ein Streiten an, dem Herzog und Mannen gebannt folgten. Als die Lanzen zersplitterten und Schwerter die Panzer hämmerten, wie wenn Blitze Staub und Dunst durchzuckten, Theoderich auch den Hengst schärfer spornte und doch den Gegner nicht schwächte, merkte er, daß der ihn schone. Er brach den Kampf ab, verabschiedete sich vom Herzoge und ritt düsteren Blickes heim, derweil man den Jungherren feierte. Drei Tage später ließ er zu Lechenich, wohin Theobald zurückkehrte, Fehde anfangen und melden: Das Gelöbnis sei aufgekündet; der Ritter müsse sterben, wenn er wage, die Zülpicher Burg zu betreten! Der Bote warf ihm den Eisenhandschuh vor die Füße, schritt in den Hof und sprengte davon.

Wenig Wochen nachher – die Wälder standen herbstlich und zu Zülpich ritt man aus und ein, weil Theoderich die Lechenicher Kampffahrt rüstete – meldete abends einmal der Pförtner einen

Sänger, und der Burgherr hieß ihn willkommen. Sein Lied, meinte er, solle die Gäste, aber auch Theolinde erheitern, die seit dem Nideggener Turnier nicht mehr lache und ihren Verlobten als Toten betraure. Sie kannte den harten Sinn des Vaters, wenn er seine Ehre verletzt glaubte, und dachte ängstlich an den Ausgang der Fehde. Deshalb wunderte es sie, daß Theoderich im Saale dem Sänger den Humpen Rheinwein reichte und fröhlich rief: Solcher Trank beflügle die Seele und löse die Saiten! Der Sänger leerte ihn bedachtsam, neigte sich vor der Runde und begann die Harfe zu schlagen.

Es wurde still, als er sang; denn seine Stimme fiel, trotz dem weißen Barte, jung in die Herzen und glich Nachtigallenliedern im lenzlichen Burgbruche. Theolinde, die neben dem Vater saß, fuhr zusammen und spürte die Glut des Klanges, wie wenn er sich nur an sie richte. Sie entfärbte sich, worauf die Blicke des Grafen den Sänger anfielen und wie Blitze trafen. Als nun das Lied von einem Vater sang, der die Tochter gefangen hielt, winkte Theoderich dem Burgvogte, und ein Flüsterwort trieb diesen hinaus, aber so leise, daß weder Theolinde noch der Sänger oder die Gäste es merkten. Während jedoch die Wehmut der Weise die Herzen ergriff und bannte, stürzten Waffenknechte mit Dolchen und Stricken herein. Sie umringten den Sänger, zerschlugen die Harfe und banden ihn, obschon ein kurzes Schwert, das er aus dem Wams riß, kräftig über Schädel und Rücken der Angreifer fuhr. Als ihm Mütze und Bart fielen, erkannten sie den Ritter Theobald, der die Fessel zu sprengen suchte und sich verzweifelt wehrte. Theolinde schrie auf und warf sich dem ringenden Knäuel entgegen. Da befahl der Graf, der kalten Blickes die Wirrnis schaute, den Übermütigen fortzuführen, und er ließ den Ritter, obgleich die Herren um sein Leben baten und Theolinde vor ihm gekniet hatte, vom Bergfried in den Wallgraben stürzen: So sühne man den Frevel eines Edlen, der sein Wort breche!

Derweil nun Theoderich am anderen Tage mit Gästen und Mannen gegen Lechenich zog, begrub Theolinde den Toten. Sie legte rote Buchenzweige auf das Grab und sann lange vor dem frischen Hügel. Gegen Abend aber stieg sie auf die Zinne des Bergfrieds, setzte sich an den Mauerrand und lockte ihre weißen Tauben. Da sie ihr Gefieder streichelte und die Eifelwälder betrachtete, denen schon der Abendstern in den bunten Frieden schien, schoß ein Falke nieder, packte eine Taube und flog davon. Sie sprang hin und wollte erschreckt die andere, die scheu flatterte, greifen: Da verlor sie das Gleichgewicht und stürzte über die Zinne in die Tiefe.

Dort fand sie Theoderich, als er eine Nacht später siegreich von Lechenich heimkam, mit zerschellten Gliedern neben Theobalds Grab und den Zweigen der Blutbuche. Wie lange er stand und hinab blickte, weiß niemand zu sagen. Er verlor den Haß, ließ beide unter einem gemeinsamen Steine in der Grabkapelle beisetzen und machte eine Fahrt mit dem nächsten Kreuzzuge. Tag und Nacht brannte dem Grabe ein rotes Licht, und die eine Taube saß oft auf dem schwarzen Gitter und schaute in das stille Glühen.

Burg Zülpich: im 14. Jh. an Stelle des durch Normannen im 9. Jh. zerstörten Vorgängerbaus unter Kölner Bauherrn Erzbischof Friedrich II. von Saarwerden errichtet; in folgenden Jh. Schauplatz von Verwüstung, Plünderung und Verfall, im 18. Jh. in Privatbesitz, im 19. Jh. Unterkunft einer Schnapsbrennerei; 1944 schwere Beschädigung durch Kriegsbomben und in Nachkriegszeit einfacher Wiederaufbau; Kastell mit Innenhof und

Rundtürmen ist nicht zugängl.; immer noch sehensw. ist romantisch anmutender Blick auf Restburg vom W her; Adresse: Mühlenberg 10, 53909 Zülpich

IN DER UMGEBUNG

Propsteimuseum mit Römerbadanlage: Gründung 1909; nach kontinuierlicher Erweiterung der Sammlung 1920 Umzug in altes Propsteigebäude der St.-Peter-Kirche; 1944 völlige Zerstörung des Gebäudes bei einem Bombenangriff, 1950–53 Wiederaufbau nach altem Vorbild; Schwerpunkte der Ausstellung des Heimatmuseums liegen auf Vor-, Früh-, röm., fränk. Geschichte und Stadtentwicklung vom 16.–19. Jh.; bei Kanalisationsarbeiten 1931 im Keller freigelegte Reste eines röm. Bades zu sehen, angeblich besterhaltenes nördl. der Alpen; Sonder- und Wechselaustellungen, Führungen; Öffnungsz. müssen erfragt werden unter Tel.: 022 52-27 70; Adresse: Mühlenberg 7, 53909 Zülpich

Kath. Pfarrkirche St. Peter (ehem. Benediktiner-Propstei): urspr. Anlage bei Normanneneinfällen im 9. Jh. zerstört; im 13. Jh. Ausbau zu frühgot. Pfeilerbasilika; 1944 bis auf rom., zweischiff. Säulenkrypta mit grätigen Kreuzgewölben (um 1100) und Teilen der Innenausst. komplett zerstört; 1953–55 Errichtung eines modernen Neubaus; Innenausst.: u.a. rest. Antwerpener Schreinaltar mit bemalten Flügeln und Holzfiguren um 1500 und von Napoleon I. in Auftrag gegebene Marmortafeln mit lat. Inschrift, auf denen von Taufe Chlodwigs (Sage), dem Sieger der Germanen, zu lesen ist; Öffnungsz. und Infos siehe Probsteimusem Zülpich, Adresse: Mühlenberg, 53909 Zülpich

Vier alte Stadttore (Weier-, Bach-, Köln- und Münstertor): alle Tore sind durch Luftangriffe im 2. WK mehr oder weniger stark zerstört worden oder fielen teilw. städtebaulichen Veränderungen (Bachtor) zum Opfer; partielle Rest. bzw. Wiederaufbau in Nachkriegsjahren; Weiertor: ebenso wie Bach- und Kölntor ehem. Doppeltoranlage mit doppelten Türmen, in den

1970er Jahren Wiederherstellung des äußeren Turmes, Bachtor: Innentor mit Schießscharten erhalten; Kölntor: nach Ren.arbeiten 1949–53 heute als Doppeltoranlage erhalten; Münstertor: ältestes Stadttor Zülpichs (von 1357); Ren.wellen in der Nachkriegszeit und Herstellung der Ecktürmchen; Lage: entlang der alten Stadtbefestigung an Zufahrtsstraßen aus allen vier Himmelsrichtungen

Bösewichter auf Burg Nideggen

Ehe Nideggen errichtet war, stand jenseits der Rur eine Burg, die einträchtig zwei Brüder bewohnten. Bergstein hieß sie. Eines Tages aber entzweiten sich beide. Wie das Gesinde später erzählte, sollen sie aufeinander neidisch gewesen sein. Das Ende war jedenfalls: der eine ritt kurzerhand auf und davon und kehrte auch nach Tagen nicht wieder. Statt dessen fing er nach kurzem an, auf dem Bergkegel jenseits der Rur eine neue Burg zu erbauen. Sie wurde, als sie vollendet war, in der ganzen Gegend nur Neideck, später Nideggen genannt, denn der Neid hatte sie ja entstehen lassen.

Argwöhnisch beobachtete jeder der Brüder nun, was der andere tat, bis der von Neideck eines Tages den von Bergstein überfiel, ihn vertrieb und seine Burg zerstörte.

Von den Quadern ließ er auf Neideck einen gewaltigen Bergfried erbauen, der noch jetzt der Jenseitsturm heißt.

Später lebte auf Nideggen Graf Wilhelm der Zweite von Jülich. Er war riesig von Gestalt, aber auch gewalttätig und grausam und eben deshalb im ganzen Kölner Bistum bekannt. Lange hielt er den Bischof von Köln gefangen. Priester vertrieb er und beraubte sie ihrer Güter. Selbst seine Gemahlin kerkerte er ein.

Das aber war ihm noch nicht genug. Er wollte die Gräfin sogar zu Tode bringen. Also band er sie nackt in Ketten und Stricke, bestrich das arme Weib vom Kopf bis zu den Füßen mit Honig und sperrte es in einen eisernen Käfig ein. Den ließ er an den Jenseitsturm stellen, damit Bienen und Wespen die Gefangene zu Tode stächen. Dann ritt er nach Köln, sich zu vergnügen. Aber ehe er dort anlangte, war in den Dörfern um Nideggen seine Tat schon bekannt, und die Neugier lockte viel Volk an die Burg. Die Gefangene wurde befreit und floh an einen Ort, wo sie sicher war. Hier wollte sie abwarten, was nun geschähe.

Am späten Nachmittag ritt der Graf wieder nach Nideggen ein. Er war noch nicht bis zum Altwerk gekommen, da brachten ihm einige, die zu ihm hielten, die Nachricht zu: »Herr, die Gräfin ist frei und geflohen!«

Das fuhr dem Grafen wie ein Schlag durch die Glieder. In wildem Grimm gab er seinem Pferde die Sporen. Das Pferd bäumte sich, sprang zur Seite und warf seinen Reiter so unglücklich ab: er brach sich das Genick und war auf der Stelle tot.

Nun war die Gräfin ihren Peiniger los. Sie kehrte zurück auf die Burg und schenkte denen, die sie befreit hatten, auf ewige Zeiten den Mausaueler Wald. Der Graf aber fand keine Ruhe in seinem Grabe. Mittags stand er an den unteren Teil der Stalltür gelehnt, hatte eine weiße Mütze tief in die Stirn gezogen und starrte unverwandt auf den Hof. Nachts riß er zuweilen ein Pferd aus dem Stall und jagte auf ihm die Treppen im Jenseitsturm hinauf und hinab, bis das Tier abgehetzt fast zusammenbrach. Morgens stand es dann feucht und zitternd im Stalle. So trieb es der Geist des Toten, bis ein Mönch ihn hinter das Siebengebirge bannte.

Der eiserne Korb, in den die Gräfin gesperrt worden war, ist im Kirchturm von Nideggen noch heute zu sehen.

Burgenmuseum und Burgruine: im 12. Jh. erbaut, Residenz der Grafen, später Herzöge von Jülich; Verwüstung, Plünderung und Zerstörung durch die Jh.; 1902 Instandsetzungsarbeiten brüchig gewordener Restbauten, 1949–65 Behebung der Kriegsschäden (Rest. und Wiederaufbau); erhalten geblieben: Teile des Bergfrieds (12. Jh.), Burgkapelle im Keller mit angrenzendem Kerker und Reste des gewaltigen Palas (14. Jh.); malerische Gesamtanlage mit weiteren hist. Sehensw. (Marktkreuz aus dem 15. Jh., Stadttore und Teile des Mauerrings); 1979 Eröffnung des 1. Burgenmuseums der Eifel im Bergfried; sehensw. Ausstellung mit Themenräumen u.a. zur Entstehungsgeschichte der Höhen- und Wasserburg, Gerichtsbarkeit und Rechtsprechung sowie zu Folter- und Verhörmethoden im MA; vom Dach Weitsicht auf Umland; April–Okt. di.–so. 10–17 Uhr, Nov.–März (je nach Wetterlage) nur sa., so. und feiert. 10-17 Uhr geöffnet, Tel.: 02427-63 40, www.kreis-dueren.de/buerger/burg-nid2.htm; Adresse: Burgenmuseum, Burg Nideggen, 52385 Nideggen

IN DER UMGEBUNG

Kath. Pfarrkirche St. Johannes Baptist: Anfang des 13. Jh. Errichtung der dreischiff. Basilika aus rotem Rursandstein; 1219 Schenkung an den Dt. Orden, 1270–80 Übertragung an Johanniterorden; in folgenden Jh. Um- und durch kriegsbedingte Zerstörungen Wiederaufbauarbeiten; nach erheblichen Schäden im 2. WK in Folgezeit Wiederherstellung; sehensw.: stark rest. Fresken in der Apsis, rom. Triumphkreuz aus Holz (13. Jh.), Holzskulpturen aus dem 14. Jh. und Tafelgemälde (16. Jh.); tägl. außer mo. 9–17 Uhr geöffnet; Pfarramt, Kirchgasse 6, 52385 Nideggen

Das Glockenspiel

Vorzeiten fand ein Steinmetz aus Cornelimünster, der am Mainzer Dom arbeitete, zwischen dem Bauschutt ein Reliquiar, das einer heiligen Frauen Haupt barg. Weil seiner niemand achtete, nahm er es fort und brachte es Wochen nachher seiner Mutter heim. Die jedoch wollte das Kirchengut nicht und gebot ihm, es wieder an seine Stelle zu tragen: Es gehöre nach Mainz, und unwürdig sei es, mit ihm herumzuschleppen. Sorgsam legte er es in die Kiepe und kam auf dem Rückwege nach Düren. Da drückte ihn plötzlich die Last, die bis dahin leicht gewesen war, so, daß er halten mußte. Im gleichen Augenblick aber begannen die Glocken der Stadt zu läuten, wie wenn ein Fest bevorstünde. Die Bürger eilten auf die Straße, zu sehen, was der ungewohnten Stunde das Feiergeläut bedeute, und fanden den Steinmetz, der unter seiner Last zusammengesunken war. Als er von dem Heiligtum in der Kiepe erzählte, merkten sie ein Wunder Gottes, holten den Pfarrer und trugen das Haupt, darin sie nach einer Inschrift St. Annas Haupt erkannten, in feierlicher Prozession zur Martinskirche, die es bis heute bewahrt und seit dem Tage Annakirche heißt. Des wundersamen Geläutes wegen ließen die Dürener später dem Annaturm ein Glockengeläute bauen, das ihr Stolz und schöner war als die Geläute aller Städte. Um zwölf Uhr mittags und nachts schickte es zu jedem Schlage einen der Apostel aus dem Gehäuse, einen der Zwölfboten, die mit dem Heiland gewandert waren, die Frohbotschaft zu künden. Beim zwölften Schlage aber standen sie zusammen da, als lauschten sie noch einmal der Kunde ihres Herrn und dem Liede, das

vom Turm über die Stadt sang und nach einer Weile im blauen Gewölk verklang. Dann erst traten sie zurück, einer nach dem andern, und den Annaturm hüllte wieder die Stille des schlafenden Wunders.

Als die Kölner das hörten und sahen, baten sie den Dürener Meister, der es gebaut hatte, auch ihnen dies Spiel in den Turm einer Kirche zu bringen. Sein Lied werde erst den stadtkölnischen Glocken ihren Wohlklang geben. Er weigerte sich zunächst. Da sie jedoch versprachen, ihm die Straße zwischen Düren und Köln mit Silbertalern zu belegen, willigte er ein.

Wie aber seine Mitbürger das Vorhaben merkten, ließen sie ihn – auf dem Wege nach Köln – von Henkern packen und blenden, so daß er seine Kunst nicht mehr ausüben konnte; denn sie gönnten den Kölnern ihr Spiel nicht. Den Meister brachten sie in ihr Krankenhaus, und da lag er unter seinem Verbande, sprach nicht und sann nur, wie es ihm möglich werde, sich zu rächen. Als er genesen war, bat er, in den Annaturm und an sein Werk geführt zu werden: Er wolle, bevor ihn der Tod daran hindere, den Gang der Räder erleichtern!

Die Bürger mißtrauten ihm zwar; weil er aber flehentlich anhielt, geleiteten sie ihn, der nun schon, trotz seiner jungen Jahre, ein Greis war und gebückt ging, schließlich hinauf. Er tastete voll Liebe die Stangen und Hebel ab, und ein seliges Lächeln glitt über das zerfurchte Gesicht. Dabei drückte seine Hand heimlich eine verborgene Feder, worauf er denn Gehäuse und Turm am Arm des Führers verließ und seiner Wohnung zuschritt.

Seit dem Tage rührte sich keiner der Apostel mehr, wie oft auch die Uhr zu melodischem Glockenliede die zwölfte Stunde kündete. Die Dürener bestellten geschickte Meister: Aber keiner konnte die Zwölfboten aus der Starre erlösen, und es hieß, der Teufel gehe um und ersticke ihre frohe Offenbarung. Da baten sie ihren Meister, Böses gut zu vergelten und das Werk wieder zu ordnen. Der aber meinte, nun schon ganz jenseits aller irdischen Dinge, verstohlen lächelnd: Aposteln, die nicht von selbst der Ruhe entsagten, fehle der heilige Geist!

Das Wort traf die Dürener wie ein Gericht, und sie nahmen das Gehäuse mitsamt den Aposteln aus dem Turme. Sein Glockenspiel aber singt noch heute der Stadt stündlich seinen Gruß und erinnert an vorige Zeiten.

Das vergoldete Brustbild dagegen am Erker des Rathauses – nicht weit von St. Anna –, das eine Binde um die Augen trägt, soll der geblendete Meister sein, dem die Dürener durch dieses Bild ihren Frevel abbitten wollten.

Kath. Pfarrkirche St. Anna: um 1300 Entstehung der dreischiff. Kirche im frühgot. Stil; 1501 Raub des Annareliquiars aus Stiftskirche St. Stephan in Mainz durch Steinmetz Leonhard und Verbringung nach Düren; 1506 Entscheidung von Papst Julius II. über Verbleib in Dürener Kirche, die fortan Wallfahrtskirche St. Anna heißt; völlige Zerstörung durch Bombardierung Dürens im 2. WK; 1954–56 koloss. Steinneubau unter Verwendung alten Bruchsteins mit 50 m hohem Turm, Haupt- und Nebenschiff sowie Pilgerhalle mit Annaschrein und Taufbecken; silbernes Anna-Büstenreliquiar, (teilw. 14. Jh.) mit spätgot. Annagürtel am Sockel, neogot. Silbersockel (1858) und Krone (vermutl. 1901) ist nur an Festtagen, zum Winter-Annafest und in der Annaoktav zu sehen; tägl. durchgehend geöffnet, Infos unter Tel.: 024 21-12 390 (Pfarramt); Glockenspiel ertönt kurz vor jeder Stunde von 10.00–22.00 Uhr; Adresse: Annaplatz 8, 52349 Düren

IN DER UMGEBUNG

Museumszug: hist. Dampflok 528148 fährt an ausgewählten So. im Sommer, beginnend am Hauptbahnhof in Düren; Streckenverlauf: Annakirmesplatz – Lendersdorf – Kreuzau – Untermaubach – Obermaubach – Zerkall – Nideggen-Brück – Abenden – Blens – Hansen – Heimbach (Endstation); auf gleicher Streckenführung verkehrt regelmäßig moderne Rurtalbahn

(DKB); zahlr. kulturelle Sehensw. und landschaftl. Schönheiten liegen auf dem Weg; reichh. Freizeitangebot in der Region, darunter: Wandern, Rad fahren auf dem Ruruferweg, Wassersport; Adresse: Museumszug Rurtalbahn e.V., Geschäftsstelle Moltkestraße 16, 52351 Düren

Leopold-Hoesch-Museum: untergebracht in hübschem Bauwerk, das Neobar.- und Jugendstil-Architektur auf sich vereinigt; Gründung zu Ehren des Fabrikanten Leopold Hoesch (1820–1899); Schwerpunkte der Sammlung: Klassische Moderne, insbesondere Expressionismus (E. L. Kirchner, K. Schmidt-Rottluff, M. Pechstein, u.a.), Wegbereiter der Moderne (P. Modersohn-Becker, E. Munch und M. Liebermann), Abstrakte Malerei (W. Kandinsky, W. Dexel, O. Schlemmer u.a.), Neue Sachlichkeit und zeitgenöss. Kunst; angeschl. ist Günther-Peill-Stiftung zur Förderung junger Künstler; Führungen nach Vereinb.; mi.–so. 10–13 Uhr und 14–17 Uhr, di. 10–13 Uhr und 14–21 Uhr geöffnet; Adresse: Hoeschplatz 1, 52349 Düren

Schloss Burgau: 1330 erste urkundl. Erwähnung, vermutl. als Nachfolgebau einer Motte; im 16. Jh. Ausbau zum Landsitz; 1151 Entstehung des sehensw. Renaiss.-Erkers; ab 1781 Eigentümer Johann Martin Freiherr von Elmpt, der Ren. veranlasst; 1912–17 in Besitz des Rittmeisters Ernst Nienhausen, 1917 Ankauf durch Stadt Düren; es folgen erste Ausbau- und Ren.arbeiten; im 2. WK mächtige Zerstörungen; partieller Verfall, aber auch Teilnutzung der Vorburg; ab 1975 Wiederaufbau; 1986–87 Anbau des Erkers nach alten Vorlagen, 1997–98 Ausbau der Hauptburg; nunmehr Kulturdenkmal im Naherholungsgebiet; reiches Kultur- und Freizeitprogramm; Infos unter Tel.: 02421-25 13 46; Adresse: Von-Aue-Str. 1, 52355 Düren

Der Hofnarr zu Jülich

Der Hofnarr Wilhelms des Zweiten von Jülich stand in der Halle des Schlosses und besah sich in einem der großen Spiegel, die rundum an den Wänden hingen. Gelangweilt zupfte er sich an der bunten Mütze, die schief auf seinem geschorenen Kopfe saß. Sie trug ein Paar Eselsohren und einen Hahnenkamm und war über und über mit golden schimmernden Glöckchen behängt. Auch der breite Schulterkragen, das vielfarbige Wams und die spitzen Schnabelschuhe waren an allen Ecken und Enden damit besetzt. Bei der geringsten Bewegung bimmelten und bammelten sie und umgaben das spinnendünne Männlein fast ohne Unterlaß mit einem närrischen Geklingel.

Endlich griff es nach seinem Zepter, das ihm an einem Riemchen am Handgelenk hing. Er besah sich den Narrenkopf, der es zierte und die Zunge zeigte, streckte ihm ebenfalls die Zunge heraus und setzte sich dann auf die breite Treppe, die von der Halle zum Hofe führte. Es mußte warten, bis es gerufen würde, die Gäste des Herzogs zu ergötzen. Der junge Fürst tafelte nämlich mit einer Gesellschaft oben im Saale. Aus den geöffneten Fenstern erklang unterhaltsame Musik.

Wie es da saß und mit einem Nickerchen kämpfte, trat aus der Kanzlei gegenüber ein Mann auf den Hof und drohte mit der Faust nach den Fenstern. Seiner Kleidung nach schien er ein Bauer zu sein.

Der Hofnarr ging zu ihm hin und fragte: »Ist Euch ein Unrecht geschehen?«

Der Mann ereiferte sich: »Zum Bettler haben sie mich gemacht!«

»Dann werdet Ihr gewiß ein Faulpelz oder Nichtsnutz sein«, meinte der Hofnarr.

»Wenn dem so wäre, geschähe mir recht!« schrie der Mann. »Aber dem ist ja nicht so!« Und nun erzählte er, wie die herzoglichen Räte ihm für ein Spottgeld das beste Land abgezwungen hätten. »Was gelten für einen armen Mann noch Brief und Siegel im Jülicher Land! Zerrissen haben sie mir die Urkund, das Recht begraben!« erboste er sich und warf ein paar Fetzen Papier auf die Erde.

»Gemach, gemach, lieber Mann!« beruhigte der Hofnarr ihn. »So rasch schmeißt man die Flint' nicht ins Korn!« Er hob die Fetzen Papier wieder auf, trug sie zur Treppe und ordnete sie auf einer Stufe zusammen. Dann las er gebückt, was in der Urkunde stand, schüttelte hin und wieder seinen Kopf und murmelte unwillig vor sich hin: »Die Schelme! Die Schelme!«

Schließlich richtete er sich auf, klopfte dem Bauern ermunternd auf die Schulter und sagte: »Vielleicht kann Euch geholfen werden! Allerdings müßt Ihr es Euch etwas kosten lassen. Habt Ihr noch Geld?«

Mißtrauisch sah ihn der Bauer an und fragte: »Ein bißchen Geld hab' ich noch. Was soll es denn kosten?«

»Mir sollt Ihr nichts geben. Aber lauft schnell zu allen Glöcknern der Stadt und laßt sie gleich für ein Stündchen die Totenglocken läuten! Soviel kann das ja auch nicht kosten. Die Fetzen der Urkunde nehme ich mit. Ihr könnt mich nachher hier erwarten.«

Das Gesicht des Bauern erhellte sich. Der Hofnarr meinte es gut mit ihm. Gewiß würde er wie für viele andere auch für ihn ein Wort beim Herzog einlegen wollen; war Kaspar Schunk doch, wie der Hofnarr hieß, nicht nur wegen seiner vielbelachten Schelmereien und seines beißenden Witzes bekannt, sondern auch wegen der vielen Fürsprachen, die er für manchen beim Herzog gehalten hatte. Hoffnungsfroh eilte der Bauer davon und tat, was ihn der Hofnarr geheißen hatte.

Rheinland Jülich 189

Wenig später wurde der in den Saal gerufen. Seine Späße ergötzten die vornehme Gesellschaft so, daß sich der Herzog geschmeichelt fühlte. Darum verzieh er dem Narren manches stichelnde Wort und bezeugte ihm seine Gunst durch reichen Beifall und herzliches Lachen.

Mit einemmal erscholl Trauergeläute von allen Türmen. Der Hofnarr faltete die Hände, setzte eine leidvolle Miene auf und sang: »Dies irae, dies illa. Solvet saeculum in facilla«, wie in der Messe für die Toten gesungen wurde.

Der Herzog verwies ihm unwillig den sündigen Spott und fragte: »Was soll dieses Trauergeläute zu so ungewohnter Stunde?«

»Man läutet den vornehmsten Toten Eures Landes zu Grabe, mein Herzog! Haben doch Eure Räte die schönste Zierde, das gute Recht, hingemordet!« antwortete Kaspar Schunk.

Empört fuhr da der Herzog von seinem Stuhle hoch: »Wie kannst du so reden, Narr?«

»Weil Narren die Wahrheit sagen, wenn Schmeichler zu feige sind oder Schurken sie unredlich verdrehen. Hiermit will ich's beweisen.« Er zog die zerrissene Urkunde aus seinem Wams und hielt sie dem Herzog entgegen.

»So zerreißt man das Recht im Jülicher Land, und das nicht seit heute erst, sondern schon lange und in unzähligen anderen Fällen. Die Spatzen pfeifen es von den Dächern, mein Herzog! Nur Ihr könnt es nicht hören, weil man Euch die Türen, Fenster und Ohren verschließt und so die Klagen des Volkes nicht zu Euch läßt!«

Einige der Gäste murrten. Der Fürst aber nahm das Papier und sagte betroffen: »Hast du gelogen, so werde ich dir's vertreiben. Hast du aber die Wahrheit gesprochen, dann soll, so gewiß mich Gott hört, das Recht in meinem Lande nie und nimmer begraben sein!«

Sogleich hob er die Tafel auf, zog sich zurück, las die Urkunde des

Bauern und fuhr in den nächsten Tagen durchs Land, das einfache Volk zu befragen.

Drei Wochen später läuteten wieder die Glocken; aber nicht nur in Jülich, sondern im ganzen Land. Sie verkündeten jubelnd, das Recht sei wiedererstanden. Viele Richter und Räte wurden aus ihren Ämtern gestoßen. War irgendwo Unrecht geschehen, wurde es wieder gutgemacht. Auch dem Bauer wurde sein ehemaliges Besitztum zurückgegeben und neu mit Brief und Siegel bestätigt. Das Volk aber zog zum Schlosse nach Jülich und huldigte seinem Fürsten, zugleich seinem Hofnarren Kaspar Schunk, der die Gerechtigkeit wieder aus dem Grab hatte läuten lassen.

Ehem. Schloss: Herzstück der es umgebenden Zitadelle; ursprüngl. vierflügelig mit quadratischem Innenhof aus dem 16. Jh. nach Entwürfen von A. Pasqualini im Stile ital.-niederl. Renaiss.; Anfang des 17. Jh. Umbaumaßnahmen wegen ausschließlich militär. Nutzung (Kasernen); nach Brand 1768 Neubau der Kapellenwestseite im Rokokostil; 1944 erheblich beschädigt; Verkauf der stark ren.bedürftigen Anlage an Land NRW; 1965 Umbau der Schlossruinen zu einem Gymnasium, bei dem S-flügel und Teile des N-flügels den schulischen Gebäuden weichen mussten; erhalten geblieben: O-fassade mit Sch.kapelle (ebenso Rokoko-W-seite im Innenhof), Doppeltorbogen der N-fassade; Teil des stadtgeschichtl. Museums in alten Kellergewölben u.a. mit Ausstellungstücken zur Geschichte des Schlosses, der Festungsanlage und aufwendigen Sicherung des Grundes; Infos (Öffnungsz. und Führungen u.a.) zu erfragen über Stadtgeschichtliches Museum Jülich, Am Markt 1 (Museumsbüro), 52428 Jülich, Adresse: Gymnasium Zitadelle, Düsseldorfer Str. 39, 52428 Jülich

IN DER UMGEBUNG
Museum Zitadelle: (ital. Citta della = kleine Stadt) ebenso wie Schloss nach Plänen A. Pasqualinis im 16. Jh. errichtet, heute Wahrzeichen der Stadt Jülich; 1976–98 San. der Wallaußenmauern und der vier Bastionen; se-

hensw.: pfeilförmige Bastionen, nach oben hin schmaler werdende Wallmauern, Wallgraben sowie auf der Johannes-Bastion befindliches napoleon. Pulvermagazin mit ausgestelltem Modell der Stadt Jülich von 1805 im Innern; Führungen auf der gesamten Verteidigungsanlage, in den Kasematten und Tunneln werden angeboten, weiterführende Infos zu beziehen über Stadtgeschichtliches Museum Jülich (siehe ehem. Schloss Jülich) Adresse: Schlossfestung Zitadelle, 52428 Jülich

 Hexenturm mit angegliedertem Museum im Kulturhaus: früher Rurtor, dreigeschoss. und mit doppelten Türmen aus dem 14. Jh. stammend; Ende 16. Jh. Verwendung als Gefängnis und Folterkammer der herzögl. Gerichtsbarkeit; stadtseitig in die Mauer eingelassene Abdrücke von Teilen röm. Grabsteine; Walmdach und achtseitige Zwiebeldächer aus dem 17. Jh.; Wechselausstellungen im Turm; neben Stadtbücherei und -archiv Ausstellungsräume des Stadtgeschichtl. Museums angeschl.; Sammlungsschwerpunkte: röm. Ära (Religion, Kult und Alltag), MA, Renaiss. und umfassende Werkschau des aus Jülich stammenden Malers J. W. Schirmer (1807–63); März–Okt. mo.–fr. 10–17 Uhr, sa.10–16 Uhr, so./feiert. 11–17 Uhr, Nov.–Febr. mo.–fr. 10–17 Uhr, sa. 10–14 Uhr, so. 11–17 Uhr, feiert. 10–14 Uhr geöffnet; Adresse: Stadtgeschichtl. Museum, Museum im Kulturhaus, Kleine Rurstr. 20, 52428 Jülich

Propsteikirche St. Mariä Himmelfahrt: älteste erhaltene Gebäudeteile der dreischiff. Basilika bilden die drei untersten Turmgeschosse des W-turmes (roter Sandstein, 12. Jh.); Ende 19. Jh. Abriss der rom. Kirche und Neubau in neorom. Stil; 1936 Erhebung zur Propsteikirche; im 2. WK Zerstörung, 1951/52 Neubau auf Grundriss des Vorgängerbaus; Ren. und Umgestaltungen des Kircheninnenraums aus jüngster Zeit; sehensw., teilw. alte Innenausst. mit flandrischem Schnitzaltar (15. Jh.), Bildnis der Seligen Christina (Holzrelief, 16. Jh.) und der wertvollen Reliquie »Codex Iuliacensis«; tägl. durchgehend geöffnet; Adresse: Am Markt, 52428 Jülich

Brückenkopf und Parkanlage mit Zoo: 1794 Einnahme Jülichs durch franz. Truppen, 1801–14 franz. Staatsgebiet; 1799–1808 Fertigstellung des Brückenkopfes (800 m lang, 300 m breit) zur Sicherung des Rurübergangs zur Innenstadt; Kronwerk (zwei halbe und eine zentrale Bastion) mit Kasematten und Geschützständen ausgestattet; Pulvermagazin (1818 erbaut, Nutzung bis 1897) auf S-bastion; nördl. Kasematten beherbergen Sammlung »Brückenkopf und französ. Zeit« des stadtgeschichtl. Museums; nördl. und westl. Brückenkopf-Zoo und -Park mit Wildgehegen, heimischen Vögeln und Säugetieren sowie vielseitigen Freizeitsportanlagen; tägl. 9.30–18 Uhr geöffnet; Adresse: Brückenkopf-Park, Rurauenstr. 11, 52428 Jülich

Frankenberg bei Aachen

Ich zieh in euch, ihr Mauern,
Mit Wehmuth und mit Lust:
O Vorzeit, reich an Schauern,
Du ziehst in meine Brust.

Ihr Wände habt beleuchtet
Des alten Kaisers Glück,
Von Saitenklang durchrauschet,
Erhellt vom Sonnenblick.

Hier hat der Held gesessen,
Als ihm sein Lieb entschlief:
Die Luft war unermessen,
Das Leid war gar zu tief.

Und was ihn so gekränket,
Was ihm sein Herz bezwang,
Liegt hier im See versenket
Schon tausend Jahre lang.

Der Ring von seiner Lieben,
Den trug sie an der Hand,
In dem ein Wort geschrieben
Von ewgem Liebespfand;

Den hat der See verschlungen:
Da war der Karl geheilt. –
Der Pilger blickt gezwungen
Zur Tiefe nun und weilt.

Wohl Jeder hat getrunken
Vom Becher voll und süß,
Wohl Jedem liegt versunken
Ein frühes Paradies.

Drum ist der See so trübe
Mit Laub und Schilf bedeckt,
Weil ihren Gram die Liebe
Gern aller Welt versteckt.

Ihr Glück läßt Liebe scheinen
Und zeigt es unverstellt,
Doch muß die Liebe weinen,
So flieht sie vor der Welt.

O Sehnsucht allgewaltig,
Halb dunkel, halb bewusst,
O Sehnsucht, vielgestaltig
Beschleichst du meine Brust.

Ich will nun in die Felder
Und an die klaren Seen,
Durchschweifen grüne Wälder
Und alte Felsenhöhn.

Burg Frankenberg: ohne realhist. Bezug zur Fastrada-Sage mutmaßl. durch Arnold I. von Frankenberg im 13. Jh. errichtet, 1352 erstmalige urkundl. Erwähnung; Eigner von Ende des 15. Jh. bis 1580 sind Herren von Merode-Falkenburg; in Folgejh. Verfall, Ren. und erneuter Verfall; 1834–38 Ren. auf Veranlassung des neuen Eigentümers; Ende 19. Jh. Abbau der Vorburg und der Wirtschaftshöfe; nach 1945 im Besitz der Stadt Aachen; Ren. bis 1961 (im gleichen Jahr Einzug des Heimatmuseums) bzw. 1971, insbesondere des Innenhofs und Freilegung des alten Burgbrunnens; Schwerpunkte der Sammlung: Steinzeit, röm. und karol. Zeit, Aachen im 19. Jh., Alfred-Rethel-Sammlung (Aachener Maler des 19. Jh.) sowie eine kunstgewerbl. Abt. mit Waffen, Möbeln, Keramik u.a.; Besonderheit: Mumie im Hofgebäude zu besichtigen; di.–fr. 10–17 Uhr, sa./so. 10–13 Uhr geöffnet; Adresse: Museum Burg Frankenberg, Bismarckstr. 68, 52066 Aachen

IN DER UMGEBUNG
Ponttor und Marschiertor: Relikte des ma Aachens; Ponttor: dreigeschoss. Torburg aus Kalksandstein und Grauwackerquadern mit flankierenden Rundtürmen der Vorburg und zinnenbesetztem Brückenweg; im 19. und 20. Jh. wechselnde Nutzbarmachung der Räumlichkeiten, heute Unterkunft einer christl. Vereinigung; Marschiertor: erhalten ist hoher Mitteltrakt mit spitzen Dachhauben; Torbogen, Fensterrahmungen und Schießscharten aus hellem Kalksandstein; Durchgang mit Fallgitter; Lage: nord-westl. und südl. der hist. Innenstadt als Teil der alten, äußeren Stadtbefestigung

Kath. Pfarrkirche St. Johann Baptist, ehem. Abteikirche: unter Kaiser Otto III. geht Gründung auf Abt Gregor von Kalabrien um die Jahrtausendwende zurück; vermutl. im 11. Jh. Errichtung des Abteigebäudes und der ältesten Kirche; 1220 Übernahme der Benediktinerabtei vom Zisterzienserinnen-Orden; im 14. Jh. Bau einer dreischiff. Kirche; im 18. Jh. von Äbtissin Margaretha von Renesse in Auftrag gegebener bar. Kirchenneubau nach Plänen von J. J. Couven (1701–1763) mit W-turm, zentralem Kuppelbau in Anlehnung an das Oktogon der Karlskapelle (Dom), im W Langhaus, im O Chor; 1794 Einmarsch franz. Militäreinheiten, später Versteigerung der Innenausst., 1802 Verstaatlichung der Anlage; Ren.arbeiten in der 2. Hälfte des 19. Jh., 1944 zerbombt, ab 1946 Wiederaufbau; unter sehensw. Kirchenschätze fallen die Mosaikikone des hl. Nikolaus (12. Jh.), das Reliquienkreuz (13. Jh.) und die Johannesbüste (vorwiegend 14. Jh.); Adresse: Abteiplatz, 52066 Aachen

Der Münster

Als man in Aachen, vor mehr als tausend Jahren, den noch jetzt berühmten, prachtvollen Münster erbaute, hatten sich die Väter jener Stadt so sehr im Punkte der Kosten verrechnet, daß, noch ehe die Hälfte des Tempels aufgeführt war, die zu diesem Zwecke zusammen gebrachten Gelder schon auf die Neige gingen. Es war dies um so bedenklicher, da wiederholte Aufforderungen zu ferneren frommen Beiträgen nur ein Unbedeutendes lieferten, sich auch gar kein Mittel mehr erdenken ließ, das Fehlende herbeizuschaffen.

Während also einst der Magistrat, obgleich vollzählich versammelt, in seiner Berathschlagung über die wichtige Angelegenheit zu keinem Entschlusse kommen konnte, so daß die gänzliche Einstellung des Baues nahe bevorstand, ließ sich ein fremder Herr anmelden, mit dem Bemerken, er wünsche dem gesammten Rathe etwas Wichtiges vorzutragen. Das fremdartige und allerdings seltsame Kostüm dieses Mannes, die stark ausgeprägten, widrigen Züge, welche kalte Berechnung und etwas Höhnisches durchblicken ließen, würden auf die Versammlung einen höchst unangenehmen Eindruck gemacht haben, wenn nicht der Unbekannte, durch ein feines höfliches Betragen, sogleich für sich einzunehmen verstanden hätte.

»Hochwürdige und sehr weise Herren«, begann er; »es ist mir zu Ohren gekommen, in welch peinlicher Verlegenheit die Stadt dermalen sich befindet, da es ihr an Geld zur Vollendung des Münsters gebricht. Ich bin der Mann, dieser Noth abzuhelfen, und ich stehe vor Ihnen, um über die Bedingungen zu unterhandeln, unter welchen ich die fehlenden Millionen sogleich in klingendem, vollwichtigem Golde aufzuzählen bereit bin.«

Allgemeines und hohes Erstaunen folgte der Rede des Fremden. Wer war der Mann, der von Millionen sprach, als seien es taube Nüsse? war er ein Naboth aus Indien, der, zum Christenthume bekehrt, alle seine Reichthümer einem Tempelbau zuwenden wollte? war er ein König oder ein Berggeist, im Besitze unterirdischer Schätze? oder hatte er gar, wie sein Ansehen fast vermuthen ließ, die ganze hochansehnliche Versammlung bloß zum Besten gehalten? – Das frugen die Rathsherren einander und keiner wußte es zu beantworten.

Der Bürgermeister zuerst erholte sich von dem Staunen; er richtete Fragen über Stand und Herkommen an den großmüthigen Fremdling, und dieser erkärte sich also: »Wessen Herkommens und Standes ich bin, möge euere Weisheit errathen oder nicht; soviel jedoch kann ich zu meiner vollgültigen Legitimation sagen, alles erforderliche Geld will ich nicht etwa als ein Darlehn blos, sondern als ein Geschenk für alle Zeiten herschießen, und ich habe dabei keine andere Bedingung zu machen, als daß nach vollendetem Baue und am Tage der Einweihung der Kirche, der erste durch die geöffnete Thür Eintretende, mit Haut und Haar, mit Leib und Seele – mir zugehöre.«

War vorher das Erstaunen der weisen Herren groß, so war nunmehr ihr Schrecken ungeheuer. Alle sprangen von den bequemen Sesseln auf und flohen in den entferntesten Winkel des Saales; denn jetzt begriffen sie, mit wem sie zu thun hatten.

Nach einer langen Pause stummen Schreckens ermannte sich das Oberhaupt der Stadt wieder zuerst. »Hebe Dich weg von hier!« stieß er ein überdasandermal aus. Leider aber blieb diese Verbannungsformel wirkungslos. Der Gefürchtete trat vielmehr noch näher und sagte gelassen: »Weßhalb geberdet ihr euch so seltsam und ängstlich? Sind denn meine Vorschläge nicht annehmbar und vortheilhaft? Erwägt, nur Einen verlange ich, indeß doch ohne Bedenken und oft sogar zwecklos Könige und hohe Häupter Tausende in Schlachten opfern! Und geziemt es nicht dem Einzelnen, sich für das Wohl des Ganzen hinzugeben?«

Solche und mehrere andere vorgebrachte sehr triftige Gründe leuchteten endlich den Rathsherrren ein und ihre Scheu minderte sich. Zudem wirkte die drückende Geldnoth kräftigst mit; nach kurzem Sperren und Zieren kam der Vertrag zu Stande, und Meister Urian fuhr sofort, sich empfehlend, unter satanischem Gelächter durch den Schornstein davon. Nicht lange, so ließ er durch eben diesen Kanal eine Anzahl goldgefüllter Säcke in das Rathszimmer herunter prasseln, und der Magistrat fand nach sorgsamer Prüfung die Münzsorten ächt und die Summe vollkommen hinreichend.

Nach wenigen Jahren schon war der Bau vollendet; aber jetzt kam auch der Tag heran, an dem die feierliche Einweihung des Münsters stattfinden sollte. Zwar hatten die Würdenträger, welche bei dem Spuke gegenwärtig gewesen, den Vertrag mit dem Bösen als ein tiefes Geheimniß zu bewahren gelobt; allein da einige es doch ihren Weibern vertrauten, so war, wie leicht zu erachten, das Geheimniß bald in aller Leute Munde, und Niemand, als es zur Kirche läutete, wollte durch die weit geöffneten Thüren zuerst schreiten. Neue Verlegenheit! der Magistrat wußte wiederum nicht, was er thun solle; als diesmal ein Pfäfflein erschien, mit der Versicherung, er habe, den Bösen zu prellen, ein treffliches Mittel ersonnen.

Es war nämlich in dem Pakte zwar versprochen, daß der erste, welcher durch die Kirchthüre eingehen würde, des Erzfeindes Eigenthum sein sollte, nicht aber ausgedrückt, was dies für ein Wesen sein müsse, und auf diese Mangelhaftigkeit gründete das Pfäfflein seinen Plan. Man steckte nämlich einen zufällig Tags vorher eingefangenen Wolf in einen Käfig und placirte diesen so, daß, wenn er geöffnet wurde, das Thier grade in die Kirche lief. Der Böse lauerte indeß schon auf seine Beute, und wie der Blitz jagte er hinter dem Wolfe her, als derselbe aus dem Käfige in die Kirche sprang. Aber unbeschreiblich war des Satans Ingrimm, als er, erkennend, was ihm zu Theil geworden, sich überlistet und betrogen sah. Feuerschnaubend drehte er dem armen Wolfe das Genick um, und mit entsetzlichem Geheul und Hinterlassung eines argen Schwefelgeruches sodann davon fliegend, warf er das eherne Thor des Domes dermaßen zu, daß es einen Riß bekam. An eben dieser Thüre zeigt man noch heute das in Erz geformte Bild des Wolfes sammt einem Tannenzapfen, der die verlorne Seele desselben vorstellen soll; und auch jener Riß ist noch zu sehen, als Wahrzeichen, wie einst ein Pfaffe den Teufel in Harnisch zu bringen verstand.

Aachener Dom:
vermutl. 805 Weihung
der Pfalzkapelle (Oktagon
mit Kuppel) Karls des Großen
durch Papst Leo III.; 814 Beisetzung
Karls des Großen; von Otto I. 936 bis
zu Ferdinand dem I. 1531 600-jährige
Geschichte dt. Königskrönungen; im 14. und 15. Jh. Anbau der got. Chorhalle mit hoch aufschießenden Glasfenstern (im Volksmund »Glashaus«

gen.) im O und Kapellen im N; Erneuerung der Kuppel- und Chordächer im 17. Jh.; Anbau eines bar. Portals über der offenen Eingangshalle im W und der Ungarischen Kapelle im SW (18. Jh.), im 19. Jh. Vollendung des neugot. W-turmes (74 m hoch); mit Löwenköpfen verzierte sagenumwobene Wolfstür (um 800) am Haupteingang und bronzene röm. »Wölfin« (eigentlich Bärin) sowie bronzener Pinienzapfen im Durchgang zum Dominnenraum; sehr reiche Innenausst., darunter: Barbarossaleuchter (12. Jh.), Kaiserstuhl und Thron Karls des Großen, Marienschrein (bewahrt Kleid Mariens, Windeln und Lendentuch Jesu sowie Enthauptungstuch Johannes d. T. auf), Karlsschrein und goldene Kanzel (12. Jh.); 1978 Aufnahme in Liste der UNESCO-Weltkulturgüter, Führungen werden angeboten; tägl. 7–19 Uhr geöffnet, außer während der Gottesdienste (d.h. bis 11 Uhr bzw. so. 12.30 Uhr), Adresse: Münsterplatz, 52062 Aachen

IN DER UMGEBUNG

Domschatzkammer: Aufbewahrungsort einzigartiger Kirchenschätze des Abendlandes aus ant., karol., otton., stauf. und got. Zeit; besonders hervorzuheben sind: Proserpinasarkophag aus Marmor (2. Jh.) mit Relief vom Raub der Proserpina aus griech.-röm. Mythologie, Karlsbüste, Karlsreliquiar und Dreiturmreliquiar aus dem 14. Jh. als Ausdruck des Karlskultes in Verbindung mit der aufkommenden Reliquienverehrung, sehr kostbares, üppig mit Edelsteinen und Perlen besetztes Lotharkreuz aus dem 16. Jh. (Fuß 14. Jh.) mit Augustuskamee aus Elfenbein im Kreuzmittelpunkt, Aachener Altarbild (Triptychon um 1515/20) mit der Darstellung des Leidenswegs Christi und goldener und silberner Buchdeckel (11. und 12. Jh.) mit wertvollem Zierwerk (vermutl. ehem. Vorder- und Rückseite des karol. Evangeliars); tägl. 10–18 Uhr (außer mo. bis 13 Uhr und do. bis 21 Uhr) geöffnet, Führungen möglich; Adresse: Eingang Klostergasse, 52062 Aachen (nordwestl. des Domhaupteinganges)

Rathaus: im 14. Jh. Errichtung auf Baufundament des alten karol. Palastbaus Karls des Großen; bar. Umgestaltung der got. Fassade im 18. Jh., Wiederherstellung der alten Fassade im 19. Jh.; Behebung der Zerstörungen durch den 2. WK bis in die 1970er Jahre; seit 1981 Glockenspiel im hist. Marktturm (ertönt immer 5 Min. nach der vollen Stunde); Fassade schmücken 50 Statuen dt. Könige, 30 davon sind Krönungskönige Aachens; zum Markt hin neogot. Freitreppe; innen: im EG u.a. Sitzungssaal mit Holzvertäfelungen um 1730, Weißer Saal mit Stuckaturen und Friedenssaal nach Entwürfen von J. J. Couven; Höhepunkt bildet Krönungssaal auf der zweiten Etage; zu sehen u.a. im Erker maßstabsgetreue Nachbildungen Aachener Reichskleinodien (Reichsapfel, Reichszepter, Reichskreuz, Zeremonienschwert, Hl. Lanze, Reichsevangeliar, Stephansburse und Säbel Karls des Großen); mo–so. 10–13 Uhr und 14–17 Uhr geöffnet, Infos unter Tel.: 0241-43 27 310; Adresse: Katschof (Rückseite) bzw. Markt (Vorderseite), 52062 Aachen

Karlsbrunnen: in Renaiss.rüstung gekleidete, überlebensgroße Kopie der Karlsstatue (Original, 1620 in Dinant/ Belgien gegossen, ist zum Schutz vor Beschädigungen im Krönungssaal des Rathauses ausgestellt), bestückt mit Insignien weltl. Macht (Krone, Zepter und Reichsapfel); Position über hübsch verzierter Bronzeschale (umgangssp. Eäzkom = Erbsenschüssel gen.) und dem sich darunter anschließenden ovalen Steinbecken nach Plänen von J. J. Couven Anfang des 18. Jh.; Lage: auf dem Marktplatz vor dem hist. Rathaus

Elisenbrunnen: Symbol für Aachens Tradition als Badestadt; 1827 Errichtung der klassiz. Rotunde mit Seitenflügeln nach Vorschlägen von P. Cremer und K. F. Schinkel; Namensgebung zu Ehren der Kronprinzessin und späteren Königin Elisabeth (Tochter des Bayernkönigs Max); Rotunde schmückt Marmorbüste Elisabeths (nach Plänen von C. F. Tieck), umgeben von Trinkbrunnen aus Marmor mit 38 °C warmem Wasser zum Trinken; Wände der Seitenflügel zieren Marmortafeln mit Namensverzeichnissen berühmter Badebesucher, rückseitig Elisengarten; Adresse: Friedrich-Wilhelm-Platz, 52062 Aachen

Lousberg: (lous = schlau) Ausgrabungsfunde der 1970er Jahre auf dem begrünten Stadthügel belegen Feuersteinbergbau in Jungsteinzeit (Ausstellungsfunde im Museum Burg Frankenberg); während der Besetzung Aachens durch napoleon. Truppen Anlegung eines Parks mit Baumbepflanzung; 1807, unweit des Belvedere (ehem. Wasserturm, heute mit Drehrestaurant), Aufstellung eines Obelisken; 1814 Plünderung des in ihm eingemauerten Münzschatzes; am S-hang bar. Gartenhaus, unweit daneben »Aachener Akropolis«, Reste eines im 2. WK zerbombten Ausflugslokals; am Fuß Figuren-Denkmal mit erläuterndem Text zur Sage von der Entstehung des Lousberges; Restaurant Belvedere, Belvedereallee 5, 52066 Aachen (auf dem Höhenzug)

Das Sauerland

Der Goldberg bei Hagen

Im Goldberg im Volmetal bei Hagen wurde in alter Zeit Gold und Silber gegraben, was eine Lehnsurkunde zwischen Erzbischof Adolf von Köln und Arnold von Altena von 1200 bestätigt. Zu jener Zeit kam eines Tages ein armes, unbekanntes Weib mit einem Säugling, einem wunderschönen Knaben, auf dem Arm nach Hagen. Der reiche Dorfschulze nahm sie freundlich auf, gewährte ihr eine Hütte und ließ sogar ihren Knaben, den er lieb gewann, mit seiner einzigen Tochter erziehen.

Als der Sohn der fremden Frau nun groß und ein schmucker Bergmann geworden war, da war auch mit ihm die Liebe zu des Schulzen Kind immer mehr gewachsen. Endlich entschloß er sich, um das Mädchen bei dem Vater zu werben; der aber versetzte, schnöde seine Armut verhöhnend, daß er seine Tochter nur durch einen kostbaren Schmuck aus Gold und Diamanten, der mindestens fünfhundert Goldgülden wert sein müsse, gewinnen könne. Das war eine harte Antwort; denn woher sollte der Sohn der fremden armen Frau einen solchen Goldschmuck bekommen? Betrübt und hoffnungslos ging er an seine Arbeit, befuhr den Schacht und führte das Fäustel; aber sein Arm wurde kraftlos, und sein junges Blut stockte in den düsteren Felsenkammern vor Traurigkeit.

Eines Morgens nun, als er aus seiner Hütte schritt und an einem hohlen Baum vorbeikam, sah er einen hellen Glanz daraus hervorleuchten. Er wollte erst seinen Augen nicht trauen und glaubte, es necke ihn ein böser Traum. Aber als er sich niederbückte, fand er ein kostbares Geschmeide, von Gold strotzend, von Diamanten blitzend, in dem hohlen Baum. Außer sich vor Freude, nahm er es und stürmte damit zum Vater seiner Geliebten. Der wunderte sich nicht weniger, aber er hielt sein Wort und verlobte ihm seine Tochter.

Nun war ein böser Mensch in Hagen, der Sohn eines reichen Försters. Der war des Bräutigams Nebenbuhler gewesen, und als sich das Gerücht von dem Goldschmucke verbreitete, beteuerte er, das Kleinod sei sein, und brachte zwei Zeugen, die schwuren, daß der Bergmann ihn darum beraubt habe. Das Wahre an der Sache war, daß der junge Förster heimtückisch den Schmuck in den hohlen Baum am Wege gelegt hatte, um seinen Feind verderben zu können. Als auch noch ein Goldschmied aus der nahen Stadt Altena bezeugte, daß er den Schmuck für den Förster angefertigt habe, nahm die Sache des Bergknappen schnell eine schlimme Wendung. Vergebens beteuerte er seine Unschuld und daß er den Schmuck gefunden. Die Richter verurteilten ihn, daß er als Dieb verbrannt werden sollte. Er wurde auf einem Scheiterhaufen festgebunden und der Holzstoß angezündet. Die Flamme schlug knisternd empor, und Rauch umhüllte den Unglücklichen. Aber kein Wehgeschrei wurde gehört. Da, nach Verlauf von einigen Minuten, brach der Scheiterhaufen krachend zusammen und aus den Trümmern stieg eine weiße Taube vor aller Augen langsam empor, hob sich unter dem Erstaunen des Volkes immer höher und höher und verschwand endlich in der Bläue des Himmels.

»Ein Zeichen Gottes! Ein Zeichen Gottes! Der Bergknappe war unschuldig! Wehe den ungerechten Richtern! Wehe dem, der ihn verleumderisch anklagte!« So rief das Volk wild durcheinander. Damit ergriffen sie Steine und schleuderten sie auf die Richter und Häscher.

»Wo ist der Förster? Auch er soll sterben!« rief ein Stimme.

»Hier ist er! Hier ist er! Wir wollen ihm sogleich sein Recht antun!« schrie ein vierschrötiger Bergmann und schleppte ihn am Kragen herzu.

Vergebens setzte er sich zur Wehr, vergebens bat er um Erbarmen – man warf ihn in die Glut des Scheiterhaufens hinein, so daß er seinen Geist aufgeben mußte.

Nun eilten mehrere Bewohner des Dorfes Hagen zu der Mutter des Bergknappen und verkündeten ihr, wie Gott ihres Sohnes Unschuld so herrlich offenbart hätte, und wie seine Seele als eine glänzende Taube in den Himmel geschwebt sei. Die Alte aber hörte nicht auf das Volk; denn sie war wahnsinnig geworden.

Ihre greisen Haare, die ein Kranz von Mohnblumen schmückte, hingen wild flatternd um ihre abgemagerten Glieder, ihre Augen rollten, ihr Mund murmelte abgebrochen: »Verfluchtes Gold! verfluchtes Gold! hast meinen Sohn gemordet! Goldberg! Goldberg! zu dir, zu dir, will dich verfluchen für die Ewigkeit.«

Indem sie so sprach, stürzte sie aus der Hütte und schritt durchs Dorf und den Goldberg hinan. Nicht achtete sie die gräßlichen Blitze, das Rollen des Donners, womit ein plötzlich heraufgestiegenes Gewitter das Volmetal in Schrecken setzte.

Oben angekommen, umkreiste sie mit schnellen Schritten den Hügel dreimal und ebensooft sprach sie den schrecklichen Fluch: »Gold! Gold! verfluchtes, gleißendes, blendendes Gold! Du hast meinen lieben Sohn gemordet! Sei verwünscht dafür in den tiefsten Abgrund! Deine Quelle soll versiegen so viel tausend Jahre, als Mohnkörner auf meinem Haare sind!«

Mit diesen Worten schleuderte sie erst den Kranz in den Schacht hinein;

dann stürzte sie sich selbst mit einem fürchterlichen Schrei in die entsetzliche Tiefe. Aus dem Schachte aber schlugen in demselben Augenblicke rote und blaue Flammen empor, ein furchtbares unterirdisches Getöse wurde gehört, und Schacht und Stollen stürzten zusammen.

Mit Entsetzen hatte man das Erbeben des Goldberges im Volmetal vernommen. Alt und jung glaubte, der letzte Tag sei gekommen und war laut bebend auf die Knie gesunken. Indessen zog das Gewitter langsam vorüber; bald war der Himmel wieder blau, und die Sonne strahlte warm und golden.

Da zogen die Bergleute nach dem Schachte des Goldberges, um die Verwüstung zu schauen. Sie fanden alles verschüttet. Und so sehr man sich auch später bemühte, die Gold- und Silberadern des verfluchten Berges wieder aufzufinden; sie waren für immer verschwunden.

Goldberg: Teil des südl. Hagener Stadtwaldes; Wanderwege und Aussicht auf zu Füßen liegende »Grünste Großstadt in Nordrhein-Westfalen« vorhanden; auf Wiesenfläche des Höhenzuges 18 m hoher Bismarckturm, verziert mit Adlerrelief und Bismarckwappen (1901 Einweihung); am Boden 2200 m langer G.tunnel für Eisenbahnverkehr zwischen Hagen Hbf und Oberhagen; Naherholungsgebiet ist touristisch erschlossen; geführte Wanderungen von Wandervereinen und dem Forstamt u.a. zur Geschichte und Entstehung des Stadtwaldes werden angeboten; Erreichbarkeit: Parkplätze am Stadtgarten, Stadtgartenallee, Hagen (südl. der Innenstadt); Auskunft: Sauerländischer Gebirgsverein (Tel.: 02331-63 615), Abt. Hagen e.V., Bergischer Ring 101, 58095 Hagen; Forstamt der Stadt Hagen (Tel.: 02331-207 45 00), Postfach 4249, 58042 Hagen

IN DER UMGEBUNG
Hauptbahnhof: nach Plänen des Architekten W. Morin 1910 Fertigstellung des neobar. Baus mit hochaufschießendem Uhrturm unter Verwendung von

Ziegel- und Sandstein; sehensw. Jugendstil-Glasfenster »Huldigung der Gewerbe vor dem Künstler« von J. Thorn-Prikker (1868–1932) auf Bemühen von K. H. Osthaus im Bogen über dem Haupteingang eingesetzt; im 2. WK Beschädigung des Empfangsgebäudes und Zerstörung des Wartesaals; heute altes Erscheinungsbild mit moderner Innenausst.; zweischiff. Bahnsteighalle von 1910 (Rest. 1990) gilt als bed. Stahlkonstruktion des späten 19. Jh.; Adresse: Stadtzentrum, 58095 Hagen

Karl Ernst Osthaus-Museum: um 1900 Errichtung des dreigeschoss. Gebäudes im Renaiss.-Stil nach Plänen von C. Gérard, Innengestaltung nach H. van der Velde mit Jugendstil-Ornamenten; durch frühen Tod des Initiators K. E. Osthaus Veräußerung des Kunstbestandes an Stadt Hagen, des Museumsgebäudes an das Kommunale Elektrizitätswerk Mark; 1937 Vernichtung eines großen Teils der von den Nazis verfemten »Entarteten Kunst«; 1945 Neugründung; 1955 Wiedereröffnung des vom Krieg beschädigten Museums; 1972–74 Teilabriss des alten Baus und Erweiterungsneubau; 1992 Rest. und Rekon. des alten Traktes; Eingangshalle mit Kopie des Brunnens von G. Minne; Sammlung umfasst u.a.: dt. Expressionismus, Werksquerschnitt von C. Rohlfes und Postmoderne Kunst; Umbau und Neubau eines E. Schumacher-Museums in Planung; Wechselausstellung, Führungen auf Anfrage; di.–so. 11–18 Uhr und do. 11–20 Uhr geöffnet; Adresse: Hochstr. 73, 58095 Hagen

Krematorium: unter tatkräftiger Fürsprache von K. E. Osthaus 1907/08 unter dem verantwortlichen Architekten Peter Behrens für den Hagener Verein für Feuerbestattung erbaut; 1911 Inbetriebnahme als erstes K. Preußens; geometrisch-stereometrische Formgebung nach dem Vorbild der ma Kirche San Miniato al Monte in Florenz; vom Hauptbau abgesetzter Schornstein; im Innern halbrunde Apsis mit sehensw. Goldmosaik von E. R. Weiss unter schwarzem marmornem Säulenhalbrund; ansonsten Wände (Gestaltung in Sgraffitotechnik/Sgraffito = ital. Kratzputz) und Marmorboden schwarz-weiß gehalten mit geometrischen Ornamenten aus Kreis und Quadrat als strukturierende Elemente; Erweiterungsbau von 1984 mit Öfen zur Einäscherung; Innenbesichtigung nach telefonischer Anmeldung (02331-20 73 131); Adresse: Am Berghang 30, 58093 Hagen

Westf. Freilichtmuseum Hagen: 1961 Gründung des Fördervereins Westf. Freilichtmuseum Hagen e.V. mit der Aufgabe der Darstellung des Handwerks und der Technikgeschichte vor und während der Industrialisierung; 1973 Museumseröffnung auf 42 ha Fläche mit etwa 60 begehbaren Werkstätten, von denen mehr als 20 in Betrieb sind; zu sehen: Achatschleiferei, Schmiedemuseum (mit Waffen, landwirtschaftl. Gerät und schmiedeeisernen Truhen), Gerberei und Färberei, Metallverarbeitung um 1900 (in Handarbeit!) sowie Holzverarbeitung (u.a. für Löffel und Schuhe), 1999 gegründeter Skulpturenpark, Papierherstellung, Setzerei und Druckerei, Bierbrauerei, Räucherei, Schnapsbrennerei und Tabakfabrik; an besonderen Tagen Weihnachtsmarkt; Öffnungsz.: April–Okt. di.–so. und feiert. 9–18 Uhr, Einlass bis 17 Uhr, Häuserbesichtigung bis 17.30 Uhr; Adresse: Mäckingerbach, 58091 Hagen

Schloss Hohenlimburg: 1242 erstmals urkundl. erwähnt als Sitz der Grafen von Isenberg-Limburg; einzige erhaltene Höhenburg Westf.; 1811 Zerstörung der oberen Stockwerke des Bergfrieds durch Blitzschlag; besonders interessant: Befestigungsanlage und rest. Kanonen; Schlossmuseum bietet u.a. Informationen zur Ur- und Frühgeschichte des Sauerlandes, zu Wohnkulturen des 18. und 19. Jh. und zur Schlossgeschichte; Attraktion ist vermutl. nach Brand 1811 im ma Bergfried gefundene geheimnisvolle schwarze Hand; auf Gelände Beherbergung des einzigen dt. Kaltwalzmuseums mit Maschinen der Jahrgänge 1905–52; von oben schöne Aussicht; Startort für ausgewiesene Wanderungen in der Umgebung; Burgrestaurant vorhanden; im Sommer Schlossspiele; Öffnungsz.: April–Sept. di.–so. 10–18 Uhr, Okt.–März di.–sa. 14–17 Uhr, So. 11–17 Uhr, Adresse: Museum Schloss Hohenlimburg, Alter Schlossweg 30, 58119 Hagen

Mönch und Nonne

Zu Letmathe an der Lenne
Da steht ein Felsenpaar.
Das raunt von alten Zeiten.
's sind viele hundert Jahr'.

Ein Mönch entwich dem Kloster,
Er brach den heil'gen Eid
Und floh zum Schloß der Väter
Im weißen Ordenskleid.

Sein Bruder mit dem Kreuze
War weit im heil'gen Land.
Berthold, der Mönch, vertauschte
Sein schlichtes Chorgewand.

Er ging in gelber Seide,
Im hellen Hermelin.
Und wenn er ritt zu Rosse,
Ein Panzer umstrahlte ihn.

Er zog aufs wonnige Weidwerk
Im wilden Waldrevier.
Er zog mit seinem Trosse
Zu Spiel und Festturnier.

Und in den hohen Hallen
In seines Bruders Burg
Da klang Schalmei und Harfe
So manche Nacht hindurch.

Dort saß der lustige Berthold
In froher Freunde Kreis,
Da flossen aus Silberkannen
Die Weine rot und weiß.

Da rollten rasche Würfel,
Da rollte rundes Gold.
Und Berthold trank und lachte,
Wie war das Glück ihm hold!

Da meldeten müde Boten,
Daß Bertholds Bruder starb,
Bedeckt mit Ruhm und Ehren,
Die kämpfend er erwarb.

Sag', sind das Trauerklänge
Im lichten Lenneschloß?
Es jauchzten die Schalmeien,
Der Wein wie Wasser floß.

»Der Ritter Berthold lebe,
Der neue Burgherr hoch!«
So jubelten trunk'ne Gäste.
Vom Turm das Banner flog.

Die Wappenfähnlein wehten
Von manchem Lanzenschaft.
Sie ritten in den Morgen,
Noch heiß vom Rebensaft.

Im Nonnenkloster hallte
Im Feierton die Terz.
Da schlug ins sanfte Singen
Der Klang vom harten Erz.

Die Gottesfrauen bebten.
Doch Berthold lachte laut:
»Ihr Nonnen, singt nur weiter!
Ich wähle mir die Braut.«

Ihm winkte mit den Augen
Die schöne Edeltrud.
Sie lachte, als er sie lachend
Auf seine Schultern lud.

Juchhei, Juchheisa, Tralla!
So jagten sie zum Schloß.
Die Wappenfähnlein wehten.
Es jauchzte Herr und Troß.

Und mittags schon um zwölfe
Da schritt im Ordenskleid
Berthold zur Burgkapelle
Und neben ihm die Maid.

Die Maid im Nonnenschleier,
Schwarz-weiß war ihr Habit.
Und durch die Kirche rauschte
Ein lustig Liebeslied.

Da winkte Berthold fröhlich,
Gesang und Orgel schwieg.
»Ihr Treuen all, nun jubelt!
Das ist der Liebe Sieg!

Ich steh' im Mönchsgewande
Bei meiner holden Braut.
Sie sei durch meine Hand mir
Heut' selig angetraut!«

Und wie die Priester beten,
So hob er seine Hand!
»Nun ist geknüpft auf ewig
Der freien Ehe Band.«

Und nun begann die Hochzeit,
So fröhlich, wie keine war.
Im heiligen Klosterkleide
Am Tische saß das Paar.

Und Geigen und Klarinetten
Und Hörner und Schalmei'n
Sie luden nach dem Mahle
Zum frohen Tanze ein.

Acht Tage ward getrunken
Rheinwein und Malvasier.
Das war ein tolles Treiben
Beim Tanz und beim Turnier!

Berthold und Edeltrudis
Sie trugen Tag und Jahr
Als wie zum Spott das Kleid noch,
Das einst ihr Segen war;

Berthold die Mönchkukulle,
Den Schleier Edeltrud.
Wie stand das weiß und schwarze
Gewand der Schönen gut!

Da kam ein frommer Bischof,
Ehrwürdig, klug und alt,
Den Heil'gen Geist zu spenden,
Ins Lennetal gewallt.

Er hört' die Trauermäre,
Und manche Träne floß
Aus seinem milden Auge.
Er stieg zum steilen Schloß.

Mit linden Liebesworten
Ermahnte er die zwei,
Ins Kloster heimzukehren,
Wo ihre Stätte sei.

Da lachten beide höhnisch:
»Ja, wenn wir alt wie du,
Dann wandern wir von neuem
Dem Ort der Buße zu.

Noch sind wir jung und blühend,
Noch wallt das heiße Blut.
Noch sind wir treue Gatten:
Berthold und Edeltrud.«

Da weinte leis der Alte:
»Umsonst ist all mein Flehn.
Doch eine sanfte Bitte
O wollt mir zugestehn!

O legt doch ab das heil'ge,
Geweihte Ordenskleid!
Euch bringt es keine Ehre,
Doch andern Weh und Leid.

Verspottet nicht das Heil'ge!
Ein Gott im Himmel lebt,
Vor dessen Angesichte
Die Erde bangt und bebt.«

Da rief Berthold: »Ihr Knappen,
Ergreift den groben Greis
Und kühlt ihn in der Lenne!
Ihm wird der Kopf zu heiß.«

Die Mannen nimmer säumten. –
Auf hohem Schloßaltan
Stand Edeltrud und Berthold,
Die lachend zu Tale sahn.

Die Lenne war geschwollen
Von manchem Regenguß.
Da schwamm der fromme Bischof
Und trieb im wilden Fluß.

Er hob zum hohen Himmel
Den heil'gen Hirtenstab,
Er hob die Hand noch einmal,
Die sonst nur Segen gab.

Dann sank er in die Tiefe.
Da stieg aus tiefem Strom
Empor ein weißes Wölkchen
Zum hellen Himmelsdom.

Das weiße Wölkchen wurde
Im Nu zum Wolkenmeer
Und wogte schwarz und schaurig
Ueber Berge und Täler her.

Auf einmal zuckten hundert
Und tausend Blitze fahl,
Und hundert und tausend Donner
Erkrachten durch Berg und Tal.

Und als die Blitze verblichen,
Und als die Donner verkracht –
Man zählte kaum bis zwanzig –
Verschwand die grause Nacht.

Der Himmel lachte lieblich
Und heller wie zuvor,
Doch wo die Burg sich reckte,
Da webte ein Nebelflor.

Und als er sich zerteilte,
Kein Schloß war mehr zu sehn.
Doch an der Lenne sah man
zwei graue Felsen stehn.

Berthold und Edeltrudis
Sind ewig nun vereint.
Und auf die rauhen Felsen
Der rinnende Regen weint.

Bei Letmathe an der Lenne,
Da ragt ein Felsenpaar.
Sie heißen Mönch und Nonne
Schon viele hundert Jahr'.

Kalksteinfelsen Pater und Nonne (50 m hoch): früher auch Heiersteine gen.; zusammen mit dem sich dahinter auftuenden Burgberg Naturdenkmäler in einer von Natur und Kultur geprägten Landschaft; 1840 Freilegung der Grürmanns-Höhle am Sockel des linken Felsens (von der Str. aus); steinzeitl. Tierknochenfunde sowie Werkzeuge aus Stein-, Bronze- und Eisenzeit geben Aufschluss über frühe Besiedlung des Standorts; leider sind viele Höhlen und Teile der G.-Höhle dem Kalksteinabbau (bis in die 1950er Jahre) zum Opfer gefallen; vom sagenumrankten Burgberg traumhafter Blick in umliegende Landschaft; auf Anhöhe Reste einer Wallburganlage aus dem 9. Jh.; Lage: von Iserlohn kommend Richtung Letmathe auf der L743 (An Pater und Nonne) rechter Hand direkt hinter dem Schild der Winner Spedition GmbH und Co. KG (Umschlaganlage)

IN DER UMGEBUNG

Dechenhöhle (870 m lang) und Höhlenkundemuseum: zufällige Entdeckung 1868 von zwei Arbeitern beim Ausbau der Eisenbahnstrecke Iserlohn – Letmathe; benannt nach dem Geologen H. von Dechen; Teil eines 17 km langen Höhlenzusammenhangs mit faszinierenden Tropfsteingebilden (älteste sind 235.000, jüngste 12.400 Jahre alt); ab 1983 im Eigentum der Mark Sauerland Tourismus GmbH (zuvor Eisenbahngesellschaft); 1979 Errichtung des Höhlenmuseums unweit der Höhle; zu sehen: Bildung der Kalksteine, Entstehung der Höhle, Ausstellung der Höhlenfunde (auch aus benachbarten, z. T. zerstörten Höhlen) wie z. B. Höhlenbärenskelett und seltener Fund eines Waldnashornschädels; Wechselausstellungen und Kinderprogramme; interessanter Rundwanderweg (2 km) »Sonderhorst-Burgberg« ab Höhleneingang (Infos am Höhlenkiosk); Restaurant mit Terrasse angeschl.; Jan. sa./so. 10–16 Uhr, ansonsten tägl. geöffnet (Febr.–März 10–16 Uhr, April–Okt. 10–17 Uhr, Nov.-Dez. 10–16 Uhr); Adresse: Dechenhöhle 5, 58644 Iserlohn

Danzturm (384,5 m/NN): neben Gebäude der historischen Telegrafenstation Nr. 43 der Route Berlin – Koblenz (Einweihung 1835); 1908 Errichtung des Turms zu Ehren von Prof. Danz (1822–1905) auf dem Fröndenberg; ab 1871 Nutzung als Forsthaus, ab 1911 Unterkunft eines Restaurants; kürzlich Modernisierung des Gastronomiebetriebs; im Innern Auskunft zur ehem. Telegrafenstation; Fensterfront ermöglicht Rundblick über Stadt und Land; Veranstaltungsort; idealer Ausgangspunkt für Wanderungen im Iserlohner Stadtwald; Danzweg 50, 58644 Iserlohn

Hist. Fabrikanlage Maste-Barendorf: vermutl. 1814 Grundsteinlegung der Industrieanlage; in der Folgezeit Erweiterung u.a. um Ahlenschmiede, Feilenhauerschmiede und Drahtzieherei (metallverarbeitende Betriebe); 1. WK beendet Produktion; 1981 erwirbt Stadt Iserlohn Industrieansammlung und stellt sie unter Denkmalschutz; ab 1985 Aufbau eines Museums- und Künstlerdorfes; 1987 Eröffnung des Nadelmuseums (als Fortsetzung einer langen Tradition der Nadelherstellung in Iserlohn), 1983 Angliederung einer Haarnadelfabrik; 1990 Inbetriebnahme der Gelb- (= Messing) gießerei mit Ausstellungsstücken aus dem 19. Jh.; Tage der offenen Tür der Künstler sowie Weihnachtsmarkt an bestimmten Adventwochenenden; do. 14–18 Uhr, fr. 14–16 Uhr, sa. 11–13 Uhr und 14–16 Uhr geöffnet; Lage: Baarstr. 220-226, 58636 Iserlohn; weitere Infos über Stadtmuseum Iserlohn (Tel.: 02371-217-1960), Fritz-Kühn-Platz 1, 58636 Iserlohn

Ev. Johanneskirche: einschiff. rom. Saalkirche (zweijochig) mit W-turm, Querschiff und runder Chorapsis von innen, polygonal von außen; in den 1950er Jahren Freilegung ornamentaler Malereien des 13. Jh. (Soester Schule); über Tür des südl. Querschiffs Tympanonreliefe (= Steinmetzbilder) u.a. mit Lamm Gottes und Engel; zur Innenausst. gehören drei Epitaphe der Renaiss., auffälligstes zu Ehren Heinrichs von Westhoven (1580) im nördl. Querschiff (Ohl'sches Eck); Besichtigung und Führungen auf Anfrage; Infos unter Tel.: 02304-54 98/Kirchengemeinde; organisierte Führungen durch rom. Kirchen im Märkischen Kreis werden angeboten von Wietis Reiseservice, Freiherr-vom-Stein-Str. 1, 58511 Lüdenscheid (Tel.: 02351-34 04); Adresse Kirche: Auf der Palmisse 7, 58640 Iserlohn

Die Zwerge im Felsenmeer

Nah bei Sundwig, in einem Walde, liegt das Felsenmeer. Hier wohnte vor Zeiten ein Zwergenvolk. Alberich war der Zwergenkönig, und tief unter der Erde hatte er sein Schloß. Ueber dem Schloß lagen weite Felsenhallen. Darin brannten helle Schmiedefeuer. Die Zwerge nämlich gruben in den Bergen nach Gold und Silber und edlem Gestein und brachten ihre Schätze durch geheime, schmale Tore in ihre Burg. Mit feiner Kunst schmiedeten sie dann mancherlei Gerät, Schwerter und Sporen mit kostbarem Zierat, aber auch Kronen von reinem Gold, die waren für die Königskinder.

Wenn es stille wurde am Abend, dann huschten die Männlein heraus aus den Spalten und spielten und sprangen auf dem grünen Anger unter den Bäumen. Nahte ein Mensch, der sie hätte erspähen können, flugs schlüpften sie in ihre Felsenburg, und alles war leer, und keine Spur war zu finden. Sie erzeigten sich den Menschen hilfreich und gut, namentlich den Jägern und Hirten und allen armen Kindern.

Eines Tages, früh am Morgen, kam der Riese Wuppert in diese Gegend. Er suchte sein Roß, das ihm entlaufen war. Als er durch den Wald schritt, sah er etwas blinken im Moos. Er ging hinzu und hob es auf. Es war aber ein Krönlein von lauter Gold. Da lugte aus dem Felsenspalt ein Zwergenkind, es war König Alberichs Söhnchen. Das wollte sich sein Krönlein holen. Als es aber den schrecklichen Riesen sah, huschte es ängstlich zurück.

Der Riese sprang zum Felsen hin und wollte dem Zwerg nach. Aber er konnte nicht einmal seinen Schuh in die Spalte setzen, so enge war der Eingang. Da rief er zornig hinunter: »Du Krötenvolk! Bring mir deine Schätze herauf, sonst bringe ich euch allesamt um. Ich bin der Riese Wuppert!«

Die Zwerge aber fühlten sich ganz sicher vor dem ungeschlachten Gesellen, kicherten und warfen ihm ein Steckenpferdchen durch den Spalt und riefen mit feinen Stimmchen:

>»Reite, reite, Riese,
>über Berg und Wiese;
>reite bis zum Wülpensand,
>reite bis zum Mohrenland,
>reit dies Rößlein Liese!«

Da brüllte der Riese vor Zorn. Er ging mit großen Schritten fort, zeigte dem Riesenkönig das Krönlein und erzählte ihm von dem kleinen Volk. Der Riesenkönig brach alsobald auf mit hundert Riesen. Als sie in den Wald kamen, erzitterte die Erde. Alberich sprach: »Es naht Gefahr! Bringt hurtig unsere Schätze in mein Schloß! Verschließt die Tore zu den Hallen mit Erde und Gestein und kommt alle hinunter!«

Es war aber auch die höchste Zeit. Denn die Riesen machten sich schon daran, Felsen abzureißen. Und am Ende gelangten sie in die Schmiedehallen. Aber da war alles leer. Kein Zwerg war zu sehen, kein Gold, keine Krone. In ihrer Wut begannen die Riesen ein furchtbares Toben. Sie schlugen an die Felsen und wollten weiter hinein. In dem Augenblick sprach König Alberich einen Zauberspruch. Da stürzten die Hallen mit donnerndem Getöse zusammen, und die Riesen wurden von den Felsen erschlagen und unter dem Gestein verschüttet, auch der Riese Wuppert.

Felsenmeer: über sehr lange Zeiträume hinweg durch Korrosion (lat. corrodere = zernagen; Zersetzung des Steins durch Regen- und Sickerwasser) Entstehung ungewöhnlicher oberirdischer Felsbrockenformationen aus Kalkstein; NSG von ca. 700 m Länge und zwischen 100–200 m Breite, unterteilt in Abschnitte »Großes Felsenmeer«, »Kleines Felsenmeer« und »Paradies«; kann auf Fußwegen besichtigt werden; natürliche Verkarstung der Landschaft (= Ausbildung von Steinwüsten) sowie Spuren des ehem. Untertage-Bergbaus (nachweisbar bereits im 8. oder 9. Jh. n. Chr. bis in die Mitte des 19. Jh.) prägen Landschaftsbild; Besichtigung jederzeit, Führungen werden vom höhlen- und karstkundlichen Informations-Zentrum (Heinrichshöhle) angeboten; Lage: im Stadtteil Sundwig, zu erreichen über Fußweg von der nahe gelegenen Heinrichshöhle (Felsenmeerstr.) oder über Sundwiger Weg (ausgewiesene Sehensw.), 58675 Hemer

IN DER UMGEBUNG

Felsenmeer-Museum: 1989 Eröffnung mit heimatkundl. Ausrichtung in denkmalgeschützter Villa; Ausstellungsstücke zur Heimat- und lokalen Industriegeschichte sowie zur Erdgeschichte und Naturkunde; wechselnde Ausstellungen; Ort kultureller Veranstaltungen zur Heimatpflege und Forum für junge ortsansässige Künstler; di.–fr. 11–13 Uhr und 15–17 Uhr, so. 11–13 Uhr geöffnet, Infos unter Tel.: 02372-16 454, www.hiz-hemer.de; Gruppenführungen möglich; Adresse: Hönnetalstr. 21, 58675 Hemer

Heinrichshöhle: touristisch erschlossene, ca. 300 m lange Tropfsteinhöhle eines ca. 3 km langen Höhlensystems; 1812 gilt als Jahr der Entdeckun durch H. van der Becke (obwohl Existenz der H.höhle in der Bevölkerung bereits bekannt war); danach Ausbau, in Kriegsjahren und später geschl.;

1976 Verpachtung an Stadt Hemer, 1998 Übergabe an Arbeitsgemeinschaft Höhlen- und Karst Sauerland/Hemer e.V.; neben mannigf. Formspielen der Stalaktiten (= Deckentropfsteine) und Stalagmiten (= Bodentropfsteine) Tierskelettfunde aus dem Pleistozän ausgestellt, darunter 2,35 m langes Höhlenbärenskelett; von März–Nov. 10–18 Uhr geöffnet, Führungen im Winter nach Absprache möglich; Adresse: Felsenmeerstr. 32, 58675 Hemer

Kath. Pfarrkirche St. Peter und Paul: 1700 Einweihung, 1898–99 Erweiterung des dreijochigen Hauptschiffs mit Turm, Querschiff und Chor; 1906 innerer Wandschmuck im Stile der Got.; 1957–58 Entfernung und Freilegung urspr. bar. Ausmalung; 1957–61 umfassende Rest., in späteren Jz. Ren., insbesondere des Innenraums; sehensw. Innenausst.: sehr sehensw. Orgelwerk von J. J. John (1701), Kanzel und Taufstein aus dem 18. Jh. und Teile des alten bar. Hochaltars mit Tabernakel; aus Schutz vor Kunstraub werkt. geschl., aber Schlüssel im Pfarrhaus erhältlich; Adresse: Geitbecke 10, 58675 Hemer

Rundwanderweg »Wald und Schlucht«: inmitten fesselnder Naturlandschaft mit bizarren Schluchten, beeindruckender Felsenlandschaft, Waldgebiet und Aussichtsplattform mit Blick auf NSG Mittleres Hönnetal; sehensw. Reckenhöhle, »Sieben Jungfrauen« (Gesteinsformation) und über der Hönne thronende Burg Klusenstein am Wegesrand; Länge 15 km, ca. 3 Std. Wanderdauer bei Höhenunterschied von 330 m; Startpunkt: Bahnhof Binolen, Parkplatz Haus Recke, nähere Infos über Verkehrsverein Hemer e.V., Hauptstraße 185, 58675 Hemer

> **E** Graf Heinrich von Arnsberg
> *s wimmerte im Burgverließe*
> *Tief unter dem alten Schloß*
> Der Bruder des Grafen Heinrich.
> War einst sein Trautgenoß.

Ja, einst in verrauschten Tagen
Der Kindheit lieblich und traut,
Da haben die beiden Brüder
Sich treu ins Auge geschaut.

Sie hießen ja beide Heinrich.
Sie spielten und hatten sich lieb.
Sie schauten hinab zu Tale,
Wo die Ruhr ihre Wellen trieb.

Sie ritten so oft selbander
Durch Wald und Flur und Au,
Und um sie lachte der Frühling
Und droben der Himmel so blau.

Doch Frühling und Liebe schwanden.
Es lachte der Himmel nicht mehr,
Und Heinrich, in Ketten und Banden,
Er klagte verzweiflungsschwer:

»O Heinrich, lieber Heinrich,
Hörst du nicht mein Weinen und Flehn?
Und siehst nicht die Not und das Elend,
Weißt nimmer, was mir geschehn?

Ich liege in schauriger Tiefe,
In Moder und dumpfer Luft.
Und Hunger, ja nagender Hunger
Quält mich in grausiger Gruft.

O hör' mich und hilf mir, Graf Heinrich,
Der du mein Bruder bist!« –

Der Graf aber hört nicht und hilft nicht,
Sein Herz ist voll Haß und List.

Sein Herz hegt schwarze Gedanken:
»Nein, nimmer das Licht er schau'!
Damit mir werde zu eigen
Die Grafschaft im Rietberger Gau!«

Der jüngere Heinrich ist elend
Gestorben in Kerkers Nacht.
Jetzt ward der ältere reicher
An Land und Leuten und Macht.

Zwei Grafschaften sind sein Erbe
Und stattlicher Mannen Zahl,
Doch eins hat er auch erworben:
Des Herzens Bangen und Qual.

In tiefster Seele ein Nagen!
Und um ihn des Unglücks Jagd!
Die Burg ward ihm genommen,
Er floh in finsterer Nacht.

Und als er nach flüchtigen Jahren,
Nach Elend und Angst und Graus
Vom Kaiser Gnade erlangte,
Floh doch der Friede sein Haus.

Im Schlosse hörte er nächtens
Das Winseln der Todesnot
Des armen gequälten Bruders
Bis früh zum Morgenrot.

Wenn er durch die Eichenwälder
Hinjagte am hellen Tag,
Dann säuselten ihm die Blätter
Von Rache und Todesplag.

Wenn die Ruhr tief unten rauschte,
Dann raunten die Wellen: »Du!
Du Mörder des armen Bruders,
Du findest nimmer die Ruh'.«

Ein Ort nun war auf Erden,
Wo er die Ruhe fand:
Das St. Norbertikloster,
Das auf winkender Höhe stand.

In Stunden der allerbängsten
Und allertiefsten Not,
Dann stieg er auf zum Kloster,
Das Frieden und Trost ihm bot.

Und als in alten Tagen
Die Qual noch größer ward,
Da nahm er als Mönch die Kutte
Und harrte der letzten Fahrt.

In friedlicher Zelle winkte
Ihm Ruhe und Seelentrost,
Da schwieg das Wüten und Stürmen,
Das lange im Herzen getost.

Mit achtundachtzig Jahren
Ging endlich zur Ruh' er ein,
Zur ewigen Friedensruhe
Nach all der Schuld und Pein.

Burg Arnsberg: 1102 erstmalige urkundl. Erwähnung; Errichtung unter Graf Friedrich (der Streitbare) von Arnsberg; 1170 Stiftung des Norbertinerklosters Weddinghausen (mit dazugehöriger Propsteikirche St. Laurentius) von Burgherrn Heinrich I. als Akt der Buße für Ermordung an eigenem Bruder Friedrich anlässlich familiärer Erbstreitigkeiten; Gottfried II. veranlasst 1368 Schenkung an Erzbistum Köln; 1575–77 Umbaumaßnahmen; Truppenstützpunkt im Dreißigjährigen Krieg; 1730–34 unter Kurfürst Clemens August völlige Neugestaltung im Renaiss.-Stil; Zerstörung im Siebenjährigen Krieg; 1966 erste Rest.arbeiten, darunter Freilegung des sog. »Knappensaals«; jährliches Ruinenfest sichert Erhalt der Restbauten; von oben Blick auf Umland; Adresse: Auf dem Burgberg nahe der Ruhr, Schloßstr. (von der Altstadt zu Fuß leicht zu erreichen), 59821 Arnsberg

IN DER UMGEBUNG

Femgericht/(Ober)freistuhl: (= u.a. in Westf. Gerichte mit Kompetenzen zur Aburteilung schwerer Verbrechen; Blütezeit: 15. und 16. Jh., Auflösung Ende des 18. Jh.) 1174 erstmals erwähnt, im 15. Jh. erhält Arnsberg eingeschränkte Bevollmächtigung der Prüfung von Rechtsverfahren der Freigrafen Westf.; Denkmal bestehend aus Tischplatte mit Schwert (diente der Rechtsprechung), umgeben von einfachen Holzbänken; Symbol einer langen, noch bestehenden Tradition der Gerichtsbarkeit in Arnsberg; Lage: unterhalb Schlossruine an der alten Stadtmauer mit Graben in unmittelbarer Nähe zum grünen Turm (alter Wachtposten), 59821 Arnsberg

Glockenturm am Alten Markt: (in unmittelbarer Nähe des Alten Rathauses und Maximilianbrunnens, umsäumt von schönen Patrizier- und Fachwerkhäusern) Wahrzeichen der Stadt mit markanter bar. Haube und nach oben hin oval zulaufendem Durchgang; stammt urspr. aus 1. Hälfte des 13. Jh.; 1600 und 1709 erhebliche Brandschäden; erhaltenes bar. Aussehen geht zurück auf das Jahr 1722; 1945 völlige Zerstörung; durch heimatliebende Bürger 1947/48 Wiederaufbau; Adresse: Alter Markt, 59821 Arnsberg

Sauerland-Museum des Hochsauerlandkreises: Unterkunft seit 1938 im hist. Landsberger Hof, der späterhin Residenz der Landdroste (Gebäude mit Turm, Tor und kleinem Hof vor von der Str. leicht zurückgelagerter Hausfront); Schaustücke zur Geschichte des Kurkölnischen Sauerlandes, zur Stein- und Bronzezeit, Besiedlungsgeschichte, zum MA und zur Stadtentwicklung bis ins 20. Jh. (u.a. Wohnen und Leben im 19. Jh.), alte Münzen, Rüstungen und Waffen ausgestellt; 8–10 Wechselausstellungen im Jahr; Gruppenführungen möglich; di.-fr. 9–17 Uhr, sa. 14–17 Uhr und so. 10–18 Uhr geöffnet; Adresse: Alter Markt 24–26, 59821 Arnsberg

Propsteikirche St. Laurentius: ehem. Klosterkirche von Weddinghausen; 1170 Baubeginn, 1210 Brand und in der Nachfolge Neubau im got. Stil; 1587 Diebstahl der Innenausst.; 1794–1803 Aufbewahrungort der Reliquien der Hl. Drei Könige; 1803 Aufhebung des Klosters; 1859 Erhebung zur Propsteikirche; 1981/82 grundl. Ren.; zur sehensw. Ausst. gehören u.a.: Hochaltar (Epitaph zu Ehren Kaspars von Fürstenberg aus dem 17. Jh.), bemaltes Glasfenster in der Apsis des Chores (13. Jh.), rom. Kreuz neben Taufbecken, bar. Kanzel und Beichtstühle; freigelegte rom. Wandfresken des erhaltenen Klosterkreuzganges; weitere ältere Gebäude mit sehensw. Hirschberger Tor (1826 Übertragung vom Jagdschloss Hirschberg) am Eingang zu einem Gymnasium sind angebunden; di.–sa. 9.30–12 Uhr und 14.30–18 Uhr, so. ganztägig geöffnet; Kath. Pfarramt St. Laurentius, Klosterstr. 20, 59821 Arnsberg

Das Zwergenschloß im Astenberge

Auf dem kahlen Gipfel des hohen Astenberges ragte einst ein zierliches Zwergenschloß empor. Von allen Seiten trugen die emsigen Männlein das aus den Tiefen der Berge geschürfte Gold und Silber hierhin zusammen und hüteten es als kostbarsten Hort. Da drang der Mensch auch in die Berge des Sauerlandes vor und kam bis zum Fuße des Astenberges. Beim Anblick der riesenhaften, fremden Gestalten bangte das kleine Bergvolk um seine Schätze, und so grub es Tag und Nacht, bis Schloß und Schutz langsam und lautlos in das Innere des Berges versanken. Eben noch sah der Mensch die letzte goldene Turmspitze im Berge verschwinden. So entschlossen sich die Menschen, den kostbaren Gewinn nicht fahren zu lassen und gruben schweigend Tag für Tag. Sie wußten, daß nur der den Schatz zu heben vermöchte, der das Schweigen unverbrüchlich halten könne.

Immer tiefer ward die Grube, und schon gleißte und glitzerte in der Tiefe das Gold. Den Geistern des Berges graute es. Da ersannen sie eine glückliche List. Sie brachten einen schwerbeladenen Wagen auf die Höhe des Berges fast an den Rand der Grube. Der Schatten des Wagens fiel auf die schweigsam schürfenden Menschen in der Tiefe. Erschrocken schauten sie auf und sahen den schwankenden Wagen hart am Rande des Abgrundes hängen. Voll Entsetzen stießen sie einen Angstschrei aus – und siehe da: das lockende, leuchtende Gold entschwand vor ihren Augen im Innern des Astenberges. Sie aber flohen die unheimliche Stätte und verkündeten den anderen Menschen, was sie gesehen und erlebt. Seitdem hat kein Mensch es mehr gewagt, nach dem reichen Schatze zu graben. Die Bergmännlein aber hegen und hüten heute noch im Astenberge ihren Hort.

Kahler Asten (841 m): Vater aller Berge des Sauerlandes, auf Kuppe Bergheidelandschaft mit arktisch-alpiner Pflanzenwelt (Heidekraut, Bärlapparten, Rentierflechte, Islandmoos); Rundweg Heidelehrpfad mit Informationstafeln auf 1km Länge angelegt; 1884 Errichtung eines Aussichtsturms mit Aussichtsplattform auf einer Gesamthöhe von 863 m; freier Blick auf umliegendes Sauerland (u.a. St.-Georg-Sprungschanze, Wahrzeichen Winterbergs); Unterkunft einer meteorologischen Wetterstation und eines Restaurants; im EG Ausstellung zur Naturkunde der Region; geographische Führungen werden angeboten (Infos unter Tel.: 02981–419); zahlr. Wanderwege vorhanden; Adressen: Turmgaststätte Kahler Asten, 59955 Winterberg; Bildungs- und Wissenschaftszentrum Kahler Asten (BWKA), 59955 Winterberg

IN DER UMGEBUNG

Westdt. Wintersportmuseum: 1998 Eröffnung in einer ehem. Scheune des Schultenhofes; auf 250 qm Fläche Sammlung zur etwa 100-jährigen Wintersportgeschichte des Sauerlandes; Schwerpunkte: Geschichte des Wintersports und Entwicklung des Skis, frühe Herstellung von Skiern, Skiclub Sauerland (später Westdt. Skiverband), Eislauf-, Schlitten- und Bobsport, Wintersport und Umwelt, Führungen möglich; mi.–so. 11–18 Uhr geöffnet, Infos unter Tel.: 02981-92 029; Adresse: Neuastenberger Str. 19, 59955 Winterberg

NSG »Neuer Hagen«: größtes Berg- oder Hochheidegebiet NRW mit alpiner Pflanzenwelt und Hochmoor; vereinzelt Bäume und Baumgruppen vorhanden, ansonsten Vorherrschen von Zwergsträuchern; im Spätsommer blüht stellenweise reichl. vorhandene Besenheide; ebenfalls weite Verbreitung von Beerensträuchern und Drahtschmiele; Lage: 59955 Winterberg, Ortsteil Niedersfeld

Der Lowwerhannes

Der letzte Herr aus dem angesehenen Adelsgeschlecht derer von Bilstein war Johann II. Er wohnte in seinem Schloß auf steiler Höhe als ein stiller Mann. Ihn kümmerten nicht die Händel der Welt und nicht die Meinungen der Menschen. Da er ohne Nachkommen war, trachtete die ganze Schar der Verwandten mit Gier nach dem reichen Erbe. Er merkte aber ihre Art und gedachte daher, ihnen nichts zu hinterlassen. So setzte er das Kölner Erzstift als einzigen Erben ein.

Seit der Zeit mied er die Menschen noch mehr. Schweigsam ging er die einsamsten Waldpfade, und nur selten begegnete ihm jemand. Man erkannte ihn aber an der breiten weißen Halskrause, die er stets trug, so wie es damals bei vornehmen Herren Sitte war. Die Leute nannten ihn deswegen spottweise den Lowwerhannes.

Längst war er gestorben. In mondhellen Nächten aber sah man ihn immer noch schreiten durch die stillen Gemächer und auf den einsamen Wegen im Wald. Und auch heute kann es noch sein, daß er dir begegnet.

Burg Bilstein: im 13. Jh. Errichtung der eindrucksvollen Höhenburg durch Dietrich von Gevore, später Dietrich I. von Bilstein gen. (aus der Zeit erhalten: Tortürme und Mauerfundament); Geschlecht stirbt mit Johannes II.

von Bilstein (»Der Lowwerhannes«, 1327–1363) aus; Sitz der Grafen Mark (1391 Vereinigung mit Kleve zu Kleve-Mark), ab Mitte des 15. Jh. Eigentum der Erzbischöfe von Köln; von neuen Eigentümern veranlasster Neubau; im 17. Jh. Umbau und Instandsetzungsarbeiten; ab 1816 in preuß. Besitz; seit 1927 DJH, 1977–79 Rest. durch das Land NRW; seit 1997 im Eigentum der DJH Landesverband Westf.-Lippe; Adresse: von-Gevore-Weg 10, 57368 Lennestadt

IN DER UMGEBUNG
Fachwerkdorf Kirchveischede: 1045 erstmals urkundl. Erwähnung von Dorf »Viesche«; sehensw. Ansammlung von geschmackvoll hergerichteten Bauernhäusern des ausgehenden 18. Jh. im bergischen Rokokostil; zweigeschoss. Hallenhäuser, im EG massiv gebaut, durchbrochen von mächtigen Deelentoren, darüber häufig Inschriften und Verzierungen; zentral zwischen spitz zulaufenden schwarz-weißen Fachwerkgiebeln häufig beachtliche Ornamente; Lage: Ortsteil von Lennestadt, an der B 55 südwestl. von Burg Bilstein

Hohe Bracht (620 m): Aussichtsturm und Gastronomie im Einzugsgebiet Lennestadt mit 63% (= 85 km^2) Waldlandschaft; von oben schöne Fernsicht; Ausflugsziel und idealer Ausgangspunkt für Wanderungen; im Winter zahlr. Skilanglauffloipen und Skiabfahrt mit Lift vor der Tür; Natur pur rundum; tägl. 11–18 Uhr geöffnet, Infos unter Tel.: 02723-23 95, www.hohebracht.com; Lage: zwischen Bilstein und Altenhundem, 57368 Lennestadt

Ritter Diethelm
»*Mannestreu muß stehen wie Felsengrund.*«

Um das Jahr 1300 saß auf der Burg Altena Graf Eberhard II., ein streitbarer Recke und ein kluger Herr zugleich. Er war ein gern gesehener Gast bei den herzöglichen Höfen und war hochangesehen bei Kaiser Rudolf von Habsburg.

Graf Eberhard besaß ein kleines Jagdschloß auf dem Junkerenberg, der zwischen Husberg und Elverlingsen liegt. Hier wohnte der wackere Ritter Diethelm, des Grafen Schloß- und Jagdverwalter. Der Graf hielt ihn aber auch wert als Freund und treuen Waffengefährten, auch lag ihm daran, daß seine beiden Söhne mit den zwei um wenige Jahre älteren Söhnen des Ritters der Jagd pflegten und der ritterlichen Spiele. Und er hätte wahrlich keine besseren Gefährten für sie finden können.

Einstmals weilte Graf Eberhard nicht auf seiner Burg. Er lag in schwerer Fehde mit den Herren von Volmarstein. Seine Söhne hatte er währenddessen in Diethelms Obhut gegeben. Das hatten die Ritter von Werdohl bald erfahren, und schnell brachen sie mit wohlbewaffneten Scharen auf und zogen gegen das Jagdschloß, hoffend, die jungen Grafen und damit ihres Vaters Willen in ihre Gewalt zu bekommen.

Als der Wächter auf dem Turm die Feinde meldete, gab es eine nicht geringe Aufregung in der Burg. Denn der älteste Sohn des Grafen war mit einem Knecht frühmorgens zur Jagd ausgegangen und noch nicht zurückgekehrt. Diethelm schickte allsogleich einen seiner Söhne hinaus, damit dieser den jungen Grafen suche und ihn auf geheimen Wegen nach Altena bringe. Diethelms Sohn eilte in den Wald. Er hörte Tumult und fand den jungen Grafen samt dem Knecht bereits von einem Fähnlein der Werdohler umzingelt. Mit ingrimmiger Kraft schlug er auf die Feinde ein, und es gelang ihm nach hartem Kampf, den Grafen und den Knecht herauszuhauen. Dann brachte er ihn in Sicherheit nach Altena.

Inzwischen waren die Werdohler an die Burg herangekommen. Zu ihrem großen Verdruß fanden sie die Tore wohlverwahrt. Nun forderten sie, da sie an Kräften vielfach überlegen waren, den Ritter Diethelm auf, sich zu ergeben. Der aber wies das Ansinnen zornig zurück und sprach: »Versucht es, mich zu holen und die mir anvertraut sind! Mein gutes Schwert und die festen Mauern werden euern Plan zu schanden machen!«

Da verlegten sich die Feinde aufs Warten. Hunger und Durst brachten Diethelm und die Seinen in große Not. Aber auch den Belagerern war nicht wohl zumute, denn sie fürchteten die Rückkehr des Grafen Eberhard, wenn nicht bald die Entscheidung falle. Daher beschlossen sie einen Gewaltstreich. In der vierten Nacht schossen sie brennende Pfeile über die Mauern. Es brach Feuer aus, das rasch um sich griff. Diethelms einziger Gedanke war der, den jungen Grafen zu retten, und er war zum Aeußersten entschlossen. Er schickte seine Leute an das Haupttor der Burg mit der Weisung, einen Ausfall vorzutäuschen. Derweilen entwich er mit dem Junker und seinem Sohn nach der andern Seite in den Wald. Der Ritter von der Borghelle aber hatte die List durchschaut, und er fiel über Diethelm her. Nun gab es einen harten Kampf. Der greise Diethelm focht wie ein Verzweifelter und streckte einen Knappen nach dem andern zu Boden. Aber er selber blutete aus vielen Wunden. In der höchsten Not rief er seinem Sohn und dem Junker zu: »Mit Gott! Entflieht und seht euch nicht um!« Dann stürzte er sich mit todwunder Kraft auf den Ritter, der nur noch zwei Knechte zur Seite hatte. Einen der Knechte schlug Diethelm nieder. Der andere aber mit dem Ritter hieben den wackeren Alten zusammen, daß er tot niedersank. Inzwischen hatten sich der junge Graf und Diethelms Sohn in Sicherheit bringen können. Aber der Preis der Rettung war unendlich schwer.

Am folgenden Tag kam Graf Eberhard von der Fehde zurück. Er vernahm von der Rettung seiner Söhne und von des treuen Diethelm Tod. Er gönnte sich und seinen Knechten keine Ruhe, sondern zog mit furchtbarem Grimm vor die Burgen der nichtswürdigen Werdohler Ritter, zerstörte sie, brannte sie aus und ließ die Mauern bis auf den Grund niederlegen.

Danach ließ er die Leiche des Ritters Diethelm mit großen Ehren an der Kirche zu Altena beisetzen. Das Grab deckte ein großer Stein, in den eine Rittergestalt in voller Rüstung gehauen war. Und Eberhard ließ die Worte darauf setzen:
>»Dem getreuen Diethelm
>der dankbare Graf Eberhard.«

Den beiden Söhnen Diethelms gab Graf Eberhard eine Urkunde mit dem gräflichen Siegel daran, in der geschrieben stand, daß er auf ewige Zeiten ihnen und ihren Nachkommen zum Andenken an ihren treuen Vater den Junkerenberg und was dazu gehöre, nebst all dem Land unten im Tal, das die Lenne von Berg zu Berg umschließe, als »edelvry lehn« überweise.

Diethelms Söhne zogen in ihr Eigentum, rodeten den Wald, pflügten die Aecker und bauten im Tal zwei steinerne Häuser. Im Volksmund wandelte sich der Name »edelvry lehn=hausen« bald zu Elverlingsen.

Die Nachkommen des Grafen Eberhard haben diese Schenkung allezeit geachtet. Und Elverlingsen lag immerfort als freies Besitztum inmitten der gräflichen Güter.

Auf dem Junkerenberg sind keine Mauern mehr zu finden. Wetter und Zeiten haben sie zernagt bis auf den dunklen Fels, der sie einst trug.

Burg Altena: Höhenburg über Lennetal; im 12. Jh. für die Grafen von Altena-Mark errichtet; vermutl. in Folgejh. Ausbau und bauliche Veränderungen; 1609 Garnisonssitz der Preußen, im 18. Jh. u.a. Gerichts- und Gefängnisunterkunft, im 19. Jh. Sitz eines Krankenhauses, später zunehmender Verfall; 1907–1915 Neuaufbau auf Ruinen weitgehend nach hist. Vorbild; auf umfangreicher Gesamtanlage Bergfried mit 36 m hohem, begehbarem Turm; Burg beherbergt mehrere Museen und eine DJH; Museen: Museum der Grafschaft Mark u.a mit Einrichtungsmobiliar aus mehreren Jh., alten Rüstungen, Waffen und einer Gemäldesammlung; jüngst neu konzipiertes modernes Museum zur Regionalgeschichte: umfasst Zeitspanne von der Frühgeschichte über das MA, die Industriezeit bis zur Jetztzeit und bietet ma Inszenierungen für Kinder und Erwachsene; Museum Weltjugendherberge: urspr. Einrichtung der weltweit ersten festen JH auf Burg Altena; Öffnungsz.: di.–fr. 9.30–17 Uhr, sa./so. 11–18 Uhr; Adresse: Museen Burg Altena, Fritz-Thomée-Str. 80, 58762 Altena

IN DER UMGEBUNG

Dt. Drahtmuseum: (Drahtherstellung hat in Altena bis ins MA zurückreichende Tradition); 1965 Einrichtung auf Burg, 1994 Umzug in ein nahe gelegenes Gebäude unterhalb der Burg; seit 1999 Vergrößerung und neue Konzeption der Sammlung auf einer Fläche von 700 qm; multimediales »Erlebnismuseum« steht unter dem Leitsatz »Vom Kettenhemd zum Supraleiter«; Ausstellungsschwerpunkte: Drahtherstellung, Drahtziehen, Erzeugnisse aus Draht, Beleuchtung der Technikgeschichte des Drahtes sowie seiner Sozial-, Wirtschafts- und Kulturgeschichte, Experimente mit Draht, Polterwäsche und hist. Drahtziehmaschine; Öffnungsz. siehe Burg Altena; Adresse: Dt. Drahtmuseum, Fritz-Thomée-Str. 12, 58762 Altena

»Burg« Holtzbrinck: (im Erscheinungsbild einer Burg ähnelnd) 1643 erstmals urkundl. erwähnt; 1673–89 bauliche Änderungen und Ausbau der Anlage sind weitgehend bis in die heutige Zeit erhalten geblieben; sehensw. zweigeschoss. Profanbau aus Bruchstein mit mehreren Achsen und Ecktürmen sowie Torbogen und umgebender Mauer; 1753–1878 Amtssitz der adligen Beamtenräte von Holtzbrinck; 1937 moderner Anbau; 1972 Ankauf durch Stadt, daraufhin Rest. und ab 1976 öffentl. zugängl. Bürgerbegegnungsstätte; Ort kultureller Veranstaltungen und standesamtl. Trauungen; Burg und angrenzender Garten können besichtigt werden; di.–sa. 9–12 Uhr und do. 15–18 Uhr geöffnet, Infos unter Tel.: 02352-20 93 46; Adresse: Begegnungsstätte Altena, »Burg« Holtzbrinck, 58762 Altena

Hist. Drahthandelsweg Altena-Iserlohn: vorindustrieller Transportweg des Drahts zwischen den Draht herstellenden und Draht weiterverarbeitenden Städten Altena und Iserlohn; 15 km langer mit D markierter Wanderweg verbindet beide Stadtbahnhöfe als Start- und Zielpunkt; Höhe und zwei Täler bei einem Höhenunterschied von 700 m müssen überwunden werden; 14 Informationstafeln entlang der Route klären auf über traditionsreichen Weg; sieben Restaurants mit Wanderstempeln kreuzen; gegen geringes Entgelt werden nach Erreichen des Ziels Wandernadeln ausgegeben, Infos über Tourismus- und Verkehrsverein Altena e.V., Lüdenscheider Str. 22, 58762 Altena; Rückfahrt mit Schnellbussen oder Bahn möglich; Start sowohl vom Hbf Altena als auch vom Hbf Iserlohn möglich

Fuelbecketalsperre: 1896 Inbetriebnahme der Brauchwassertalsperre als erste des Sauerlandes nach Plänen von Prof. O. Inzte; wurde genutzt zur Wasser- und Energieversorgung von unterhalb des Tals gelegenen Fabrikanlagen; 27 m hoher Bruchsteinbau erinnert an bar. Festungsbau mit Jugendstil-Ornamenten; idyllische Lage im Grünen lädt zum Wandern und Joggen ein; Besichtigung der Staumauer nach Absprache mit Stadtwerken (Linscheidstr. 52, 58762 Altena) möglich, Infos unter Tel.: 023 52-918 40; Erreichbarkeit: im Stadtteil Altena-Altroggenrahmede, dort der Ausschilderung folgen

Das Bergische Land

Beyenburg
Auf Bergeshöh' am Wupperstrand
Da lag ein Kloster weit bekannt.
Die Nonnen liebten frommen Brauch,
Doch pflegten sie der Bienen auch.
Einst kam dem Kloster große Not,
Da freche Ritter es bedroht.
Der Schwestern Schar zum Himmel fleht
Mit heißem, brünstigem Gebet.
Die Feinde kommen an in Eil!
Und schleudern lärmend Pfeil auf Pfeil.
Da horch! was summt heran und schwirrt,
Daß schier den Rittern bange wird?
Ein Schwarm von Bienen, jäh empört,
Von ihren Pfeilen aufgestört!
Es saust heran mit wilder Wut
Und sticht und plagt die Räuberbrut,
Daß, wie sie windet sich und dreht,
Bald Seh'n und Hören ihr vergeht.
Was hilft ihr gegen solchen Schwarm
Die blanke Wehr, der starke Arm?
Was frommt ihr Klinge nun und Pfeil?
In schneller Flucht sucht sie ihr Heil.
Zum Dank den Bienen, die so gut
Gewehrt der Ritter frevlem Mut,
Ertönt durch alle Zeit hindurch
Dein Name drum, o Beyenburg!

Ehem. Kreuzbrüder-Klosterkirche St. Maria Magdalena, heute kath. Pfarrkirche: Errichtung der Klosteranlage auf dem sog. »Bienenberg« Ende des 15. Jh. durch die um 1296 auf Geheiß Graf Adolf V. von Berg nach Beyenburg gekommenen Kreuzherren; 1804 Säkularisation und Teilabriß; seit 1963 Rückkehr des Ordens und bis 1995 vollst. Restaurierung der Kirche, Klostergebäude (heute Pfarrhaus) und Neugestaltung des Klosterhofs; Kirche St. M. M.: einschiff., heller Bruchsteinbau mit spitzem Satteldach und zierlichem Dachreiter, dreiseitigem Chorabschluss und Kreuzrippengewölben; sehensw. bar. Ausst. um 1700 u.a. mit Hochaltar von 1698, einem Altargemälde aus der Schule P. P. Rubens, Orgelbühne und -prospekt von 1694 und Chorgestühl (um 1700) mit Resten aus der Spätgot.; von der Brücke über dem Stausee (Str. Windfoche) Panoramablick auf Beyenburg und Kirche (tägl. 8–18 Uhr geöffnet); Adresse: Beyenburger Freiheit 49, 42399 Wuppertal

IN DER UMGEBUNG

Schwebebahn: Wahrzeichen der Stadt; 1898 Baubeginn nach Plänen des Ingenieurs E. Langen; 1901 offizielle Betriebseröffnung der ersten Teilstrecke; zur Berühmtheit gelangter Zwischenfall: 1950 springt Jungelefant »Tuffi« bei Werbefahrt des Zirkus Althoff aus dem fahrenden Schwebebahnabteil in die Wupper und kommt mit leichter Verletzung am Po davon; Höchstgeschwindigkeit 60 km/h bei einer Streckenlänge von 13,3 km mit insgesamt 20 Stationen, von denen moderne Glas-Stahlkonstruktion »Kluse« (von 1999) ebenso wie »Werther Brücke« (Jugendstil) besondere Aufmerksamkeit verdienen; befördert etwa 75.000 Fahrgäste pro Tag; Nostalgie-Fahrten im »Kaiserwagen« sowie weitere Sonderfahrten sind im Programm; derzeit wegen Erneuerung der stählernen Tragwerkkonstruktion und technischer Modernisierung eingeschränkter Schienenverkehr; Adresse: Wuppertaler Stadtwerke AG, Bromberger Str. 39–41, 42281 Wuppertal

Von der Heydt-Museum: 1827–42 Errichtung des ehem. Elberfelder Rathauses durch den Architekten J. P. Cremer im Stil des Klassiz.; seit 1902 Unterkunft des Städt. Museums, heute V.d.H.-M.; 1986–90 Umbau und Erweiterung; Skulpturenensemble am Eingang von T. Cragg; Großteil des Bestandes machen Schenkungen des Kunstsammlers A. F. von der Heydt (1851–1929) und seines Sohnes Eduard (1882–1964) aus; Sammlung umfaßt 2.000 Gemälde, 400 Skulpturen und 30.000 grafische Bilder; Ausstellungsschwerpunkte liegen auf dt. und franz. Malerei des 19. Jh. und der Klassischen Moderne; niederl. Malerei (16. und 17. Jh.) sowie Plastiken des 19. und 20. Jh. sind ebenfalls ausgestellt; zum 100-jährigen Jubiläum 2002 neue Ausstellungspräsentation; Wechselausstellungen; di.–so. 11–18 Uhr, do. 11–20 Uhr geöffnet; Adresse: Turmhof 8, 42103 Wuppertal

Zoologischer Garten: 1881 Eröffnung mit anfangs 34 Tieren; im 2. WK Zerstörung der Gehege und Anlagen sowie Reduzierung des Tierbestands auf etwa 20 Tiere, danach baldige Wiedereröffnung; wird laufend erweitert; heute 20 ha groß, mit altem Baumbestand, 5.000 Tieren und ca. 500 Arten, darunter: Affen, Bären, Katzen, Elefanten, Vögel, Fische und Reptilien; auch bei schlechtem Wetter besuchenswert; zahlr. Gruppen- und Sonderveranstaltungen; ganzjährig geöffnet, i. d. R. von 8.30–18 Uhr (Sommer) bzw. bis 17 Uhr (Winter); Adresse: Hubertusallee 30, 42117 Wuppertal

Schloss Lüntenbeck: Anfang des 13. Jh. im Heberegister erwähnt; ehem., wasserumwehrter Lehnshof der Äbtissinnen von Gerresheim; Name leitet sich her von dem nahe gelegenen Wupper-Zufluss Bach Lüntenbeck; heute im Privatbesitz; aus dem 17. Jh. sind erhalten geblieben: zweigeschoss. Herrenhaus mit breitem Walmdach, fenstergroßen Dachgiebeln und zwei Zwiebelspitzen; quadratischer Eckturm mit Schweifhaube und Wetterfahne; Wirtschaftsgebäude aus Bruchstein; Hoftor; ein zweigeschoss. Fachwerkhaus; Mühlenturm im Garten; von außen jederzeit zugängl.; Räume sind von Firmen angemietet und nicht zugängl.; Adresse: Schloss Lüntenbeck, 42337 Wuppertal

Ref. Kirche Schöller: heutiger Stadtteil Schöller wird bereits 1530 ref. und zählt damit zu den ältesten ref. Kirchengemeinden im Bergischen Land; von der seit Jh. unverändert gebliebenen reizvollen Landschaft konnte sich schon der Dichter J. W. von Goethe (1749–1832) 1774 zu Pferde überzeugen; Kirche ist Saalbau mit Deckentonne aus Holz und flachgedecktem Chor aus dem 18. Jh.; wuchtiger W-turm stammt von dem rom. Vorgängerbau aus dem 12. Jh., Taufbecken aus dem 13. Jh.; auf ummauertem Kirchplatz befinden sich alte Grabsteine aus dem 17. und 18. Jh.; tagsüber durchgehend geöffnet; Adresse: Schöllerweg, 42327 Wuppertal

Das Zwergenjunkerlein

Wer die Woche über tüchtig geschwitzt und viel Staub geschluckt hat bei seiner Arbeit, gebraucht sonntags zuweilen ein Stündlein länger, um den Staub von der Zunge zu spülen und den verlorenen Schweiß wieder aufzuholen. Das tat auch ein Hammerschmied und schritt eines Sonntags spät abends bei Vollmondschein die Wupper entlang seiner Schmiede zu. Sah er da auf den Felsen und Klippen bei Müngsten eine Schar Zwerge musizieren und tanzen. Einer hüpfte dabei ausgelassen auf einem weit über das Wasser vorspingenden Felsstück herum, warf immerfort sein silbern schimmerndes Hütlein in die Luft und fing es wieder auf, bis er es in seinem Taumel verfehlte und es in

die Wupper fiel. Da war das Spiel mit einemmal zu Ende, und keiner der wehklagenden Männlein wußte, wie es das Hütlein wieder erlangen könne.

Gerade an der Stelle nun, wohin es trieb, stand der Schmied, der die Zwerge beobachtet hatte. Er fing das Hütlein auf, warf es dem Männlein auf den Tanzplatz hinauf und setzte seinen Weg fort, ohne sich noch um das kleine Volk zu kümmern.

Als er anderen Morgens seine Schmiede betrat, lagen die Stahlblöcke, die er die Woche über ausschmieden wollte, schon zum Hämmern gefertigt, und so ging das jetzt Tag für Tag, wieviel Blöcke er auch immer jeden Abend neben die Esse schichtete. Wie aber die Zahl der fertigen Hämmer wuchs, so wuchs auch des Hammerschmieds Wohlstand; waren seine Hämmer auf einmal doch überall begehrt, weil keiner so gute lieferte wie er.

Der Hammerschmied ahnte, wer ihm zu Hilfe ging; doch hätte er auch noch gerne gewußt, wie der heimliche Helfer die schwere Arbeit so schnell und so vorzüglich zuwege brachte, und um das zu erfahren, legte er sich eines Nachts auf die Lauer.

Schon nach kurzem Warten blitzte ein Lämpchen auf, und ein Männlein trippelte zur Tür herein, das hatte ein ledernes Schurzfell um und trug auf dem Kopf ein Hütlein der gleichen Art, wie es der Schmied aus der Wupper gezogen hatte. Es hängte sein Lämpchen an einen Nagel, blies das nur noch schwach glimmende Feuer der Esse zu heller Flamme und schob einen der schweren Stahlblöcke hinein, als wäre es nur ein Stück leichten Holzes. Kaum war der Block ein wenig gewärmt, hob es ihn auf den Amboß, zog ein silbernes Hämmerlein aus seinem Schurz und hatte mit wenigen Schlägen den ungefügen Stahl zu Stangen und endlich zu Hämmern geschmiedet. So ging das nicht lange hin, da lagen die ganzen Blöcke gefertigt, das Männlein nahm sein Lämpchen vom Nagel und war auf einmal heimlich, wie es gekommen war, wieder verschwunden.

Tagelang sann nun der Schmied, wie er sich erkenntlich zeigen könne. Da kam er auf den Gedanken, er wolle dem Männlein einen Anzug schneidern lassen, wie die Junker ihn trügen: eine Hose aus Seide, ein Röcklein von Samt, eine goldgestickte Weste, ein Federbarett und Stiefel aus rotem Leder. Gedacht, getan, und eines Abends konnte er alles fein säuberlich auf den Amboß niederlegen. Danach versteckte er sich, um zu belauschen, was nun geschähe.

Um die Mitternacht huschte das Männlein herein, hängte sein Lämpchen auf, blies Feuer an und wollte sich, wie gewohnt, an die Arbeit machen, da sah es auf dem Amboß die feinen Kleider liegen. Zuerst stutzte es, dann aber tauschte es flink das alte, verschlissene Zeug mit dem neuen Gewand, beguckte, befühlte, wandte und drehte sich, tat endlich vor Freude einen hohen Sprung und rief: »Wat brukt en Jonker te kloppen, de en ruaden Rock anhett!« Es raffte die abgelegten Sachen zusammen und schmiß sie mitsamt seinem Hämmerlein in das Feuer. Nur sein Hütlein behielt es auf und ließ dafür das Federbarett auf dem Amboß liegen. Dann nahm es sein Lämpchen vom Nagel, huschte, ohne sich noch einmal umzugucken, davon und wurde nie wieder gesehen.

Dem Schmied aber ging es deshalb nicht schlechter; war er doch so reich geworden, daß er auch fernerhin sein gutes Auskommen hatte und sich viele Gesellen halten konnte. Allerdings brachten sie allesamt und in einer Woche nicht soviel geschafft, wie der heimliche Geselle in einer Nacht gearbeitet hatte.

»Sagenhafte« Felsenlandschaft am Lauf des Wupper-Flusses: in einer Rechtsschleife der Wupper steil abfallende bewaldete Felsen (rechtsseitig) auf einer Länge von mehreren hundert Metern; kleine Vorsprünge und Felsspalten werden im Volksmund »Zwergenlöcher« gen.; Naturlandschaft wird von der Müngstener Brücke (15. Juli 1897 Verkehrsübergabe) über der Wupper dominiert; 107 m hoch und 500 m lang galt die Stahlkonstruktion als »technisches Wunderwerk« und wird heute noch als Schienenverbindungsweg der Städte Solingen und Remscheid befahren; in ausgewiesenem Wandergebiet gelegen; Lage: Felsen und Brücke können vom Müngstener Brückenweg, 42659 Wuppertal am Fuße der Wupper gesehen werden

IN DER UMGEBUNG

Dt. Klingenmuseum: anfänglich (ab 1904) Sammlung der Solinger Fachschule für Metallgestaltung; 1954 Überführung in ehem. Gräfrather Rathaus, dem heutigen Kunstmuseum der Stadt Solingen; Erweiterung des Bestandes erfordert erneute Ausgliederung; 1991 Unterkunft in den ein Jahr zuvor ren. und für die Ausstellung umgestalteten Räumen des ehem. Gräfrather Nonnenklosters (1803 Säkularisation); ausgestellt sind Blanke Waffen, Schneidwaren und Besteck aus mehreren Jh., begleitet von kunst- und kulturgeschichtl. Dokumentationen; ferner wertvoller Gräfrather Kirchenschatz und hist. Zinngießerei zu sehen; Sonderausstellungen und Veranstaltungen ergänzen Angebot; tägl. außer mo. 10–17 Uhr, fr. 14–17 Uhr geöffnet; Adresse: Klosterhof 4, 42653 Solingen

Kath. Pfarrkirche St. Mariä Himmelfahrt, ehem. Damenstiftskirche: urspr. Kirchenbau des 1185 gegründeten Klosters und späteren adeligen Damenstifts stammt aus dem 13. Jh. und fällt einem Brand zum Opfer; erhalten ist einschiff. Saalbau von 1690, von dem Teile des W-baus, ein frühgot. Portal und spätgot. Sakristei älteren Datums sind; innen bar. Ausst. aus dem 17. Jh., darunter: drei Altäre, Kanzel und eindrucksvoller Orgelprospekt; Kirche thront über beschaulichem Marktplatz mit verschieferten Fachwerkhäusern aus dem 18. und 19. Jh.; nach Messen sowie so. 15–17 Uhr geöffnet; Führungen unter Tel.: 0212-59 19 76; Adresse: Klosterhof, 42653 Solingen

Das Gespenst des Grafen von Berg

Unsres Hauses Ruhm entartet zur Scham,
Herzog Wilhelm, mein Vater, ward alt und lahm,
und er will, er will nicht sterben.
Jungherzog nenn ich mich von heut,
ich bins, der den Glanz von Berg erneut.
Der Alte mag verderben!«

So verhöhnt Graf Adolf im Zecherkreis
seinen eigenen Vater, den milden Greis.
Und Beifall brüllt die Runde
der liederlichen Saufkumpanei:
»Recht, Adolf, mach dich vom Vormund frei!«
Und sie reiten zur selbigen Stunde ...

Zurück nach Schloß Burg im Wirbelsturm.
Sie stoßen den Greis hinein in den Turm:
»Da verfaule bei Mäusen und Ratten!
Dich sieht nicht mehr das Tageslicht,
bis dein Aug im Todeskampfe bricht
und wir deinen Leichnam bestatten.« ...

Und Jungherzog Adolf sitzt wieder einmal
mit seinen Gesellen beim üppigen Mahl,
sie lassen sichs trefflich munden.
Da – Botschaft: »Herzog Wilhelm verschied,
sein letztes Wort: »Fluch dem, der den Vater verriet!«
Sein Leichnam ist verschwunden« ...

Er steht in der Kerkergruft allein,
er sieht eine Schrift im feuchten Gestein
wie mit Klauennägeln geschrieben:
»Der Vatermörder endet durch Mord!«
Da haut er sein Schwert in das furchtbare Wort
hinein, daß die Funken stieben.

Zurück! Gestützt auf des Schwertes Knauf.
Aus dem schwarzen Schlund taucht ein Antlitz auf,
so weiß wie Totenlinnen.
Ist's nagende Wut? Ist's bohrende Qual?
Über die Stiege stürzt er zum Rittersaal,
als müßt er sich selbst entrinnen.

Nachts aber um zwölf ein rasender Schrei:
»Mörder! Zu Hilfe! Herbei! Herbei!«
Sie finden Herrn Adolf im Bette,
angstverzerrt und mit fieberndem Schweiß.
Seine Stimme gellt: »Da! Seht ihr den Greis?
Horch! ... Hört ihr das Rasseln der Kette?«

Und so Nacht um Nacht. Bis der Jungherzog flieht
und auf immer hinaus in die Lande zieht.
Schloß Burg! Dein Ruhm muß verblassen!
Die Hallen verödet, die Säle stumm.

Seit das Gespenst im Turm geht um,
liegt der Herrschersitz verlassen.

Schloss Burg: nach Aufgabe der alten Herrscherburg in Odenthal-Altenberg ist ma Höhenburg Sch. B. von 1133 bis ins 16. Jh. Residenz der Grafen von Berg; im 12. und 13. Jh. Veränderungen bzw. Erweiterungen am Bau; 1648 Zerstörung und bis 1887 Ruine; Bürgerinitiative sorgt von 1890–1915 für die Wiederherstellung als »bergisches Nationaldenkmal«; vor Burg Reiterstandbild des Grafen Engelbert II. von Berg; innen Museum zur Geschichte und Kultur des MA; sehensw. sind vor allem: Rittersaal, Ahnensaal, Kemenate und Kapelle (historische Räume), monumentale Historienbilder aus der Geschichte der Grafen von Berg sowie detailgetreue Modellbauten (Burganlage, Schlacht von Worringen u.a.); in unmittelbarer Nähe Seilbahn (Infos unter Tel.: 0212-43181, www.seilbahn-burg.de), die Ober- und Unterburg miteinander verbindet; im 18 m hohen Batterieturm Gedenkstätte für die O-Vertriebenen des 2. WK; Öffnungsz.: März–Okt. mo. 13–18 Uhr, di.–fr. 10–18 Uhr, sa./so. 10–18 Uhr; Nov.–Febr. i. d. R. mo. geschl., di.–fr. 10–16 Uhr, sa./so. 10–17 Uhr; Adresse: Schlossverein Burg an der Wupper e.V., Schlossplatz 2, 42659 Solingen

IN DER UMGEBUNG

Sengbach-Talsperre: Trinkwasser-Lieferant und attraktives Wandergebiet; 1900–03 Bau der 43 m hohen Bruchstein-Staumauer unter der Leitung von Prof. Intze; hohes Steilufer ist von Wald umgeben, der in den letzten 25 Jahren stark aufgestockt worden ist (Waldanteil im Einzugsgebiet beträgt 44 %); Feuchtbiotope in Auen der Zuflüsse und Schutzzone 1 (= 100 m breiter Ufergürtel um die Talsperre; Betreten verboten!) bieten Lebensraum für viele heimische Pflanzen und Tiere; rund ums Jahr einen Besuch wert; reizvolle An- und Ausblicke, z.B. von der Staumauer; Rundwanderweg ist ca. 9 km lang; Wanderungen nach Schloss Burg und zur Wupper sind angeschl.; ideale Ausgangspunkte: Parkplatz Höhrath oder P. Glüder, 42659 Solingen

Der Wasserteufel und das Kloster Altenberg

Erhaben prangt die neue Klosterkirche von Altenberg zwischen den altersgrauen Gebäuden und Mauern. Von weit her pilgerten die Gläubigen in Scharen nach Altenberg, um dort ihre Andacht zu verrichten und sich bei den frommen Brüdern Rat und Trost zu holen. Das gefiel dem Bösen keineswegs; suchte er schon seit langem den Mönchen wegen ihres sittenreinen Lebenswandels etwas am Zeuge zu flicken, so wuchs jetzt sein Haß und seine Wut um so mehr, als er auch die seelsorgerischen Erfolge der frommen Mönche wachsen sah.

Er beschloß daher, die neue Kirche dem Erdboden gleich zu machen. Zunächst legte er Feuer an dieselbe; allein die Mönche, sowie die scharenweise aus der Umgegend herbeigeeilten Nachbarn erstickten bald die Flammen. Nun versuchte es der Teufel auf andere Weise. Er ließ am Vortage von Christi Himmelfahrt, den 23. Mai 1324, sich oberhalb des Klosters einen ungeheuren Sturm mit Blitz, Donner und schweren Regengüssen erheben. Bald war die sonst so sanft fließende Dhün zu einem tobenden Bergstrome angewachsen, mit sich reißend, was ihr in den Weg kam. Damit aber die Gewässer in dem sich erweiternden Tale nicht zu sehr verteilt würden und so mit voller Wucht gegen das Kloster geworfen würden, begab sich der Böse auf die Dhünbrücke, hielt die Wassermengen auf und trieb die Wogen mit aller Gewalt gegen das Kloster.

Hier richteten sie große Verwüstungen an. Die Kirche und Klostergebäude waren fußhoch mit Schlamm bedeckt, schwere Bäume lagerten überall und wurden gegen die Bauwerke geschleudert. Viele Menschen und Tiere fanden in den Fluten ihr Ende. Alles war so plötzlich gekommen, daß fast alle die Geistesgegenwart verloren und jeder nur an seine eigene Rettung dachte. Die Klosterkirche schien bereits dem unvermeidlichen Untergange verfallen und dem Anprall der wild anstürmenden Wogen nicht mehr gewachsen zu sein, als der fromme Abt Reinhard den Bösen selbst an der Dhünbrücke in voller Tätigkeit bei seinem grausen Zerstörungswerke gewahrte. Sofort beschrieb er ein großes Kreuz über des Satans Gestalt und bannte ihn mit geweihtem Fluche. Da befiel den Erreger alles Bösen eine solche Schwäche, daß er gegen die Wogen nicht mehr standhalten konnte und von denselben hinweggeführt wurde. Sogleich beruhigten sich die Gewässer und die Dhün trat in ihr altes Bett zurück. Die herrliche Klosterkirche war aber gerettet.

»Altenberger Dom«, ehem. Zisterzienser-Abteikirche St. Mariä Himmelfahrt: auch »Bergischer Dom« gen.; bed. Zeugnisse got. Baukunst in Dt.; rom. Kirchenbau aus dem 12. Jh. wird 1222 durch Erdbeben stark beschädigt und danach abgerissen; 1259–1379 Bau einer dreischiff. Basilika mit Querhaus, Kreuzrippengewölbe und fünfschiff. Chor mit Kapellenkranz; mit der Säkularisation 1803 Beginn des Verfalls und Veräußerung der Kirchenschätze; unter dem Preußenkönig Friedrich Wilhelm IV. 1835–46 Rest. für den »Simultangebrauch« (ev. und kath. Christen), 1857 Übergabe; innen grau bemalte Chorfenster (13. Jh.) und Fenster der W-Wand (farbig), die zu bed. dt. Glasmalereien des 15. Jh. gehören; von urspr. Ausst. erhalten: Verkündigungsgruppe aus Tuffstein von 1375, Grabmäler der Grafen und Herzöge von Berg und deren Frauen und Sakramentshaus (1480); trotz anhaltender umfangreicher Ren.arbeiten unter Schirmherrschaft des Landes NRW (Eigentümer) ganztägig geöffnet; kostenlose Führungen und zahlr. »Domkonzerte« gehören zum Veranstaltungsrepertoire, Infos über Altenberger Dom-Verein e.V., Hauptstr. 269, 51465 Bergisch Gladbach; Adresse: Altenberger Dom, 51519 Odenthal

IN DER UMGEBUNG

Märchenwald: 1931 Eröffnung des Familienunternehmens; Märchen werden in Form von z. T. beweglichen Szenen mit lebensgroßen Figuren in Häusern veranschaulicht; auf Verlangen kann Stimme eines Erzählers abgerufen werden; besteht heute aus ca. 20 Märchen, Autoscooter und Karussell; ferner Brüder-Grimm-Halle, in der zu jeder vollen Stunde Wasserfontänen losgehen; das ganze Jahr über tägl. 9–18 Uhr geöffnet; (Tel.: 02174-40 454); Lage: Märchenwaldweg, 51519 Odenthal (Parkplatz angeschl.; oder 5 Min. zu Fuß vom Dom)

Wildpark: Eigentum des Prinzen H. zu Sayn-Wittgenstein-Berleburg; 448 ha groß mit 10 km langem Wegenetz nur für Fußgänger; v.a. vormittags sind Mufflons, Wildschweine, Dam- und Rehwild zu beobachten; es wird gebeten, auf den Wegen zu bleiben und Hinweise auf den Schildern zu befolgen; bildet Teil der grünen Landschaft Odenthals mit zahlr. Wanderwegen und einem Kultur- und Waldlehrpfad (Infos unter Tel.: 02207-71012/ -3 oder -9, Gemeindeverwaltung); Eintritt frei; geöffnet von 7–19 Uhr (Sommer) bzw. 8–17 Uhr (Winter); Lage: südöstl. des Doms, z. B. vom Parkplatz Scheurener Str., 51519 Odenthal gut zu erreichen

Asenborn und Strunderquelle

Zu der Zeit, da überall in Höhlen und unterirdischen Gängen noch Zwerge wohnten, lag die Quelle des mühlenreichen Strunderbaches eine Strecke höher im Tal, als wo sie heute entspringt. Asenborn nannten unsere Voreltern sie, und nahebei hatten Zwerge eine ihrer unterirdischen Wohnungen aufgeschlagen. Auch kleine Kühe hielten sie, und die trieben sie zuweilen auf eine Wiese, die dem Spitzmüller, einem hartherzigen und geizigen Mann, gehörte. Er wäre nicht ärmer geworden, wenn er die Kühlein auf seiner Weide gelassen hätte; denn seine Mühle brachte ihm des Geldes mehr ein, als er verleben konnte. Aber er drohte, er wolle das Vieh niederschießen, wenn es noch einmal auch nur einen Halm seines Grases abzupfe.

Das kleine Volk nahm die Drohung nicht ernst, und eine Zwergenfrau trieb ihr braunes Kühlein nach wie vor auf die Wiese. Das sah eines Tages der Müller. Er geriet in einen furchtbaren Zorn, holte seine Büchse und legte sie an.

Da hob die Zwergenfrau warnend den Finger und rief mit heiserer Stimme:

*»Schießt du mir meine Kuh,
springt dir die Quelle zu!«*

Dazu verzog das Weiblein sein runzeliges Gesicht – es konnte scheinen, als wollte es den Müller verlachen und höhnen. Der meinte das auch, geriet noch ärger in Zorn, drückte los, und paff lag das braune Kühlein tot in der bunten Wiese.

»So, du wirst mir keinen Schaden mehr antun,« sagte der Müller und setzte die Büchse ab. Da lief die Zwergenfrau an den Bach, brach sich von einer Weide ein Zweiglein und schälte die Rinde ab.

Darauf warf sie das Stäbchen ins Wasser und murmelte unter seltsamen Gebärden:

> *»Stocke, stocke Asenborn,*
> *dich verwünschte Zwergenzorn!*
> *Quill erst tiefer in dem Tal*
> *wieder an den Sonnenstrahl!*
> *Sprudle durch geheime Macht*
> *zu Herrenstrunden aus der Nacht!«*

Der Müller sah dem Weiblein ein Weilchen zu. Eben wollte er über das seltsame Getue spotten, da klapperte es in der Mühle, als wäre kein Korn mehr aufgeschüttet. Schnell eilte er in die Mahlstube, um nach dem Rechten zu sehen, da stand das Mühlrad schon still; denn war die Schleuse auch offen, so floß doch kein Tröpflein Wasser herab. Aufgeregt eilte der Müller hinaus an den Damm. Lag da der Bach völlig ausgetrocknet, und seine Forellen zappelten mit offenen Mäulern zwischen den Steinen. – Nun griff der Müller wütend nach seiner Axt, lief an die Höhle, sich an den Zwergen zu rächen – da waren die Zwerge fort und blieben auch fort.

Der Asenborn gab nie wieder Wasser her. Es sprudelt jetzt weiter unten im Tal bei Herrenstrunden, wie es das Weiblein verheißen hatte. Was aus dem Spitzmüller geworden ist, weiß keiner zu sagen. Vielleicht hat er bis an sein Ende noch leben können von seinem ergeizten Geld.

Strundebach bei Herrenstrunden (Quellgebiet) und »Zwergenhöhle«: Strunde leitet sich her von »strudeln«, auch »frisch, lebendig, quillen«; in frühen Jh. Lebensader einer wachsenden Menschenansiedlung und Keimzelle der Stadt Bergisch Gladbach; 20 km langer Bachlauf (heute zumeist unterirdisch) mit einem Gefälle von 200 m von der Quelle bis zur Mündung in den Rhein bei Köln-Mühlheim ist Kraftspender für mehr als 50 Mühlen in vergangener Zeit; Papiermühlen legen den Grundstein der Industrialisierung in der Region; von der Bed. des Baches für die Menschen früherer Generationen zeugen noch erhaltene hist. Gebäude am Quellbachlauf, darunter 1950 nach alten Plänen wiederaufgebautes Komtureigebäude der ehem. Ordensburg der Johanniterkommende, daneben got. Saalkirche und Wassermühle von 1728 erhalten; Burg Zweiffel: ehem. wasserumwehrtes Herrenhaus, aus älterer Zeit sind Wehrmauer und Herkrather Tor erhalten; Lage Naturdenkmal »Zwergenhöhle«, auf Fußweg von Str. Herrenstrunden, 2. Waldweg links nach dem Komtureigebäude, zu erreichen

In der Umgebung
Papiermühle Alte Dombach, Außenstelle des Rheinischen Industriemuseums (RIM): 1614 Inbetriebnahme der ersten Papiermühle im malerisch gelegenen Strundetal und Anfang vom Aufstieg Bergisch Gladbachs zum Zentrum der Papierherstellung; 1876 erwirbt Firma Zander Anlage; 1900 Einstellung der Papierproduktion; 1987 wird Komplex an RIM übergeben und 1999 als eins von sechs Einzelmuseen eröffnet; Außenanlagen zeigen hist. Maschinen, rekon. Mühlengraben und Teich sowie Schaugärten; Fachwerkbauten erzählen vom Wohnen und Leben der Papiermacher; Höhepunkt ist 40 m lange und 5 m breite Papiermaschine von 1889; Besucher können Papier auf traditionelle Weise schöpfen, bei zeitgemäßer Papierherstellung durch eine Laborpapiermaschine zusehen und vieles rund um die Welt des Papiers erfahren, z. B. von der »sprechenden Toilette«; di.–so. 10–17 Uhr geöffnet; Adresse: An der Kürtener Str., 51465 Bergisch Gladbach

Ritter Kurt von Arloff

Während Graf Adolf III. in Berg herrschte, ging eine Schar Böhmen bei Sinzig über den Rhein, fiel ins Bergische ein und hauste fürchterlich im Lande. Kirchen und Klöster wurden namentlich von ihnen schwer geschädigt. Die Rotte kam auch zum Schlosse Bensberg, dessen schleunige Übergabe übermütig verlangt wurde. Der Schloßvogt, Kurt von Arloff, war aber dazu

nicht bereit. Er rüstete sich zu tapferer Gegenwehr. Sieben Wochen lagen die Böhmen vor der Burg; alle Stürme waren abgeschlagen und mancher der Ihrigen erschlagen worden. Zwar herrschte schon empfindlicher Mangel an Lebensmitteln und Geschossen in der Burg; aber man griff zu den Steinen und warf sie auf die Böhmen herab. Die tapfere Besatzung pflegte zu sagen:
>>*So lang der Böhm' noch Steine frißt,*
Die Feste unbezwingbar ist.<<
Endlich zogen die Belagerer ab, dem Lande vergeltend, was sie vor der Burg gelitten hatten. Das jammerte den tapfern Kurt von Arloff und er faßte seinen Plan. Plötzlich stiegen flammende Feuerzeichen am Himmel empor, und Boten forderten überall zur Rache auf. Bald drängten sich vierhundert kampfbereite Männer um Kurt. Da kam die Nachricht, die Böhmen ruhten unterhalb Nesselrath nach durchschwelgter Nacht und gedächten, ihr Frühstück in den Flammen des Schlosses zu bereiten. Sofort brach man dorthin auf. Durch gellende Schlachtrufe wurden die trunkenen Böhmen geweckt; und schon fuhren auch die Schwerter und Spieße der bergischen Männer in ihre dichten Reihen. Als die Sonne aufging, war die Niederlage der Böhmen vollständig; nur wenige vermochten zu entrinnen; gegen fünfhundert erschlagene Böhmen deckten den Kampfplatz. Das Thal aber erhielt von den vielen dort liegenden Leichen den Namen Leichlingen.

Altes Schloss Bensberg, ehem. Burg: 1103 erstmals urkundl. als Burg der Grafen von Berg erwähnt; blickt auf ereignisreiche Geschichte mit teilw. Zerstörungen, Um- und Anbauten zurück; seit dem 14. Jh. Amts- und Witwensitz des bergischen Hochadels; mit dem Dreißigjährigen Krieg Beginn des Verfalls; Bau des neuen Schlosses Anfang des 18. Jh. führt zur endgültigen Bed.slosigkeit des Vorgängerbaus; geht 1815 in Besitz des preuß. Staats über; 1848 privater Ankauf; nach 1859 Einrichtung eines Frauenklosters, später auch Krankenhauses; nach Plänen von G. Böhm entsteht in den 1960er Jahren Bau des Rathauses aus Sichtbeton unter Einbeziehung der alten Bausubstanz (Bergfried mit Palas, Engelbert- und Michaelsturm, Mauerwerk); im Mittelpunkt des Neubaus stufenartig ansteigender Treppenturm, auch »Affenfelsen« gen.; Wand des Ratssaals besteht aus altem Wall; Komplex ist tagsüber (mo.–sa.) zugängl.; im Restaurant »Ratskeller« sind Teile des alten Baus zu sehen; Adresse: Wilhelm-Wagener-Platz, 51429 Bergisch Gladbach

IN DER UMGEBUNG

Neues Schloss: eines der repräsentativsten Schlösser im Bergischen Land; dreieinhalbgeschoss. Hauptbau mit drei durch Eckrisalite aufgegliederten Seitenflügeln; Haubendächer mit Laternenkrönungen; Mittelachse ist auf Kölner Dom ausgerichtet; Anfang des 18. Jh. Errichtung nach Entwürfen von M. d'Alberti für Kurfürst Johann Wilhelm II. von der Pfalz-Neuburg, »Jan Wellem« gen.; nach dem Tod des Kurfürsten 1716 steht N. Sch. immer häufiger leer; ab 1793 Nutzung als Militärlazarett, um 1840–1918 preuß. Kadettenanstalt, danach in wechselndem Gebrauch; im Nationalsozialismus Erziehungsanstalt; nach 1945 Quartier alliierter Streitkräfte, später belgisches Internat; 1992 Übergabe an das Land NRW, das es Jahre später verkauft; von der urspr. Innenausst. haben lediglich überdauert: Stuckdekorationen, Deckengemälde »Sturz der Titanen« und Türschmuck; beherbergt Luxushotel und ist daher nur von außen zu besichtigen; Adresse: Grandhotel Schloss Bensberg, Kadettenstr., 51429 Bergisch Gladbach

Bergisches Museum für Bergbau, Handwerk und Gewerbe: 1928 Gründung durch Bürgerinitiative; 1952 verursacht Brand schwere Beschädigung der Ausstellung, darauf folgt Wiederherstellung und Erweiterung u.a. um ein hist. Hammerwerk auf dem Hinterhausgelände; 1979–81 grundl. San., Erweiterung und Umgestaltung; heutiges Museum mit »Türmchenhaus« (HG), Nebengebäude und Freigelände setzt auf Lebendigkeit und Anschaulichkeit; im EG des HG: zum Bau des Neuen Schlosses, ländl.

Leben und Wohnen; OG: heimische Bergbaugeschichte; Keller: Grubenfahrt und Schaubergwerk; Freigelände zeigt hist. Arbeitsplätze des Handwerks; Museum bietet vielfältiges Programm und Vorführungen; Infos unter Tel.: 02204-55 559; außer mo. 10–17 Uhr geöffnet; Adresse: Burggraben 9–21 (Nähe Rathaus Bensberg/altes Schloss), 51429 Bergisch Gladbach

Heinz Hütlein

Heinz Hütlein war ein Heinzelmann, kaum drei Spannen lang und mit einem Gesicht wie ein Mummelgreis. Munteren Wesens, schalkhaft und gesellig, war er trotz seiner Häßlichkeit den Mönchen von Siegburg willkommen. Er half in der Küche, wußte Rat bei Zahnschmerz, Husten und anderen Leiden, drehte verbogene Schlüssel zurecht, suchte verlorene Sachen und gab, wenn einmal die Langeweile plagte, köstliche Schnurren zum besten. Selbst dem hochwürdigen Abt ging er bei wichtigen Dingen trefflich zur Hand und wußte wie kein anderer, auf alle Fragen Auskunft zu geben. Als der Prälat einmal wegen eines Streites mit dem Herzog von Berg nach Köln zum Fürstenrat vorgeladen wurde, fertigte er ihm aus mancherlei Kräutern einen Ring. Wer solch einen Ring besaß, der konnte, wenn er ihn drehte, die geheimsten Gedanken der Menschen lesen. So brachte der Prälat jenen Streit auf dem Fürstentag günstig zu Ende. Zum Dank hierfür ließ er dem Zwerg eine Kutte fertigen, wie die Klosterbrüder sie trugen. Die neue Tracht gefiel dem Männlein besser als die bäuerische, in der er sich bisher gezeigt hatte. Nur seinen alten Hut, der ihm zuweilen als Tarnkappe diente, behielt er auch fernerhin auf, weshalb jedermann den Heinzel kurz Heinz Hütlein hieß.

Lange Zeit war der Heinzel so den Mönchen zu Diensten. Er wiederum machte sich dafür an den Leckerbissen der Küche bezahlt und hatte sich nach und nach einen ordentlichen Bauch angemästet. So hätte es noch lange hingehen können, wenn nicht der Koch eines Tages den Sohn seiner Schwester als Küchenjungen eingestellt hätte. Träge und faul, wie das Bürschlein war, setzte es nämlich bald schon Vorwürfe und Ohrfeigen ab, und dann ging der Junge in seiner Bosheit hin und ließ das den gutmütigen Zwerg entgelten. Er warf ihn mit Kehricht, faulem Gemüse oder spielte ihm einen Schabernack. Nun sind Zwerge, wie es seit alters bezeugt wird, sehr empfindliche Wesen und können, so hilfsbereit und verträglich sie sind, sich doch fürchterlich rächen, wenn sie herausgefordert oder gehänselt werden.

Eines Abends war das Bürschlein am Herdfeuer eingeschlafen, und die Dienerschaft hatte sich schon zur Ruhe gelegt, da schlich Heinz Hütlein unter seiner Tarnkappe herbei und stülpte dem Schläfer einen großen Topf Honig über den Kopf. Soviel Süßigkeit hatte das Bürschlein sein Lebtag noch nicht genossen. Hören und Sehen verging ihm, und wäre nicht zufällig der Koch in die Küche gekommen, dem Jungen wäre wahrscheinlich auch das Atmen vergangen. Schnell schlug der Koch den Topf in Stücke, strich dem Burschen den Honig von Mund, Augen und Ohren, so gut es ging, und ließ ihn dann lecken, wischen und waschen,

bis er von seinem klebrigen Wams befreit war, heulend im Hemd dastand und immerzu rief: »Das hat der Zwerg getan! Das hat der Zwerg getan!«

Da ging der Koch zum Abt, berichtete ihm, was geschehen war, und forderte: »Das freche Bürschlein treibt es zu toll. Ich bitt Euch, werft ihn hinaus!«

Der Abt aber entgegnete: »Bruder Koch, was tut ein gereizter Hund? Er bellt und beißt, willst du sagen, ich seh es. Und wer ist schuld? Natürlich der, wer ihn gereizt hat. So ähnlich ist es mit deinem Schwestersohn. Schon lange ist er, wie ich weiß, hinter Heinz Hütlein her. Drum sag ich dir: Nimm den Nichtsnutz ein wenig mehr unter die Fuchtel! Dabei soll es denn vorläufig bleiben, ehe wir von anderem reden!«

Nun ist Bosheit nicht leicht zu heilen, zumal nicht, wenn sie so tief im Blut steckt wie bei dem Küchenjungen. Der versuchte denn auch fernerhin, wo es ging, sich an Heinz Hütlein zu rächen. Der wiederum zahlte alles auf Heller und Pfennig zurück, bis es dem Honiglecker unheimlich wurde und er seinen Dienst aufgab im Kloster.

Die Bosheit seines Neffen hatte den Koch aber angesteckt, und so setzte er heimlich fort, was das Bürschlein begonnen hatte. War ihm früher einmal der Heinzel willkommen gewesen, jetzt machte der nichts mehr recht. Den ganzen Tag gab es nur Schimpf und Schelte, und die Speisen, die für Heinz Hütlein bestimmt waren, verunreinigte er, daß sie oft nicht zu genießen waren. Da wuchs in dem Heinzel der Zorn, und als der Koch eines Tages auf der hohen Klostermauer stand, um von dort her Obst aus einem Baume zu pflücken, stieß er ihn bergwärts die Mauer hinab in den Tod.

Andern Morgens lagen an der Pforte Heinz Hütleins Kutte und alle Geschenke, die ihm gemacht worden waren. Er selber wurde nie mehr gesehen.

Benediktinerabtei St. Michael: 1064 Umwandlung der alten Burganlage in eine B.abtei durch Erzbischof Anno II. auf dem heutigen Michaelsberg (40 m über Stadt); Stadtbrände des 17. Jh. legen alte Anlage nieder, daraufhin Neubau im Bar.stil; 1803 Auflösung des Klosters; 1825–78 Nutzung als Irrenanstalt, 1878–1914 als Zuchthaus; ab 1914 Wiederherstellung des Klosterlebens; 1941 Beschlagnahmung durch Nazis und Vertreibung der Mönche; 1944 Zerstörung der Gebäude bei einem Bombenangriff; 1945 Rückkehr der Benediktiner und Wiederaufbau; auf dem Abteigelände: Edith-Stein-Exerzitienhaus, Jugendgästehaus »St. Maurus«, »Hotel Garni« (sowie Gästezimmer) und Restaurant »Abtei-Stuben«; Abteikirche: in den 1950er und 80er Jahren San. der Bar.kirche; von Ausst. ist der Annoschrein, rh.-maasländ. Goldschmiedearbeit des 12. Jh. von N. von Verdun mit den Gebeinen des Gründers, bemerkenswert; Krypta mit rom. Teilen beherbergt Grabplatten ehem. Äbte; Abteimuseum ist so. von 13–14 Uhr geöffnet; Kirchturm kann bestiegen werden; Adresse: Bergstr. 26, 53721 Siegburg

IN DER UMGEBUNG
Haus »Auf der Arken«: findet bereits 1437 Erwähnung; ehem. Wohnsitz der Bürgerfamilie »up der Arken«; mit Fachwerkobergeschoss und hohem Schieferdach; zumeist 17. Jh.; wird seit dem 20. Jh. als Weinhaus bzw. Restaurant genutzt; Adresse: Mühlenstr. 37, 53721 Siegburg

Kath. Pfarrkirche St. Servatius: erster Kirchenbau wird 1170 durch Emporenbasilika ersetzt; 1275–1300 Anbau eines neuen Dreiapsidenchores; um 1500 Umbauten; 1888 Erweiterung der Seitenschiffe; nach Kriegsschäden bis 1960 Wiederherstellung und Rekon. der alten Innenbemalung; rom. »Kernbau«, darunter W-turm, erhalten und eindrucksvoll mit got. Aus- und Umbauten verschmolzen; Ausst.: u.a. Taufstein (12. Jh.) und Madonnenfigur aus Holz (17. Jh.); Schatzkammer beherbergt berühmten spätrom.-got. Kirchenschatz der Benediktinerabtei; Ausstellungsstücke: Reliquienschreine der hl. Innocentius und Mauritius (1190), Honoratusschrein (12. Jh.), Tragaltäre (12. Jh.), der sog. Annostab (11. Jh.) u.v.m.; di.–fr. 15–16

Uhr und so. 11.30–12.30 geöffnet; Führungen nach Vereinb., Tel.: 02241-66 835 (Schatzkammer); Adresse: Schatzkammer, Mühlenstr. 6/Kirchplatz (am Markt), 53721 Siegburg,

Stadtmuseum: im unter Denkmalschutz stehenden »Humperdinck-Haus«; 1826–28 über altem Rathaus errichtet; zunächst als Schulhaus, später als Verwaltungsgebäude genutzt; Geburtshaus der Komponisten E. Humperdinck und J. Mohr; nach Um- und Erweiterungsbau seit 1990 Standort des Stadtmuseums; Ausstellung auf vier Ebenen mit über 200 qm Fläche stellt Geschichte Siegburgs und des angrenzenden Raums von den Anfängen (vorgeschichtl. Zeit) bis in die Gegenwart dar; Schwerpunkte: »Das Bild der Stadt durch die Jahrhunderte«, hist. Gewölbekeller des alten Rathauses (UG), »Stadtarchäologie« (UG), »Siegburger Keramik« (1. OG) und Leben und Werk E. Humperdincks (2. OG); multimediales Begleitprogramm wird angeboten; Wechselausstellungen; di., mi., fr. und sa. 10–17 Uhr, so. 10–18 Uhr, do 10–20 Uhr geöffnet; Adresse: Markt 46, 53721 Siegburg

Hist. Stadtmauer: bereits im 12. Jh. vorhanden; im 13. und 14. Jh. Ausbau und Erweiterung; seit 1860 zum einen teilw. Abriss, zum anderen Verkauf erhaltener Mauerreste an Privatpersonen, die sie (wie beispielsweise in der Mahlgasse) als Rückseite neu erbauter Häuser nutzen; auf einem Teil des dortigen Mauerabschnitts noch vorhandene Halbturm, einer der ehem. Wachtürme des Mauerrings; weitere Mauerreste erhalten (z. B. Annostr., Elisabethstr., Mühlenstr., Kleiberg, Ankergasse, Burggasse, An der Stadtmauer); Lage: in der Altstadt westl. unterhalb des Michaelsberges (Reste können zu Fuß abgelaufen werden)

Werner von Homburg

Im 13. Jahrhundert bewohnte der tapfere Werner von Homburg das gleichnamige Schloß bei Nümbrecht. In der Schlacht von Soest hatte er seinem Freunde Eberhard von der

Mark zum Siege über den stolzen Erzbischof von Köln, Siegfried von Westerburg, verholfen. Dafür schwor dieser dem Homburger Rache. Er bewog verschiedene Ritter, nahe Verwandte des Homburgers, ihm den edlen Recken auszuliefern. Er gelobte, denselben nur kurze Zeit gefangen zu halten zur Sühne für die ihm vor Soest widerfahrene Schmach. Er schwur, den Homburger weder am Gute zu kürzen, noch ihn am Leben zu strafen, ja nicht einmal seine Haut zu ritzen. Nach solchen beeidigten Versprechungen nahmen jene Ritter keinen Anstand, dem Prälaten zu widerfahren.

Um sich des Oheims zu bemächtigen, bedienten sie sich der List. Jeden Morgen pflegte Werner in einer Quelle unweit des Schlosses zu baden. Nur mit dem Schwerte bewaffnet, ohne jede Begleitung pflegte er allmorgentlich die Quelle aufzusuchen. Als er sich eines Morgens wieder auf den Weg machte, brachen mehrere verkappte Ritter aus dem Walde hervor, nahmen den Arglosen gefangen und schleppten ihn fort. Auf das Getöse und Rüdengebell, eilten alle Schloßbewohner herbei, wurden aber von einem der Ritter, Kuno von Gimborn, mit dem Hinweis, es gelte eine Wette, beschwichtigt. Damit machten sie sich auch überall bis zum Rhein hin die Bahn frei. Mit Hohn empfing der Erzbischof seinen Gefangenen in Bonn. Nach kurzer Gefan-

genschaft warf er ihn in eine weich mit Federn, Moos und Rosenblättern gepolsterte Grube, ließ ihn mit denselben Stoffen bedecken und dann die Gruft zumauern. Als die Helfer dem Erzbischof seine That als Eidbruch vorhielten, sprach er: »Ich habe nur geschworen, den Homburger weder am Gut zu verkürzen, noch ihn am Leibe zu verletzen. Nach seinem Gut gelüstet mich nicht und in dem weichen Flaum und den Rosenblättern, aus denen die Dornen sorgfältig hervorgesucht sind, wird er seine Haut nicht ritzen. Wollt Ihr, so mögt Ihr ihn nach einigen Tagen aus dem Kerker abholen. Er hat den Frevel, sich an einem Gesalbten des Herrn feindlich vergriffen zu haben, gebüßt.«

Museum Schloss Homburg: 1276 erstmals urkundl. erwähnt; Höhenburg der Grafen von Sayn (später Sayn-Wittgenstein); Jh.lang Witwensitz; 1635–1743 erstmals fester Aufenthaltsort des regierenden Grafen; Bautätigkeit des 17. und 18. Jh. geben ma Burg das Erscheinungsbild eines Bar.schlosses; im 19. Jh. verfällt Anlage zunehmend; ab 1904 Sicherung der Bausubstanz; 1926 Gründung eines Heimatmuseums am Ort; 1936/37 Rest.; 1960 Übernahme durch Oberbergischen Kreis, der seit 1970 im Besitz des Schlosses und des Umlands ist; Dauerausstellung hat kulturgeschichtl. Abt. mit Ausstellungsstücken zum Leben der oberbergischen Bevölkerung (Herrscher- und Bauernschicht) bis zum 1. WK und eine naturkundl. Abt. mit geol. Funden und Vorführung zur Pflanzen- und Tierwelt; am Fuß des Museums Sch. H. umgesiedelte hist. Säge- und Mahlmühle sowie Bäckerei des 19. Jh.; Veranstaltungen und Führungen dazu sowie Brot und Kuchen aus eigener Herstellung werden angeboten; in neuer »Orangerie« (aus 1970er Jahren) laufend Sonderausstellungen; März–Nov. di.–so. 10–17 Uhr, so./feiert. 10–18 Uhr geöffnet; Adresse: Schloss Homburg, 51588 Nümbrecht

IN DER UMGEBUNG
Ev. Kirche/»Bonte Kerk« (= bunte Kirche): ausgemalte ehem. »Gebrauchskirchen« für einfache bäuerl. Bevölkerung vergangener Zeit, die we-

der lesen noch schreiben, aber Aussagen der Bilder theologischen Inhalts verstehen und verinnerlichen kann; 1665 Neubau einer einschiff. Saalkirche über vermutl. um 1200 entstandener Basilika; rom. W-turm (13. Jh.) und Querschiff sowie Chor (beide 15. Jh.) aus alter Bauphase erhalten; 1910 Entdeckung der zur Reformationszeit übertünchten spätgot. Fresken im Chor und Querschiff; 1960 gründlich rest.; tägl. durchgehend geöffnet; Lage: im Ortsteil Marienberghausen, von Neue Landstr., 51588 Nümbrecht, nicht zu übersehen

Graf Konrad von Windeck

Nach der Sage lebte im 12. Jahrhundert in der mächtigen, auf hohem Felsen thronenden Burg Windeck ein Geschlecht von Windeck, dessen letzter Stammherr Graf Konrad von Windeck war, ein Mann seiner Zeit.

Eine Erbtochter Bertha, so erzählt die Sage, blühte ihm, seines Herzens Wonne. Heinrich von Waldenfels, der oft auf Burg Windeck einsprach, fand Gehör bei der Jungfrau, wurde aber schnöde von dem stolzen Vater abgewiesen, als er um der Tochter Hand warb. Graf Konrad bestimmte sofort die Tochter dem Kloster; in Rheindorf, wo seine Schwester Mathilde Äbtissin war, sollte sie den Schleier nehmen. Schon nahte der Tag, an dem Bertha auf ewig der schönen Welt und ihrem Buhlen Lebewohl zu sagen gezwungen werden sollte, als bei nächtlicher Weile der Geliebte sie heimsuchte und die Heißliebende leicht zur Flucht beredete. Bertha folgte dem Manne ihrer Wahl. Er hob sie auf sein Roß, das ihn nach Windeck getragen, und in Sturmeseile jagte er mit der süßen Last seiner Burg zu. – Horch! wildes Pferdestampfen braust durch die Stille des dämmernden Morgens. Ihre Flucht ist verraten, Graf Konrad folgt ihrer Spur. Immer drängender wird die Gefahr; zu rasender Eile treibt der Ritter sein Roß bis zu einer Felsenjähe des Ufers der Sieg. Vor sich den brausenden Strom, hinter sich den wutschnaubenden Vater; da faßte der Ritter in seiner Not einen verzweifelten Entschluß, beide Sporen setzt er dem Roß in die Weichen, hoch bäumt es auf und stürzt die Jähe hinunter, brausend schlagen die Wasser über ihnen zusammen. Gebrochen hat das Roß das Genick, und das liebende Paar findet in den Fluten den Tod. Graf Konrad erscheint in demselben Augenblicke; ein Schrei des Entsetzens entringt sich seiner Brust, verzweifelnd rauft er sich das Haar, und über den Leichen jammert er, daß ein furchtbares Geschick ihn seiner beiden Kinder beraubt – Bertha war Heinrichs Schwester. Der verblendete Vater hatte das Geheimnis, daß ihm noch ein Sohn aus verbotener Umarmung lebte, mit sich ins Grab nehmen wollen. Wenige Tage nach dem unglücklichen Ende seiner Kinder starb Graf Konrad an gebrochenem Herzen und fand seine letzte Ruhestätte an ihrer Seite.

Der Volksglaube will, daß Graf Konrad noch in den bösen Nächten des Jahres, eine kummervolle Gestalt, in den Ruinen der Veste seine Kinder suchend, jammernd und wehklagend umherschleicht.

Burgruine Windeck: vermutl. um 800 Burg Alt-Windeck errichtet, von der nichts die Zeit überdauert hat; 1174 erste urkundl. Erwähnung der Burg (Neu-) Windeck als Grenzfeste der Grafen von Berg gegen Grafen von Sayn und Herren von Blankenberg; 1632 von schw. Truppen eingenommen; 1647 unter General de Lamboy erobert; 1672 endgültige Zerstörung noch unversehrter Gebäude durch Franzosen; 1672–1852 Benutzung des Burggeländes als Steinbruch; im 19. Jh. Kauf der Ruine und Errichtung eines Burgbaus »Schloss Windeck« im ma Stil; Burgfleck mit Neubauten fällt Bomben des 2. WK zum Opfer; 1961 erwirbt Siegkreis Schlossberg und veranlasst 1962-67 Sicherung ma Ruine; 1987 Beginn archäologischer Untersuchungen, bei denen ma Kulturgegenstände sichergestellt werden können; erhaltene Gebäudereste (zumeist 15. Jh.): Bergfried, O-mauer des ehem. Rittersaals, Treppenturm und Reste des Kellergeschosses; von oben herrlicher Ausblick ins Umland; Lage: An der Burgruine, 51570 Windeck

IN DER UMGEBUNG
Heimatmuseum Windeck: seit 1974 in ehem. Schulgebäude untergebracht; später Erweiterung um zwei Wohnhäuser, Göpelmühle und Scheune (aus umliegenden Ortschaften abgetragen und an Ort und Stelle wieder aufgebaut); Sammlungsschwerpunkt: Gebrauchsgegenstände aus dem Leben »einfacher Leute« der Region; im Vordergrund stehen für Hausarbeit verwendete Haushaltsgeräte; ferner hist. bed. Stücke, z. B. Kupfer-Flachbeil von 1800 v. Chr. (gefunden im »Windecker Ländchen«) und Steinofen (12. Jh.); an einigen auserwählten Sommertagen Sonderaktionen und Ausstellungen; April–Nov. sa. 14–18 Uhr, so./feiert. 10–12 und 14–18 Uhr, Febr.–März so./feiert. 14–18 Uhr geöffnet; Auskunft unter Tel.: 02292-38 88 (Museum); Adresse: Im Thal Windeck, 51570 Windeck

Siegfall bei Schladern: anstelle einer aufwendigen Brückenkonstruktion im Zuge des Eisenbahnbaus 1857–58 Umleitung der Sieg in jetziges Flussbett; künstl. erzeugter mehrstufiger Wasserfall mit einer Falltiefe von 4 m und Breite von 84 m (nur bei hohem Wasserstand nach Regenschauern und im Winter) sehensw.; im Sommer malerische Felsenlandschaft im Bett der Sieg zu erkennen; im verlandeten Flussarm heute Auenlandschaft (NSG); über Uferweg der Sieg gelangt man zu einem Felsvorsprung mit guter Aussicht auf den Siegfall; schönes Ausflugsziel bei Rad- und Wandertouren im Siegtal; Lage: 51570 Windeck (im Ortsteil Schladern)

Grube Silberhardt: ehem. Bergwerk zum Abbau von Silber und Eisenerz; einer Sage nach bereits im 13. Jh. Gründung im »legendären Eisenland«; mit Stilllegung im Dreißigjährigen Krieg erstmalige schriftl. Erwähnung; 1752 Neueröffnung; um 1870 ca. 400 Bergarbeiter in Grube tätig; 1926 wegen Unwirtschaftlichkeit endgültige Aufgabe, danach Verfall; seit 1997 durch ehrenamtl. Engagement und öffentl. sowie private Förderung Wiederherstellung der Anlage als Schaubergwerk; seit 15.11.1999 Freigabe für Besucher; »Erlebnismuseum« unter Tage bietet funktionstüchtige hist. Anlagen und Werkzeuge; ebenerdig 1,7 km langer Bergbauwanderweg mit 14 Stationen; Ausweitung der Anlage ist vorgesehen; von April–Okt. jeden ersten Sa. und So. von 13–16 bzw. 11–16 Uhr geöffnet; Führungen nach Absprache, Adresse: Grube Silberhardt, 51570 Windeck (Stadtteil Oettershagen)

Das Siegerland

Die Erschaffung des Siegerländers

Unser Herrgott hatte die Welt und alles Lebendige in ihr erschaffen und wanderte nun von einem Lande zum andern, um überall nach dem Rechten zu sehen. Als er in das Siegerland kam, wunderte er sich, nirgendwo auch nur eine Spur von einem Menschen zu entdecken, und wie er sich auch mühen mochte, in jeden Talwinkel hineinzuspähen – der Herr der Erde schien es verschmäht zu haben, von diesem Fleckchen Besitz zu ergreifen. Oder war es ihm vor lauter Bergen gar nicht zu Gesicht gekommen?

Da schaute der Herrgott an der Nordseite des Landes unweit Krombach einmal über das Kölnische Heck und fragte einen Bauern, der auf dem Acker arbeitete, wie es wohl seinen Zugang habe, daß immer noch keine Menschen hier im Siegerlande wohnten.

Der Mann auf dem Acker verzog das Gesicht und sagte, das könne der liebe Gott seinen Menschen doch wohl nicht antun wollen, sie hier seßhaft zu machen. Rundherum stünden nur Berge und nochmals Berge, und nach keiner Seite hin sei ein freier Ausblick in die Welt.

Im Kölnischen sei der Boden schon reichlich mager und hart, aber im Siegerland sei das alles noch viel ärger. Dort lägen die Felder voller Knorren und Wacken.

Der Wittgensteiner, der an der Morgenseite wohnte und im Walde die Bäume fällte, sagte das gleiche, und so wußte sich der liebe Gott anders keinen Rat, als die Prozedur mit dem Erdenkloß noch einmal zu wiederholen.

Aber der Kloß, den er da vom Felde aufhob, mochte wohl um ein Erkleckliches härter und zäher sein als jener aus der gesegneten

Paradieseserde, denn der liebe Gott mußte ein paarmal kräftig hineinblasen, bis das Gebilde anfing, sich zu regen.

Und er nannte den Mann, den er auf diese Weise erschaffen hatte, Frieder – und die Frau, die er nach der Weise der Bibel aus der Rippe des Mannes entstehen ließ, Bine. So hatte der liebe Gott dem Siegerland eine regelrechte Extrawurst gebraten. Und er gab das Ländchen in der beiden Obhut, mahnte sie zu Fleiß und Verträglichkeit und stellte ihnen ein gesegnetes Leben in Aussicht.

Er gäbe ja wohl zu, daß die Ackerkrume hier und da ein wenig dünn geraten sei, dafür habe er jedoch einen Schatz von ganz besonderer Art unter die Erde gelegt. Darauf rückte der Herrgott die Berge am Rand noch ein wenig auseinander, daß hier und da ein Ausguck frei wurde in die Welt, und dachte schmunzelnd bei sich selbst: Ein Ländchen zum Eigenbröteln und Sinnieren wie geschaffen. Soll mich wundern, was für ein Menschenschlag da am Ende herauskommt.

Damit ging er seiner Wege.

Der Frieder aber fing an zu graben, zu schürfen, zu bauen im Land und wurde der erste Gewerke. Seine Söhne und Enkel taten es ihm nach und verschafften sich großes Ansehen als Berg- und Hüttenmänner, Eisenschmelzer und Hammerschmiede in der Welt.

In einem Zeitraum von zweimal neun Jahren war das Land umgehackt, und man fing wieder von vorn an und säte Korn in die Bergkrume. Dieser Zeitraum hat bis in die Gegenwart eine große Bedeutung in der Haubergswirtschaft des Landes.

Bine schaltete mit ihren Töchtern in Haus und Garten und auf dem Feld, und mancher Bursch jenseits der Berge begehrte eine von ihnen zum Weibe.

Die Siegerländer sind mit ihrem Ländchen leidlich zufrieden geblieben. Sie hängen an ihm mit großer Liebe und Zähigkeit bis auf diesen Tag. Fleiß und Ausdauer, Sparlichkeit und Frömmigkeit sind ihre hervorragendsten Eigenschaften, aber auch ihre

Neigung zur Absonderung und zur Eigenbrötelei, wie das der liebe Gott ja selber vorhergesehen hat, so daß er immer noch ab und zu eine Extrawurst für sie in Bereitschaft halten muß.

Siegerland: südl. Teil Westf. mit weitläufigen Waldflächen, 400–650 m über NN; Hütten-, Kleineisen- und Blechindustrie; bereits in Latènezeit Erzgewinnung und -verarbeitung nachweisbar, daher schon früh als »Eisenland« tituliert; ehem. Sitz der Grafen von Nassau und von Sayn; aus Fürstentum Nassau-Sayn geht Altkreis Siegen hervor; 1815 Preußen zugeordnet; aber erst 1817 der Preuß. Provinz Westf. angeliedert; 1972 Gründung der Gesamthochschule der Stadt Siegen, dem kulturellen und geistigen Zentrum der Region; Lage: Bergland an der oberen Sieg, zwischen Rothaargebirge und Westerwald

Johann Hübner

Auf dem Geisenberge im Siegerlande stand einst eine starke Feste. Sie war ein rechter Lugaus. Weit konnte man von dorther das Land übersehen; an guten Tagen reichte der Blick gar bis an den Rhein. Das Rittergeschlecht aber, das auf dieser Burg gewohnt hatte, war schon lange ausgestorben. Häuser und Gemäuer verfielen und wurden von Efeu und Brombeergerank übersponnen. Dennoch waren sie nicht menschenleer. Räuber hatten sich dort eingenistet und trieben von hier aus ein arges Unwesen. Der letzte Räuberhauptmann, der auf dem Geisenberge hauste, hieß Johann Hübner. Er war ein starker, wilder Kerl mit krausem, schwarzem Bart und Haar. Stets trug er ein eisernes Wams. Er besaß nur ein Auge, aber mit diesem einen Auge konnte er besser sehen als andere Menschen mit zweien. Er hatte eine ganze Schar junger Burschen um sich, wüst und kräftig wie er selber.

Es war eine verwegene Räuberbande. Tagsüber hockten sie in der einzigen Stube, die von der ganzen Burg noch übriggeblieben war, tranken Bier, würfelten und fluchten lästerlich dabei. Aber sofort waren sie hellwach und nüchtern, wenn ihres Hauptmanns stets waches Auge irgendwo im weiten Lande zu Füßen der Burg eine lohnende Beute erspäht hatte. »Auf Kerls, auf! Da reitet ein feines Herrchen auf prächtigem Gaul; den Gaul wollen wir uns holen!« Sie warfen sich auf ihre Pferde, jagten den Berg hinab und holten sich ihre Beute. Mit dem Reiter aber machten sie nicht viel Federlesens, den schlugen sie tot und ließen ihn liegen.

So trieben sie es lange Zeit. Hatten sie genug geraubt, so verschwanden einige aus der Schar für kurze Zeit und verkauften, was sie nicht selber gebrauchen konnten. Das Land aber und die Reisenden, die es durchqueren mußten, litten schwer unter dieser Plage.

Ein Fürst von Dillenburg, der schwarze Christian genannt, wollte diesem Treiben nicht mehr länger untätig zuschauen. Auch er war ungewöhnlich stark, wie Hübner; auch er trug gerne ein Wams aus Eisen und war ein tapferer Ritter und Kriegsmann. Er sammelte eine ausgesuchte Schar von Gewappneten um sich und zog gegen Hübner zu Felde. Das war aber gar nicht so einfach, denn die Räuber waren wie vom Erdboden verschluckt. Da half nichts anderes als zu warten, bis die Bande ihr gewohntes Nest wieder aufsuchte. Christian hielt sich mit seinen Reitern in den dichten Wäldern der Giller verborgen. Er schickte aber einen seiner Knechte los, der im Lande umherreisen mußte, um auszuspähen, wo der Räuber hauste.

Dieser Knecht hieß Hans Flick. Der kannte den Räuberhauptmann nicht, wußte aber wohl, wie er aussah. Als er eines Tages zu einer einsamen Waldschmiede kam, sah er dort einen riesenhaften Mann gegen Wagenräder gelehnt, die mit eisernen Reifen bezogen werden sollten. Der Mann trug ein eisernes Wams, hatte kohlschwarzes Haar und nur ein Auge. Hans Flick ging zu ihm und sagte in seiner Einfalt: »Gott grüß dich, eiserner Wamsmann mit einem Auge! Heißest du nicht Johann Hübner vom Geisenberge?« Der Mann lachte und sagte: «Johann Hübner vom Geisenberge liegt auf dem Rad.« Hans Flick dachte an das Rad vom Gerichtsplatz und fragte: »Wann ist er dann auf das Rad gekommen? War das erst kürzlich?« »Nein, heute!« erhielt er zur Antwort. Dem Schmied aber flüsterte der Schwarze drohend ins Ohr: »Los, beschlag meine Pferde, die Eisen aber verkehrt herum!« Der Schmied mußte tun, was ihm befohlen war. Als Johann Hübner, denn kein anderer war der Fremde, aufs Pferd stieg, sagte er dem Hans: »Du bist ein braver Kerl, aber geh hin zu deinem Herrn und bestelle ihm, er sollte mir Fäuste schicken, aber keine Burschen, die noch nicht trocken sind hinter den Ohren!«

Verdutzt blieb Hans Flick stehen und schaute dem Fortreitenden nach, voll Ärger über seine eigene Torheit. Aber dann setzte er sich auf die Fährte des Räubers wie ein Jagdhund und gönnte sich keine Ruhe, Tag und Nacht nicht. Wie er aber auch suchte, er konnte ihn nirgendwo stellen. Wenn er glaubte, die richtige Spur zu haben, dann führte sie genau entgegengesetzt, die Kreuz und die Quere. Hans wußte ja nicht, daß das Roß des Räubers die Eisen verkehrt herum unter den Hufen hatte.

Siegerland Hilchenbach

Aber endlich erspähte er ihn doch. Es war in der Nacht, bei hellem Mondschein. Johann Hübner mit seinen Spießgesellen lagerte auf einer verborgenen Waldwiese, ganz nahe beim Giller. Die Bande verschmauste in aller Ruhe die Beute, die sie in den letzten Tagen eingebracht hatte. Hans Flick schlich sich davon und meldete seinem Herrn, was er gesehen hatte. Schleunigst ließ der Fürst satteln. Den Pferden wurden Lappen um die Hufe gebunden. Lautlos näherte sich die Reiterschar den Räubern. Dann brach sie wie ein Sturmwind hervor. Für den schwarzen Christian gab es nur einen Gegner, das war Johann Hübner selbst. Beide teilten harte und schwere Streiche aus, daß es weithin im Walde widerhallte. So stark und wild Hübner aber auch kämpfte, der Fürst war der bessere Fechter, und der Räuberhauptmann blieb tot auf dem Platze.

Der Fürst aber ließ es mit diesem Sieg nicht bewenden. Er wollte den Schlupfwinkel auf dem Geisenberge ein für allemal zerstören und machte ganze Arbeit. So ließ er tiefe Gräben unter das Mauerwerk und besonders unter den festen Turm ziehen; auch ließ er große Mengen Holz um den Turm schichten. Feuer und Gräben brachten ihn donnernd zum Einsturz, daß die Mauersteine weithinab den Berg herunterkollerten. Von nun an hatte das Land Ruhe.

Ginsburg: 1292 erstmals urkundl. erwähnt; Gründung wird Herren von Wegebach zugeschrieben; im 16. und 17. Jh. nur noch zur Jagdsaison bewohnte Anlage; ehem. Grenzfeste und nassauische Landesburg bildet 1568 Kulisse für Beratungen des Prinzen Wilhelm von Oranien im Kampf gegen Spanien und für Unabhängigkeit der Niederlande; im 18. Jh. zunehmender Verfall; in 1880er Jahren teilw. Plünderung des Steinvorkommens; Ende 19. und Anfang 20. Jh. Geländegrabungen; in 1960er Jahren Freilegung und Sicherung der Ruine; 1968 Erhöhung des Hauptturmes (seit den 1980er Jahren mit ockergelbem Fassadenanstrich) um 11 m; weitere Restbauten (Burgmauer mit Zwingeranlage, ehem. Haupttor u.a.) sehensw.; auf Vorburggelände frei rekon. Burgschänke; Turmbesteigung möglich (sa. und so. von 13–18 Uhr von Mai–Okt. geöffnet), Infos unter Tel.: 02733-74 02; Adresse: Schloßberg 1, 57271 Hilchenbach; Anfahrt über B62 Hilchenbach-Lützel

IN DER UMGEBUNG
Stift Keppel, ehem. Prämonstratenserinnenkloster: 1239 erstmals urkundl. erwähnt; per Erlass ab 1594 »freiweltliches« Stift; Ref. und Gegenref. führen 1654 zur Einrichtung eines Simultaneums; im 18. Jh. Anbauten (»Neues Haus« 1732–35, »Saalbau« 1747–1752); nach Säkularisation Übereignung an preuß. Staat; 1871 unter Schirmherrin Königin Elisabeth Gründung eines Mädcheninternats, später Ausweitung mit Lehrerinnenseminar (Auflösung 1923); 1946 Wiederaufnahme des Unterrichts, in folgenden Jz. Errichtung weiterer schulischer Gebäude; seit 1977 Mädchen- und Jungengymnasium; sehensw. bar. Ausst. der ehem. Stiftskirche: u.a. Chorraum mit Epitaphen, bar. Kanzel, Altar mit bar. Retabel; ferner ehem. Konventsaal mit Kamin, darüber Wappenplatte, und eindrucksvollen Stuckdecken erwähnenswert; Mobiliar u.a. mit Gobelin-Sesseln, Bechstein-Flügel und königl. Bildnissen; auf Anfrage bei Schulverwaltung Besichtigung der Stiftskirche möglich, Infos unter Tel.: 02733-89 41 23; Adresse: Öffentl. Gymnasium Stift Keppel, Stift-Keppel-Weg 33, 57271 Hilchenbach

> **Alte Bergmär**
> Stund eine Stadt an des Berges Hang,
> Da lang vor Zeiten im Überschwang
> Des Silbers gruben die Knappen.
> Sie trug das Bild einer grünen Tann'
> Und eine silberne Zecherkann'
> In ihrem fröhlichen Wappen.

Man trank aus silberner Kann' den Wein
Man aß aus silberner Schüssel fein,
Man warf die silbernen Kegel
Mit Silberkugeln beim lustgen Spiel,
Trieb übermütiger Dinge viel
Und werkte mit silbernem Schlegel.

Da draußen im Land, mit stierem Blick,
Da griff der Hunger nach Sack und Strick.
Manch einer klopft bei den Reichen
Um Brot und Zehrung für Gottes Lohn –
Man hetzt mit Hunden ihn hart davon
Und läßt sich nimmer erweichen.

Da sang ein Vöglein die ganze Nacht,
Bis früh am Morgen der Tag erwacht –
Und ward von keinem gesehen:
Kehr um, du sündhaft böse Stadt,
Lass' ab von Frevel und Missetat –
Hier ist ein Zeichen geschehen!

Da buk man Brote wie Räder groß,
Damit die Armen des Spiels verdroß –
Schirrt' an die prächtigen Wagen.
Steckt auf die Achsen das heilge Brot
Und fährt, zu spotten der bittern Not,
Durchs Land, das der Hunger geschlagen.

Heut dröhnt die Halle von Becherklang,
Schier sieben Tage und Nächte lang
Kreisen die silbernen Becher.
Laut schrillt der silbernen Kegel Spiel –

Da setzt der Himmel der Sünd' ein Ziel,
Der Untat strafender Rächer.

Fällt Feuer über die frevle Stadt,
Frißt sieben Tag' sich und Nächte satt,
Frißt Kegel und silberne Kannen.
Und frißt das ruchlose Menschgebein,
Frißt all ihr Silber, trinkt ihren Wein –
Und Brandwacht halten die Tannen.

Verschollen Name und Ort im Wind.
Nur wie im Traum noch ein Sonntagskind
Zuweilen hört es erklingen
Im Berg, der silbernen Kegel Spiel,
Danach schon gruben der Knappen viel –
Doch sollt' es keinem gelingen.

Ausgrabungsgelände Bergbausiedlung Altenberg (490 m): (hochdt. Altenberg, im Siegerland auch Almerich = Paßhöhe) 1963 Entdeckung erster Siedlungsspuren durch H. Cadel aus Müsen; in den 1960er und 70er Jahren Freilegung ma Wohn- und Arbeitsstätten des ehem. Erzbergbaugebietes; ausgewiesener 12 km langer Rundweg »auf alten Bergmannspfaden« durch ehem. Bergbausiedlung des 13. Jh. (Start Bergwerkmuseum Müsen, siehe unten); zahlr. Tafeln am Wegesrand vermitteln Wissenswertes über Bergbau; Antrieb für fachkundige Grabungen gab überlieferte Sage: demnach

stand auf dem Altenberg eine durch Silberbergbau zu Reichtum gelangte Stadt, die wegen des Hochmuts ihrer Bürger den Zorn Gottes auf sich zog und infolgedessen vom Allmächtigen dem Erdboden gleichgemacht wurde (siehe Sagentext); bergbaukundl. Führungen werden vom Verein Altenberg und Stahlberg angeboten (nähere Infos siehe Bergwerkmuseum); Besichtigung von April–Okt. möglich, Infos unter Tel.: 027 33-28 82 60 (Herr Gämlich); Lage: zwischen Littfeld und Hilchenbach-Müsen; B508 von Kreuztal nach Hilchenbach, Abfahrt Müsen, dann Beschilderung folgen

IN DER UMGEBUNG

Bergwerkmuseum mit Besucherschaubergwerk »Stahlberger Erbstollen«: im 1924 errichteten B.museum sind u.a. Mineralien, Bergmannstrachten, Grubenlampen und Werkzeuge ausgestellt; »Altenbergraum« im UG birgt Funde aus Grabungen des Landesamtes für Denkmalpflege Westf.-Lippe, des Dt. Bergbaumuseums Bochum und von heimatkundl. Hobbyarchäologen auf dem Gelände der ehem. ma Bergbausiedlung Altenberg; angeschl. Schaubergwerk: urspr. Wasserableitungsstollen, ab 1833 über diesen Stollen Erzförderung; 380 m des Stollens können besichtigt werden; Museum und Bergwerk sind jeden zweiten So. im Monat von 14.30–16.30 Uhr geöffnet, in Wintermonaten geschl., Gruppenführungen nach Absprache möglich; Infos über: Altenberg und Stahlberg e.V. – Heimatgeschichtl. Verein Müsen, Hauptstr. 86, 57271 Hilchenbach, Tel.: 02733-12 83 40 oder 0170-46 47 978 (Herr Klein); Adresse: Auf der Stollenhalde 4, 57271 Hilchenbach

Das Fräulein von Hees

Das war das Fräulein vom Heeser Schloß,
Die wilde Kunigunde.
Sie ritt auf rabenschwarzem Roß,
Sechs Knappen bildeten den Troß
Und dreimal so viele Hunde.

Sie jagte den Rothirsch, sie hetzte das Reh,
Umschwärmt von der Meute Blaffen.
Das hörte sie lieber als »Christ Kyrie« –
Im Tode tut uns kein Zahn mehr weh –
Sie spottet der Heiligen und Pfaffen.

Und wieder jagt sie in Busch und Hag.
Ein Dämon auf feurigem Rappen.
Ein dichter Nebel verschlang den Tag –
Wer ist, der den Weg ihr weisen mag?
Weit hinter sich ließ sie die Knappen.

Da blinkt ein Lichtlein. Das Roß im Lauf
Verhält an der Dickung Rande.
Sie schlägt an die Tür mit des Dolches Knauf.
Erschrocken riegelt das Pförtlein auf
Der Klausner im härnen Gewande.

Was treibt Euch her zu so später Stund,
Sagt an, was ist Eu'r Verlangen?
Weis mir den Weg, du frommer Hund,
Ich bin von der Hees wild' Kundigund,
Geschwind, sonst mußt du mir hangen!

Der Klausner: Führ' Gott Euch nicht ins Gericht,
O hüt, Eure Zung', Kunigunde.
Sie lacht, sie speit ihm ins Angesicht –
Da erlischt im Raume das ewige Licht,
Erstirbt der Spott ihr im Munde.

Auf einer Bahre um Mitternacht,
Da tragen sie heimwärts die Knechte.

Sie lallt wie ein Kind, sie weint, sie lacht
Drei Tage lang. Wer hätt' es gedacht –
Eine Närrin aus edlem Geschlechte.

Doch da sie gelegen in Fiebers Wahn,
Hart an den höllischen Pforten,
Brach ihres Lebens Damaskus an
Und ist, da den Schleier sie angetan,
Äbtissin zu Keppel geworden.

Schloss Junkernhees: bed. Baudenkmal des Siegerlandes; 1294 erstmals urkundl. Erwähnung der Familie Hees, 1372 der Anlage als »hus zur hese«; 1523 Errichtung einer Wasserburg von Ritter Adam von der Hees; gelangt 1674 durch Erbschaft in Besitz der Familie von Syberg, wenig später Beginn der An- und Umbauten; im Giebelfeld mit fünfspeichigem Wappenrad derer von Syberg ist Jahreszahl 1698 (Fertigstellung) verewigt; UG aus Stein, OG Fachwerk, z. T. verschiefert; erhaltene Wirtschaftsgebäude: ehem. Branntweinbrennerei und ehem. Mühle (heute Wohnhaus) seit 1971 in Be-

sitz der Familie Beer; 1999 Rekon. des S-turmes mit Kegeldach an der Schauseite; Eigentümerfamilie Beer unterhält seit Jz. in hist. Gemäuern Hotel- und Gaststättenbetrieb; Adresse: Heesstr. 202, 57223 Kreuztal

IN DER UMGEBUNG

Dreslers Park: nach Fabrikantenfamilie Dresler benannt; Parkanlage mit den hist. Gebäuden »Gelbe Villa« (Stadtbibliothek und -archiv), »Weiße Villa« (Veranstaltungsort), »Wagenremise« (Kindertagesstätte) und »Kutscherhaus« (Unterkunft eines Gastronomiebetriebs); nach Übereignung des Anwesens an Stadt aufwendige Ren. der Gebäude und Neugestaltung des verwilderten Parks; heute Bürger- und Kulturzentrum; Lage: An der Hagener Str., 57223 Kreuztal

Ev. Ref. Kirche Krombach: erster Kirchenbau aus dem 12. Jh. nachweisbar; Anfang 13. Jh. weitgehende Errichtung; 1706 Anbau des wuchtigen W-turms mit welscher Haube; einfache spätrom. Hallenkirche; Hauptchor mit halbrunder Apsis; dickes Mauerwerk verleiht Kirchenbau Charakter einer Wehrkirche; im 19. und 20. Jh. mehrmalige Ren. des Innenraums; Ausst.: Steinfragment eines Sakramentshauses an der nördl. Turmhallenseite, Altartisch von 1781, Kanzel von 1764; Kirche besitzt wertvolles Kirchensilber (Abendmahlskelch von 1664, Kirchgeräte/Ende 19. und Anfang 20. Jh.); nur während der Gottesdienste zugängl.; Adresse: Kirchweg, 57223 Kreuztal

Kindelsbergturm: von Naturlandschaft umgeben und zu Fuß auf einem Wanderweg zu erreichen; 1907 Einweihung des vom Sauerländischen Gebirgsverein errichteten 22 m hohen Aussichtsturms auf dem Kindelsberg (618 m über NN) im östl. Stadtteilgebiet Kreuztal-Krombachs; Turmrestaurant im rustikalen Blockhausstil 1949–51 errichtet, Infos unter Tel.: 02732-5 13 50; Lage: Kindelsberg, 57223 Kreuztal

Der Königsfloh

Vor mehr als zweihundert Jahren residierte auf dem Oberen Schlosse in der Stadt Siegen der Fürst Wilhelm Hyazinth, der an Willkür und Verworfenheit mit Nero und an Verschwendung mit dem vierzehnten Ludwig von Frankreich wetteiferte. Landstreicher, Goldmacher, Taschenspieler und fahrende Musikanten, die ihm zu schmeicheln und seine Launenhaftigkeit zu nutzen verstanden, machte er zu seinem Hofgesind. Morgen mußten sie vielleicht schon vor ihm zittern, und übermorgen hatten sie, wenn sie den Kopf behielten, die Landstraße wieder unter den Füßen. –

Hyazinth war von einer Reise nach Paris zurückgekehrt, wo er den Beistand des vierzehnten Ludwig im Streit um die oranische Erbschaft – es ging um die englische Königskrone – vergeblich zu gewinnen versucht hatte. Nichts als die allerübelste Laune und – einen Floh hatte er mitgebracht, der ihn bei Nacht übel heimsuchte. Darum ließ er seinen Leibjäger aus dem Schlaf wecken, der den Quälgeist erlegen sollte. Kreuz und quer, über Höhen und Tiefen beim Schein eines Nachtlichtes ging die Jagd, bis der Übeltäter gefangen war. Aber er lebte noch, und so dachte der Schmeichler, aus der Angelegenheit das Beste für sich zu machen, indem er sprach: »Königliche Hoheit, es ist ein Königsfloh aus Versailles! Er schimmert bläulich von edlem Blut!« Und der Mächtige befahl: »Er soll nicht sterben!« So mußte der Floh denn in Gewahrsam gehalten werden, bis ihm am Morgen von Goldschmieds Hand eine kostbare Tabatiere als Domizil hergerichtet und Sieur Colomba, ein ehemaliger italienischer Landstreicher aus Turin, zu seinem Leibwächter ernannt wurde.

Der Leibmedicus des Fürsten aber hatte seinem Herrn täglich ein Tröpfchen Blut abzuschröpfen, das dem königlichen Gast aus Versailles in seinem goldenen Gehäus durch ein feines Gitterchen gereicht wurde. (Die Lesart, daß der Fürst beim Ableben des Flohes seinen gesamten Hofstaat zur feierlichen Beisetzung befohlen habe, ist wohl mit Recht umstritten geblieben.)

Oberes Schloss mit Siegerland-Museum: auf 307 m hohem Siegberg errichtet; gilt als einer der bed. Profanbauten des Siegerlandes; Ursprung liegt vermutl. im Anfang des 13. Jh.; im 14. und Anfang des 15. Jh. geteilte Stadt- bzw. Schlossherrschaft; im 16. und 17. Jh. zeitweise Residenz der Grafen von Nassau; Mitte 18. Jh. Verlust des Status' als Residenzsch. und bis 1806 Sitz des Amtes Siegen unter Führung der Regierung in Dillenburg; 1815/16 Angliederung an Preußen; 1888 Ankauf durch Stadt Siegen und seit 1905 Sitz des Siegerland-Museums; sehensw. Anlage mit Bauabschnitten aus mehreren Jh., z. B. »Bischofshaus« (ältester Teil um 1500), verschiefertes Fachwerk mit Mansardendach (18. Jh.), »Alte Kapelle« (neuzeitlich), teilw. kasemattierte Außenmauer mit zwei Türmen (»Hexenturm« und »Sackturm«); hübscher Park mit »Rubensbrunnen« am südl. Rand; Museumsattraktion: »Rubenssaal« mit acht Original-Gemälden des 1577 in Siegen geborenen Malers P. P. Rubens; weitere Ausstellungsgegenstände in hist. Räumen; di.–so. 10–17 Uhr geöffnet; Adresse: Burgstr., 57072 Siegen

IN DER UMGEBUNG

Ev.-ref. Nicolaikirche: Errichtung im 13. Jh.; Zentralbau, W-Turm und halbrunder Chor an O-Seite; ehem. Stadtkirche und Gruftkapelle der Grafen zu Nassau von 1617–90 (danach Umbettung in Fürstengruft des Unteren Schlosses); mehrm. umgestaltet; nach schweren Schäden im 2. WK wiederhergestellt; Wahrzeichen ist sog. vergoldetes »Krönchen« auf Kirchturmspitze (seit 1993 Nachbildung), ein 1658 von Johann Moritz zu Nassau-Siegen anlässlich seiner Ernennung in den Fürstenstand gemachtes Geschenk (Original im Vorraum der Kirche); seit 1970er Jahren Mauerwerk in weiß-roter (Turm längsgestreift) Farbgebung; Bronzeportal von G. Marcks; kostbare peruanische Taufschale aus dem 16. Jh. in Kirchenbesitz; zu Gottesdiensten sowie mo. 17–19 Uhr, do. 15–17 Uhr und sa. 10–12 Uhr (Mai–Okt.) geöffnet; Kirchenführungen unter Tel.: 0271-55 343; Adresse: Krämergasse (am Rathaus), 57072 Siegen

Unteres Schloss: an dem Ort des 1489 gegründeten und 1534 aufgehobenen Franziskanerklosters errichtet; Johann Moritz von Nassau-Siegen (1604–79) veranlasst Bau einer Fürstengruft (1668–69); gewaltige Brandkatastrophe 1695 führt zum Neubau (1695–1720) der Residenz unter Einbeziehung der erhaltenen Gruft; massive Zerstörung im 2. WK, danach Wiederherstellung ohne Ballhaus und Marstall; bis heute Dreiflügelanlage erhalten, an deren nördl. Flanke der »dicke Turm« mit bar. Haube und Glockenspiel abschließt; nach Verlust der Regierungskompetenz 1722 wechselnde Nutzung, ab 1815 in preuß. Besitz; 1864-1976 Herberge des Landgerichts Siegen, heute Behördenunterkunft; Fürstengruft im Mitteltrakt mit sehr sehensw. gusseiserner Tür und 30 Grabmälern; nur im Rahmen von Themenführungen zugängl. (über Gesellschaft für Stadtmarketing Siegen e. V., Markt 2/ Zi. B219, 57072 Siegen); Außenbesichtigung jederzeit; Adresse: U. Sch., 57072 Siegen

Martinikirche: älteste Siegener Kirche; anfänglich fränk. Burgkapelle; dritter bis heute erhaltener Kirchenbau von 1512–1517; unter franz. Besatzung zweckentfremdete Nutzung; 1833–38 Ausbesserungen; im 2. WK stark zerstört, danach Wiederaufbau; Anfang 1990er Jahre grundl. Ren., innen modern; bei Grabungen freigelegtes fragmentarisch erhaltenes Fußbodenmosaik aus dem 10. Jh. sehensw.; zu Gottesdiensten, mi. 17–19 Uhr, do. 15–17 Uhr und sa. 10–12 Uhr (Mai–Okt.) geöffnet; Adresse: Grabenstr. 27, 57072 Siegen

Hüttenmann und Bergmann: rufen Tradition des Erzbergbaus im Siegerland ins Gedächtnis; zwei überlebensgroße, bronzene Plastiken, im Volksmund »Henner« und »Frieder« geheißen; Anfertigung für Industrieausstellung in Düsseldorf 1902 von Prof. E. Reusch, danach Übergabe an Stadt Siegen; in 1930er Jahren mit neuem, schlichtem Steinfundament versehen; im 2. WK beschädigt, nach Rest. 1950 Wiederaufstellung; seit 1971 Standort am Brückenkopf der Siegbrücke; Lage: Bahnhofstr./Ecke Kölner Tor, 57072 Siegen

Die Eremitage
  a droben,
   nah dem Westerwald
An unsers Landes Schwelle,
Da steht ein schöner, grüner Wald
Und drinnen die Kapelle.

Es heißt da die Einsiedelei,
Und rings ist tiefes Schweigen.
Man höret nur die Melodei
Der Vöglein in den Zweigen.

Hier wo der Erbe auf der Jagd
Dem Fürsten ward erschossen,
Wer hat in böser Zeiten Nacht
Den Bund mit Gott geschlossen?

Der Mächtigen Treiben
schallt ins Land,
Die Demut wirket stille,
Ein graues Vöglein, unerkannt,
Birgt sich in Waldes Hülle.

Wallfahrtsstätte Eremitage: denkmalgeschützt; 1684 Errichtung der Kapelle, die Baustile der Renaiss. und Got. auf sich vereint; innen Bar.altar von 1736; Umfriedung des Kapellenhofes sorgt für Raum zur Andacht unter freiem Himmel; auf Gelände ferner zu sehen: Eremitenklause, einer der ältesten Fachwerkbauten des Siegerlandes, Hl.häuschen nebst Eremitengrab, Kreuzwegstationen und Waldaltar; bei schönem Wetter im Sommer do. um 15 Uhr hl. Messe vor dem Waldaltar, alternativ bei schlechtem Wetter in der Kapelle; Lage: an der B54 von Siegen nach Wilnsdorf, kurz davor ausgeschildert (neben Café/Restaurant)

IN DER UMGEBUNG

Wassermühle Niederdielfen: in landschaftl. schöner Lage; ca. 1720 errichtet und bis 1962 in Betrieb; 1910 Einbau einer Turbine als Ersatz für vermutl. defektes Wasserrad; 1992/93 funktionsfähige Rest.; Mahlwerk mit alter Mechanik, handgeschmiedeten Eisenteilen und gusseisernem Zahnradgetriebe erhalten; zu besonderen Anlässen wird Mühle, heute mit elektrischem Motor, betrieben; Besichtigung nur nach Vereinb.; Infos unter Gemeinde Wilnsdorf, Tel.: 02739-802-147; Adresse: Zum Mühlenweiher 8, 57234 Wilnsdorf

Simultanpfarrkirche St. Johannes Baptist (ev.-ref. und kath.) Rödgen: äußerst rare Doppelschiff-Kirche; zu beiden Seiten des Turmes schlichte Saalbauten (der eine ev., der andere kath.); Anfang 14. Jh. erstmals urkundl. Erwähnung, Kirchenursprung vermutl. älter; Ref. durch Wilhelm von Nassau-Siegen (1487–1559) und spätere kath. Rest. durch Johann VIII. von Nassau-Siegen (1583–1638) führen zur Doppelpfarrei; 1778 Abbruch der alten Kirche; 1779–82 Neubau der heutigen ev. Kirche über Vorgängerin; 1788 Anbau der kath. Kirche, 1938 Erweiterung um eine vierte Fensterachse und 1998 grundl. Ren.; Turm auf rom. Fundament errichtet; Geläut mit drei Glocken von 1512, 1924 und 1959 ausgestattet; (kath. Seite) i. d. R. nur zu Gottesdiensten geöffnet (Info unter Tel.: 0271-39 92 98), Adresse: Rödgener Str. 107 und 107a, 57234 Wilnsdorf

Von dem Heinzelmännchen auf der Grube Neue Hoffnung

Zwischen Wilnsdorf und Wilgersdorf liegt die Grube »Neue Hoffnung«. Vor Zeiten barg sie reiche Schätze von Eisenerzen. Mancher Bergmann ist hier wohlhabend geworden, bis eines Tages die Grube einfiel, – ganz plötzlich – und all die Erzsucher in sich begrub.

Es geht die Sage von einem Heinzelmännchen, welches die Grube verschüttet haben soll. Allmorgendlich begleitete es einen Bergmann zu seiner Arbeit. Der war arm, und seine Familie verkam im Elend. Da war eines Tages das Heinzelmännchen gekommen und hatte die Not gesehen. Und weil es ein rechtschaffener Mann war, so sagte es zu ihm: »Ich will dir aus deiner Not helfen.«

Von nun an stieg es jeden Tag mit ihm in die Grube. Wenn der Bergmann einen Korb voll Erz losgehackt hatte, so brachte das Heinzelmännchen schon drei auf die Erde. Und nicht lange dauerte es, so war aus der kleinen Bergmannshütte alles Elend geschwunden, aus jedem Fenster blinkte der Wohlstand heraus.

Sonntags saß der Mann bei seinen Kumpanen im Wirtshaus, und seine Augen leuchteten in heller Freude. Doch allmählich vergaß der Glückliche, wodurch er reich geworden war. Manchmal, wenn er sah, wie dem kleinen Männlein die Schweißtropfen in den langen, zausigen Bart perlten, hätte er hell auflachen mögen. Doch er hütete sich wohlweislich.

Eines Tages stand er wieder vor seinem Erzfelsen und hämmerte. Dabei begann er in seiner frohen Laune ein Lied durch die Zähne zu pfeifen. Plötzlich jedoch fuhr er zusammen; denn das Männlein war auf ihn zugesprungen und riß ihn heftig an seinem Wams.

»Hör', Geselle,« rief es, »Pfeifen und Singen mag ich nicht, da tut mir das Herz im Leibe weh! Hüte dich drum!«

Der Mann sah es darob erstaunt an; doch schwieg er, als er die funkelnden Augen des Kleinen bemerkte. –

Am nächsten Sonntag, als es schon auf Mitternacht zuging, erzählte der Bergmann in Zecherlaune den wenigen Kumpanen, die mit ihm bis jetzt ausgehalten hatten, von jenem Vorgang. Die lachten. Doch einer meinte: »Das ist der leibhaftige Gottseibeiuns; der kann auch kein Singen ausstehen.«

Da rief einer der Zecher aus seiner Ecke: »Dann müßtest du es nochmal mit dem Pfeifen versuchen! Möchte doch sehen, was der Satan anfängt.« Gröhlend stimmten die übrigen bei, und jener, um nicht ausgelacht zu werden, versprach's.

Andern Tages sausten wie immer die Hämmer auf das klingende Gestein. Und wieder perlten dem Kleinen die Schweißtropfen in den wirren Bart.

Und dann begann sein Kumpan zu pfeifen, erst ganz sacht, – wie Scheu klang es hindurch. Heimlich blickte er dabei nach dem andern. Der hatte mit Arbeiten aufgehört und stand, an allen Gliedern zitternd, aufrecht gegen die Wand.

Da packte den Bergmann der wilde Übermut; er pfiff nun so hell, daß es aus dem dunklen Gange tausendfältig widerhallte.

Und dann geschah ein Poltern. – Nun war Ruhe: der Kleine hatte den Höhnenden mit seinen harten Fäusten gegen die Felswand geschleudert.

Danach keuchte er: »Weil du mich gehöhnt hast, so will ich dich mit all deinen Genossen verderben! Begraben sollt ihr sein bei euren Erzen!«

Und während der andere sich angstvoll aus seiner Ecke aufrichtete, stampfte das Männlein mit dem Fuße wild auf den Boden.

Da ertönte ein donnerndes Gepolter, – droben erzitterten die Bäume –, und in jenem Augenblick sanken Erz und Gestein wirr in sich zusammen. Darein klang furchtbares Gestöhn; dann wurde es still. Nun noch ein gellendes Lachen, und das kleine Männlein huschte durch Gras und Waldgestrüpp davon.

Und dann begann im Dorf ein großes Trauern.

Ehem. Eisenerzgrube »Neue Hoffnung«: 1882 erstmalige Erwähnung, 1912 Stilllegung; heute fast 4 ha großes NSG »Grube Neue Hoffnung«; nicht nur heimatkundl., ebenfalls natur- und pflanzenkundl. reizvoll; botanische und geol. Wanderungen unter fachkundiger Leitung eines Biologen und Geologen führen durch ehem. Grubengebiet; Böden, Steine und im Laufe von vielen Jz. entstandene Pflanzenwelt werden erläutert; Infos zu Wanderungen unter: Umweltamt des Kreises Siegen-Wittgenstein, Koblenzer Str. 73, 57072 Siegen, Tel.: 0271-333-1819; in unmittelbarer Nachbarschaft, im ansteigenden Waldstück hinter der Jugendbildungsstätte des CVJM, sehensw. Bergmanns-Denkmal (an Wanderstrecke A1/ A2, »Alter Bergmannsweg«) Lage: Landstr. von Wilnsdorf nach Wilgersdorf, Abfahrt rechts in Str. »Neue Hoffnung«, dann bis NSG

IN DER UMGEBUNG

Arrestgebäude Wilnsdorf: ehem. Dorfgefängnis, auch »Räst« gen.; 1839 Fertigstellung und bis 1959 in Gebrauch; bed. hist. sowie volkskundl. Erbe aus preuß. Verwaltungszeit mit eineinhalb Fuß dicken Wänden (ca. 50 cm), gesicherten Fenstern, eisernen Riegeln und gusseisernen Öfen; Innenaufteilung: vier Räume, davon ein als Erker vorgebauter Abort, im 1. Stock Wachraum und zwei Arrestzellen; 1988 Ren. und Aufnahme in Denkmalliste der Gemeinde; Besichtigung nur nach Absprache; Infos unter: Gemeinde Wilnsdorf, Tel.: 02739-802-147; Adresse: Hagener Str. (B54), 57234 Wilnsdorf

Die Wilden Weiber

Vor vielen Menschenaltern wohnten in jenen Felsenkammern die Wilden Weiber. Es waren kleine braune Gestalten mit zerzausten schwarzen Haaren und zum Fürchten häßlichen Gesichtern. Die umwohnenden Waldleute, arme Köhler und Schweinehirten, waren diesen Wilden hilflos preisgegeben, hatten sie ihnen doch alles zu liefern, was jene zu ihrem Unterhalt brauchten. Die Ärmsten wagten keinen Widerspruch, da sich ihre Peiniger der Künste der schwarzen Magie bedienten, Zauberei und Hexerei waren an der Tagesordnung. Je ängstlicher aber die Dörfler waren, um so unverschämter und zudringlicher wurden die Weiber. Sie holten die Eier aus den Nestern, den Schinken aus dem Rauch, das Brot frisch aus dem Backofen und molken am hellichten Tage die Ziegen in den Ställen. Die Hofhunde zogen bei ihrem Herannahen kläglich winselnd den Schwanz ein, und selbst der Hirte, der doch mit allerlei Abwehrzauber vertraut war, wußte keinen Spruch, dieses zudringliche boshafte Geistervolk zu bannen.

Eines Tages stahlen die Wilden Weiber im Dorf ein Schwein und verlangten noch dazu von den Bewohnern Töpfe und Tiegel, es zu kochen. Das war zuviel der Unverschämtheit, und die Dörfler gaben ihnen hölzerne Eimer statt eiserner Geräte. Aber die Dauben verbrannten, und die gestohlene Mahlzeit fiel in die Flammen. Wütend stürzten die Wilden durch das Dorf, und mit Kreischen und Fluchen schwuren sie furchtbare Rache. Und ob auch die Bewohner auf der Hut waren, gelang es den Wilden doch, in der folgenden Nacht auf jedes Hausdach den roten Hahn zu setzen. Den Armen blieb nichts als der Bettelstab, mit dem sie den unseligen Ort anderntags verließen, um sich jenseits ihrer Wälder ein neues Dorf zu gründen, das sie Rinsdorf nannten.

Mit dem Auszug der Dörfler hatten die Wilden Weiber aber ihre »milchgebenden Kühe« verloren, auch sie verließen ihre Höhlen, um sich am Wildebach eine neue Heimat zu suchen, die man später Wilde nannte, wo sie sich, wie die Fama berichtet, fortan einer gesitteteren Lebensweise befleißigt haben sollen.

Naturdenkmal »Wildweiberhaus«: hoch aufragende, stark zerklüftete und mit Baumbestand durchsetzte sehensw. Basaltfelsenformation; nach schriftl. Bericht aus den Dillenburger Intelligenznachrichten von Dr. K. Löber (1773) »Naturmerkwürdigkeit«, ehem. als »Wilde-Weiber-Leye« bez.; Fantasie und Aberglaube tragen dazu bei, Gesteinsgestalt als mystischen Aufenthaltsort ungestümer und angsteinflößender »Weiber« zu deuten; Felsen mit menschenhohen Spalten werden als »Wilde-Weiber-Häuschen«, hochaufragender, spitzer Stein wird als »Wilde-Weiber-Kirche« bez.; Feld unterhalb des Wegs vormals Platz für »Wilde-Weiber-Tanz«; am Berghang vorbeifließender Winterbach ehem. Waschplatz mit »Waschstein« der wilden Weiber; Lage: von Oberdresselndorf auf dem Rabenscheider Weg zu Fuß oder mit dem Auto zu erreichen (abgelegen am Waldrand)

IN DER UMGEBUNG
»Großer Stein«: Naturdenkmal im NSG; Basaltkuppe mit moos- und flechtenstarker Basaltblockhalde; zu Tage getretener, in Gegend häufig vorkommender Basalt zeigt skurrile Formationen und bietet Lebensraum für seltene Flora und Fauna; von Blockschuttwäldern umgeben; nordwestl. davon »Kleiner Stein«; jederzeit zugängl.; Infos unter: Kulturbüro Burbach, Alte Vogtei, Ginnerbach 2, 57299 Burbach, Tel.: 02736-5577; Lage: zwischen Burbach und Holzhausen südl. von »Der Höh« (über Wanderweg zu erreichen)

Museum »Leben und Arbeiten in Burbach«: Gebäude ist ehem. Scheune der nassauischen Vogtei; auf Eigeninitiative des Heimatvereins »Alte Vogtei e.V.« in 1980er Jahren rest.; innen hist. Handwerkerhof; gezeigt werden u.a. Backhaus, Dorfschmiede, Stellmacherei, Schuster-, Schneider- und Druckwerkstatt; Prunkstück ist Apotheke aus dem letzten Jh.; Museumskonzept sieht vor, Ausstellungsgegenstände von Zeit zu Zeit in Gebrauch zu nehmen und so ein lebendiges Bild dörfl. und handwerkl. Lebens zu vermitteln; jeden letzten So. im Monat von 14–17 Uhr geöffnet, Tel.: 02736-1854; Adresse: Gassenweg 14, 57299 Burbach (An der alten Vogtei)

Anhang

Verwendete Abkürzungen (finden auch Verwendung für die gebeugten Formen des betreffenden Wortes):

A	Antike	göttl.	göttlich
Abt.	Abteilung	grundl.	grundlegend
amtl.	amtlich	ha	Hektar
ant.	antik	heidn.	heidnisch
APX	Archäologischer Park Xanten	heimatl.	heimatlich
		herzögl.	herzöglich
AT	Altes Testament	HG	Hauptgebäude
Aufl.	Auflage	Hg./hg.	Herausgeber/herausgegeben
Ausst.	Ausstattung		
auth.	authentisch	Hgn.	Herausgeberin
avantgard.	avantgardistisch	hist.	historisch
Bar./bar.	Barock/barock	Hl./hl.	Heilig/heilig/Heilige(r)
Bd.	Band	IBA	Internationale Bauausstellung
bearb.	bearbeitet		
Bed./bed.	Bedeutung/bedeutend (auch: bedeutendsten)	i. d. R.	in der Regel
		Illustr.	Illustration
Bez./bez.	Bezeichnung/bezeichnet	industr.	industriell
Buga	Bundesgartenschau	ital.	italienisch
CUT	Colonia Ulpia Traiana (heutiges Xanten)	Jan.	Januar
		Jh./jh.	Jahrhundert/jahrhunderte(lang)
ders.	derselbe		
Dez.	Dezember	jüd.	jüdisch
Di./di.	Dienstag/dienstags	Jz.	Jahrzehnt
d.J.	der Jüngere	karol.	karolingisch
DJH	Deutsche Jugendherberge	kath.	katholisch
		Klassiz./klassiz.	Klassizismus/klassizistisch
Do./do.	Donnerstag/donnerstags		
		km	Kilometer
DRK	Deutsches Rotes Kreuz	koloss.	kolossal
Dt./dt.	Deutschland/deutsch	komm.	kommentiert
d. T.	der Täufer	künstl.	künstlich
EG	Erdgeschoss	kurfürstl.	kurfürstlich
ehem.	ehemalig/ehemals	ländl.	ländlich
empfehlensw.	empfehlenswert	lat.	lateinisch
engl.	englisch	LVR	Landschaftsverband Rheinland
erw.	erweitert		
europ.	europäisch	m	Meter
ev.	evangelisch	MA/ma	Mittelalter/mittelalterlich
evt.	eventuell		
Febr.	Februar	maasländ.	maasländisch
Feiert./feiert.	Feiertag/feiertags	mannigf.	mannigfaltig
fläm.	flämisch	merow.	merowingisch
fränk.	fränkisch	Mi./mi.	Mittwoch/mittwochs
gen.	genannt	Min.	Minute
geol.	geologisch	Mio.	Million
german.	germanisch	Mo./mo.	Montag/montags
geschl.	geschlossen	N	Norden
gest.	gestorben	napoleon.	napoleonisch
ggü.	gegenüber	nationalsoz.	nationalsozialistisch
Got./got.	Gotik/gotisch	n. Chr.	nach Christus

niederl.	niederländisch	Städt./städt.	Städtisch/städtisch
NN	Normalnull	stauf.	staufisch
Nov.	November	Std./std.	Stunde/stündlich
NRW	Nordrhein-Westfalen	steinzeitl.	steinzeitlich
NSG	Naturschutzgebiet	Str.	Strasse
NT	Neues Testament	südl.	südlich
O	Osten	SW	Südwest
Öffnungsz.	Öffnungszeiten	t	Tonne
OG	Obergeschoss	tägl.	täglich
Okt.	Oktober	teilw.	teilweise
östl.	östlich	Tel./tel.	Telefon/telefonisch
otton.	ottonische	u.a.	unter anderem
pfalzgräfl.	pfalzgräflich	überarb.	überarbeitet
preuß.	preußisch	UG	Untergeschoss
Prof.	Professor	umgangssp.	umgangssprachlich
ref.	reformiert	uneinheitl.	uneinheitlich
regelm.	regelmäßig	ungleichm.	ungleichmäßig
reichh.	reichhaltig	unterschiedl.	unterschiedlich
Rekon./rekon.	Rekonstruktion/rekonstruiert	unver.	unverändert
Ren./ren.	Renovierung/renoviert	urspr.	ursprünglich
Renaiss.	Renaissance	u.v.m.	und vieles mehr
Rest./rest.	Restauration/restauriert	v. Chr.	vor Christus
rh.	rheinisch	Vereinb.	Vereinbarung
RIM	Rheinisches Industriemuseum	Verf.	Verfasser
		verm.	vermehrt
rom.	romanisch	vermutl.	vermutlich
röm.	römisch	VHS	Volkshochschule
russ.	russisch	vollst.	vollständig
S	Süden	W	Westen
Sa./sa.	Samstag/samstags	wahrscheinl.	wahrscheinlich
sachl.-funkt.	sachlich-funktional	weltl.	weltlich
San.	Sanierung	Werkt./werkt.	Werktag/werktags
schiff.	-schiffig (z. B. zwei-schiffig; in Kirchen)	Westf./westf.	Westfalen/westfälisch
		WIM	Westfälisches Industriemuseum
schw.	schwedisch	wirtschaftl.	wirtschaftlich
Sehensw./sehensw.	Sehenswürdigkeit/sehenswert	WK	Weltkrieg
		zahlr.	zahlreich
Sept.	September	zeitgenöss.	zeitgenössisch
So./so.	Sonntag/sonntags	zugängl.	zugänglich
sog.	sogenannt	z. T.	zum Teil
span.	spanisch		
St.	Sankt		

Kleines Fach- und Fremdwörterlexikon

A

Abteufen: im Bergbau Bezeichnung für die Herstellung von Schächten und das Niederbringen von Bohrungen

Ackerbürger: historischer Name für Stadtbürger. Sie besaßen Grund und Boden für landwirtschaftliche Nutzung in oder nahe der Stadt, von der sie neben gewerblicher Arbeit oder ausschließlich ihren Lebensunterhalt bestritten.

Altar: (allgemein Opfertisch) in der katholischen Kirche Ort der Eucharistiefeier (= vom Priester auf dem Altar vollzogene Wandlung von Brot und Wein in das Fleisch und Blut Christi; siehe Eucharistie)

(Altar)retabel: (lat. retro, »hinter«, »rückwärts«, und tabula, »Brett«) Bezeichnung für den seit dem 11./12. Jh. üblichen Altaraufsatz. In erster Linie diente er als Blickfang und gelegentlich auch zur Aufbewahrung von Reliquien. Die ältesten R. stammen aus dem 12. Jh., u. a. das Stuckretabel im Erfurter Dom von 1160.

Anna Selbdritt: im 14. Jh. entstandenes Motiv. Fachausdruck für die vereinigte Veranschaulichung der hl. Anna (Mutter Marias) mit der in der Regel als Mädchen verkörperten Maria und dem Jesuskind. Der Anachronismus des Bildes (Maria als Mädchen ist neben dem Jesuskind dargestellt) wird später gelegentlich zu Gunsten einer chronistischen Generationenfolge, bei der Anna und Maria als erwachsene Frauen dargestellt werden, aufgehoben.

Apsis: (gr.-lat. »Rundung«, »Bogen«) halbrunder, auch vieleckiger überwölbter Raum als Abschluss eines Kirchenraumes

Archidiakon: ehemals erster Helfer und Stellvertreter des Bischofs, später als Vorsteher eines Kirchensprengels, des Archidiakonats bezeichnet. In manchen christlichen Vereinigungen ist der Begriff noch gebräuchlich. Die katholische Kirche spricht heute vom Generalvikar, die protestantische vom Prälat oder Generalsuperintendent.

Arkade: (lat. arcus, »Bogen«) bezeichnet einen Bogen, der zwei Säulen oder Pfeiler verbindet. Reihen von Bögen an Gebäudeaußenwänden bilden einen nach einer Seite offenen Arkaden-Gang.

Aufschluss: Stelle im Gelände, an der das anstehende Gestein zugänglich ist (Felswände, Steilufer, Steinbrüche, Baugruben u.a.; siehe Flöz)

Auslucht: (niederdt. lucht »Lichtöffnung, Fenster«) quadratischer, vom Erdboden aufsteigender Anbau über einen oder mehrere Stockwerke

B

Basilika: 1. Bezeichnung für Kirchen, die an beiden Seiten des Mittelschiffs Seitenschiffe mit eigenen Fenstern aufweisen, wobei das Mittelschiff ebenfalls über Fenster verfügt; 2. vom Papst verliehener Ehrentitel

Basilika minor: (siehe Basilika; minor = lat. klein, gering)

Brache: in der ursprünglichen Bedeutung Umpflügen (»Umbrechen«) des Feldes nach der Ernte, späterhin als der nicht bestellte Boden bezeichnet, der sich, häufig in Verbindung mit menschlicher Einwirkung, regenerieren soll. Industriebrache: naturfreundliche Nutzbarmachung eines stillgelegten Industriegebiets

C

Chor: bezeichnet den Bereich der Kirche, in dem sich der Hauptaltar befindet. Seit dem Mittelalter schließt der C. üblicherweise halbrund.

Chorabschluss: (siehe Chor)

D

Deele (siehe Diele)

Diele: (niederdt. Däle oder Deele) Hauptraum des niederdt. Bauern- und Bürgerhauses

Drost: (niederdt. »Truchseß«) seit dem späteren Mittelalter in Nordwest-Deutschland und Teilen der Niederlande Name für einen Beamten, der an der Spitze eines Amtes (= Drostei) steht.

E

Empore: von Bögen, Pfeilern oder Säulen getragenes Obergeschoss in Gebäuden, z. B. in Kirchen. Vormals waren in der Kirche die Stellen auf der E. meistens Angehörigen von Adelsfamilien, Sängern oder Nonnen vorbehalten. Häufig befindet sich die Kirchenorgel ebenfalls auf einer E.

Epitaph: (griech. »Grabschrift«) Denkmal der Erinnerung an eine verstorbene Person, die in der Regel an einem anderen Ort zu Grabe getragen wurde. Unter die verschiedenen möglichen Formen fallen einfache Inschriftplatten, Tafeln mit Bildnissen bis hin zu Grabinschriften mit Figurenszenen.

Eremitage: (franz. ermitage »Einsiedelei") Im Barock und Rokoko wurde damit ein in der Abgeschiedenheit liegender Gartenpavillon für romantische Begegnungen bezeichnet. Ein einsam im Wald und fern von Menschenansammlungen gelegenes Schloss wird in Anlehnung an den ursprünglichen Wortgebrauch auch E. genannt. Weitere sinngemäße Auslegungen des Wortes sind möglich.

Eucharistie: (griech.-lat. »Danksagung«) 1. Sakrament (= eine göttliche Gabe vermittelnde Handlung in der katholischen und evangelischen Kirche) des Abendmahls, Altarsakrament; 2. Die Feier des heiligen Abendmahls als Mittelpunkt des christlichen Gottesdienstes; 3. die eucharistische Gabe (Brot und Wein)

F

Fiale: Ziertürmchen der gotischen Baukunst
Fialengiebel (Siehe Giebel und Fiale)
Flöz: ursprünglich »geebneter Boden« (althochdt. flaz »flach, breit«); im Bergbau wird damit eine Schicht nutzbarer Gesteine oder Minerale (z. B. Kohle, Kalisalze) bezeichnet;
Flözaufschluss: (siehe Aufschluss)

G

Giebel: (althochdt. »Vorderseite«) senkrechte Begrenzung des Dachraumes. Es gibt verschiedene G.formen, am häufigsten tritt er jedoch in Gestalt eines spitz zulaufenden Dreiecks auf. Zu den Sonderformen gehören u.a. der so genannte Glocken-Giebel, der Treppen-Giebel oder auch der Fialengiebel.
Gräfte (Mehrzahl Gräften): Wassergraben; z. B. bei Wasserburgen zum Schutz vor Feinden angelegtes Gräftensystem, das die Burg meist ganz umschließt

I/J

Industriebrache: (siehe Brache)
Joch: Raum zwischen vier im Quadrat oder Rechteck stehenden Pfeilern bei romanischen und gotischen Kirchen

K

Kamee: (ital.-franz., auch: Kameo, Cameo) bezeichnet ein aus einem Schmuckstein (häufig Edelstein) gefertigtes figürliches Relief (siehe Relief)
Kasematte: (griech. chásma »Spalte, Kluft«) im Militärwesen ein Geschützstand unter einer stark gesicherten Decke. Früher im Festungsbau v.a. ein geschütztes Gewölbe aus dickem Mauerwerk
Kemenate/Kemnate: (lat. caminata camera, »Zimmer mit Kamin«) Im Mittelalter stand der Name für ein beheizbares Gemach. Anfänglich war nur der Wohnraum der Herrscherfamilie einer Burg mit einem Kamin versehen, folgend galt die Bezeichnung Kemenate speziell für die Gemächer der Frauen.
Kirchen(haupt)schiff: in Kirchen der Raum zwischen zwei Längswänden, zwei Stützenreihen oder einer Stützenreihe und einer Wand
(Kirchen)seitenschiff: Räume einer Kirche, die, durch eine Stützenreihe getrennt, seitlich des Mittelschiffes (Hauptschiff) verlaufen
(Kirchen)querschiff: Benennung der Kirchenschiffs, das quer zur Achse Langhaus-Chores verläuft. Die sich von der Querhausachse erstreckenden Teile sind die Querarme. Wenn die Gewölbehöhen von Quer- und Längsschiff nicht identisch sind, werden sie Querhäuser genannt.
Kohleveredelung: Sammelbegriff für alle Vorgänge zur Wertsteigerung der geförderten Kohle. Zu den thermische Verfahren zählen die Schwelung und die Verkokung.
Kokerei: technische Anlage zur Verkokung von Kohle (siehe Kohleveredelung)
Komturei: bei geistlichen Ritterorden Verwaltung von Ordensgütern
Konche: »Muschel«; halbrunder Chorabschluss einer Kirche, die keinen Chorumgang hat und jede andere halbrunde Nische (siehe Apsis)
Kreuzrippengewölbe: gewöhnliches gotisches Gewölbe, bei dem sich die Rippen wie die Diagonalen in einem Rechteck kreuzen. Der Kreuzungspunkt wird oft durch einen Schlussstein hervorgehoben.
Kubus: griech. k_bos, »Würfel«

L

La-Tène-Kultur: eine nach dem Fundplatz La Tène am Neuenburger See (Schweiz) benannte Kultur der jüngeren vorrömischen Eisenzeit (5.-1. Jh. v. Chr.). Sie dehnte sich im 3. und 2. Jh. v. Chr. von Britannien bis zur unteren Donau und von der Mittelgebirgszone bis Norditalien aus und ist ein Zeugnis der Kultur keltischer Stämme.
Laterne: u.a. türmchenartiger Aufbau mit rundem oder polygonalem Querschnitt als Bekrönung einer Kuppel oder eines Gewölbes
Lehen: (siehe Lehnswesen)
Lehnswesen: bildet das Fundament des mittelalterlichen abendländischen Feudalismus (= durch das Lehnsrecht legitimierte Wirtschafts- und Gesellschaftsform, in der die Herrschaft von über den Grundbesitz verfügenden aristokratischen Oberschicht ausgeübt wird). Es beruht auf einer Staats- und Gesellschaftsordnung von Lehnsleuten und Lehnsherren (Lehnsverband) und besteht aus einem dinglichen (Lehngut, auch Feudum oder Benefizium) und einem persönlichen Element (Vasalität) (Vasall = mittelalterlicher Lehnsmann, Gefolgsmann).
Lettner: (lat. lectionarium, »Lesepult«) Seit dem 12./13. Jahrhundert Lese- und Sängerbühne in mittelalterlichen Kirchen. Er unterteilt das Laienschiff vom Klerikerchor und wurde zur Schauseite häufig mit plastischem

Schmuck bis hin zu weitreichenden Bildprogrammen verziert. Im fortgeschrittenen Mittelalter wird der ursprünglich als Wand konzipierte L. mit Arkaden-Durchgängen versehen. Im 17. Jh. wurde er oft entfernt.

M

Marstall: (althochdt. marah, »Mähre«, »Stute«, und stal, »Stall«) historischer Name für ein Gestüt sowie für prächtige Stallbauten, insbesondere im Barock. Nicht selten war eine gedeckte Reithalle angeschlossen.

Minerva: Göttin des Handwerks, der schönen Künste und der Weisheit

Motte: (franz. »Erdhügel«) wehrhafter bewohnbarer Holzturm auf einem künstlich angelegten, wasserumgebenen Erdhügel. Sie ist die Vorstufe zur mittelalterlichen Burgform.

P

Palais: franz. »Palast«

Palas: Wohn- oder Saalbau einer mittelalterlichen Burg

Palmette: (franz., »kleine Palme«, abgeleitet von lat. palma, »flache Hand«, »Palme«) sehr altes, schon in der Antike gebräuchliches Verzierungselement, welches in der Regel die Form einer Hand mit gespreizten Fingern oder eines Fächerpalmblattes aufweist

Palmettenrosette: (siehe Palmette und Rosette)

Pantokrator: (griech. panto-, »alles-«, und kratos, »Macht«, »Herrschaft«) Herrscher über alles. Gebräuchlich als Beiname verschiedener Gottheiten und seit dem 4. Jh. auch im Christentum, vor allem als Ehrentitel für Jesus Christus, geläufig.

Pinge (Binge): trichterförmige Vertiefung an der Erdoberfläche, die sich durch den Einsturz alter Grubenflächen gebildet hat

Pleistozän: im Zeitalter der Erdneuzeit als die ältere Abteilung des Quartärs bezeichnet. Sie beginnt vor ca. 2,5 Millionen Jahren und fällt mit der Menschwerdung zusammen.

Pilatus, Pontius: († 39 n. Chr., möglicherweise durch Selbstmord) römischer Prokurator von Judäa (26-36 n. Chr.). Er verurteilte Christus zum Tod am Kreuz. Der Überlieferung nach soll seine Amtsführung despotisch und judenfeindlich gewesen sein. In der Bildkunst wird er für gewöhnlich in Verbindung mit dem Thema des Ecce homo (»Sehet, welch ein Mensch!«) abgebildet.

Portikus: (lat. »Säulengang«) auf Säulen u. Pfeiler gestützte Vorhalle an der Haupt- bzw. Eingangsseite eines Gebäudes

R

Remter (auch Rempter) Speise- sowie Versammlungssaal in Burgen und Klöstern

Retabel: (siehe Altarretabel)

Rosette: (franz. »Röschen«) seit dem 5. Jh. v. Chr. bekanntes Ornament, das einer stilisierten runden Blüte (Sternblume) nachempfunden ist und vom Zentrum ausgehend blütenblattähnliche Strahlen aufweist

Risalit: (ital. risalto, »Vorsprung") vor allem im barocken Profanbau zu finden. Ein vor den Hauptbau tretender Gebäudeteil, z.T. mit separatem Dach. Man unterscheidet Mittel-, Seiten- und Eckrisalite.

S

Säkularisation: Die Verweltlichung geweihter Personen oder Dinge, darunter fällt u.a. die Aufhebung und Enteignung kirchlicher Einrichtungen (Stifte, Klöster u. a.) und deren sich daran anschließende profane Nutzung. Eine Vielzahl an Kirchengütern gelangt im Gefolge der S. in Privatbesitz.

Saale-Eiszeit: (nach der Saale) in Norddeutschland vorletzte Eiszeit des Quartärs (= jüngste Formation der Erdneuzeit, siehe Pleistozän)

Scherpentiner: spitzer Vorbau zur Verteidigung

Simultaneum: vom Staat oder durch einen Vertrag festgelegtes gemeinsames Nutzungsrecht verschiedener Konfessionen an kirchlichen Einrichtungen (z. B. Kirchen, Friedhöfe)

Spanischer Erbfolgekrieg: (1701-1713/14), Kriegshandlung um das span. Erbe nach dem Tod des letzten span. Habsburgers Karl II.

Hohenstaufenzeit: (Staufer = schwäbisches Adelsgeschlecht) Der Anfang reicht in die 1. Hälfte des 11. Jh. zurück, das Ende wird mit der Enthauptung des letzten Staufen Konradin in Neapel 1268 markiert.

Stollen: im Bergwesen ein sacht ansteigender Grubenbau, der von einem Hang aus in den Berg getrieben wird; (Stollenmundloch = Stolleneingang)

T

Tabernakel: (lat. »Zelt«, »Hütte«) 1. Schrein auf dem Altartisch zur Aufbewahrung der Hostien (= lat. »Opfer, Opfertier«: Gläubigen gereichte Oblate, die den Leib Christie darstellt). 2. Ein aus Säulen und Dach bestehendes luftiges Zierhäuse der gotischen Architektur, oft gleichbedeutend mit Baldachin

Thebäische/Thebaischen Legion: eine christliche Soldatengemeinschaft aus der Thebais (= Gebiet um die altägyptische Stadt Theben), die im späten 3. Jh. wegen ihres Glaubens hingerichtet wurde

Thermen: warme Bäder im antiken röm. Reich

Triptychon: (griech. triptychos, »dreigefaltet«) dreiteiliges Relief- oder Tafelbild; normalerweise sind Flügelaltäre in der Formgebung von Triptychen gestaltet, d. h. sie setzen sich aus einem Mittelteil und zwei zusammenklappbaren Seitenteilen zusammen. Meistens ist ein Seitenteil halb so breit wie das Mittelstück. Wenn sie zusammengeklappt sind, bedecken sie somit den ganzen Mittelteil.

Triton: griechischer Meergott, der zum Gefolge seines Vaters Poseidon gehört

U/V

Vierung: Bezeichnung für das Gewölbequadrat, in dem sich das Kirchenschiff (längs zum Chorabschluss) und das Querschiff kreuzen

Volute: (ital. voluta, »Windung«) stärker oder schwächer spiralförmig eingerollte Verzierung in C- oder S-Form. Die »geschneckte« Form war schon in der ägyptischen Kunst üblich. In der Renaissance wurde die V. dann in den verschiedensten Ausführungen wieder modern, so z. B. als V.giebel. (siehe Giebel)

W

Walmdach: mit einer auf gleicher Höhe verlaufenden Dachtraufe an Längs- und Querseiten des Hauses (Traufe = die untere Begrenzung einer Dachfläche)

Welsche Haube: Benennung für ein mehrmals geschweiftes Turmdach, das in der klassischen Form aus einer glockenförmig geschweiften Haube, einem laternenartigen Zwischenstück darauf und einer krönenden Zwiebelhaube besteht. Dieser Stil wurde in der Renaissance insbesondere in Süddeutschland und Österreich errichtet.

X/Y/Z

Zwinger: Bezeichnung sowohl für den Raum zwischen der äußeren und inneren Ringmauer einer mittelalterlichen Burg oder Stadtbefestigung als auch des bei großen Anlagen zur Vorburg gehörenden Freiraums

Literaturverzeichnis

Bahlmann, Paul (Hg.): Münsterländische Märchen und Sagen, 2. bearb. und verm. Aufl., Vreden (Westfalen) 1910

Ders.: Ruhrtal-Sagen von der rheinisch-westfälischen Grenze, Münster 1913

Ders.: Ruhrtal-Sagen vom Ruhrkopf bis zum Rhein, 2. verm. und verb. Aufl., Dortmund *1922*

Bockemühl, Erich: Das goldene Spinnrad, niederrheinische Sagen, Märchen und Legenden, neu erzählt, 2. überarb. und erw. Aufl., Duisburg 1967

Ders.: Niederrheinisches Sagenbuch. Sagen und wunderliche Geschichten vom Niederrhein und seinen Grenzgebieten. Dem Volk und der Jugend dargebracht, mit Bildern von G. Olms, 2. Nachdruck der Ausgabe Moers 1930, Hildesheim 1997

Dege, Wilhelm (Hg.): Sagen aus Westfalen, mit einer Schaukarte und 15 Illustr., Dortmund 1964

Dreeßen, Jakob (Hg.): Sagen und Legenden aus der Stadt Köln, Köln 1904

Gath, Goswin P.: Rheinische Sagen, Köln 1943

Goethe, Johann Wolfgang von: Goethes Werke, Bd. 1, Gedichte und Epen 1. Textkritisch durchgesehen und komm. von Erich Trunz, 13. Aufl., München 1982

Groeteken, Dr. Friedrich A. (Hg.): Sagen des Sauerlandes, Bd. 6, Dortmund 1921

Gronemann, Walter: Das Dortmunder Sagenbuch, nacherzählt und hg., Bottrop 1994

Heck, Karl und Peitsch, Heinrich: Es geht eine alte Sage. Sagen, Legenden und Erzählungen vom unteren Niederrhein, gesammelt und bearb., mit Illustr. von A.Oppenberg, Wesel 1967

Heine, Heinrich: Heines Werke in fünf Bänden. Erster Bd. Gedichte, hg. von den Nationalen Forschungs- und Gedenkstätten der klassischen deutschen Literatur Weimar, Berlin und Weimar, 17. Aufl. 1986

Heinrichs, Gregor: Sagen aus dem Ruhrgebiet, Bonn 1992

Kiefer, Ferdinand Jakob: Sagen des Rheinlandes, Köln 1845

Kühn, Fritz: Sagen des Sauerlandes, bearb., mit Zeichnungen von Hanns Zürn, Meschede 1936
Lorenzen, Ernst und Weitkamp, Heinrich (Hg.): Sonnborn, Lesebücher deutscher Dichtung, d. VIII, mit Bildern von M. W. Bernuth, Bielefeld und Leipzig 1924
Münsterische Geschichten, Sagen und Legenden, nebst einem Anhang von Volksliedern und Sprichwörtern, Münster 1825
Nießen, Josef (Hg.): Sagen und Legenden vom Niederrhein, Bd. 1, Kempen (Rhein), 1911
Ders.: Sagen und Legenden vom Niederrhein, Bd. 2, Kempen (Rhein), 1911
Nuding, Stephan: Bergisches Land, (= Die schwarzen Führer), Freiburg i. B. 1997
Rölleke, Heinz (Hg.): Westfälische Sagen, Düsseldorf/Köln 1991
Sauermann, Dietmar (Hg.): Legenden aus Westfalen, Husum 1995
Schell, Otto: Bergische Sagen, gesammelt und mit Anm. hg., Elberfeld 1897
Ders.: Neue bergische Sagen, Elberfeld 1905
Schneider, Paul: Westfälische Sagen, 9. Bd., hg. von der freien Lehrervereinigung für Kunstpflege in Berlin, mit Zeichnungen von Else Hertzer, Berlin 1927
Schrey, Gerhard (Hg.): Siegerländer Sagen, Siegen und Leipzig 1912
Schulte Kemminghausen, Karl (Hg.): Westfälische Märchen und Sagen aus dem Nachlass der Brüder Grimm, Beiträge des Droste-Kreises, 2. Aufl., Münster 1963
Schulze, Wolfgang: Die schönsten Sagen aus Essen, nacherzählt und hg., mit Bildern, Essen 1979
Ders.: Die schönsten Sagen aus Düsseldorf, nacherzählt und hg., mit Illustr. von Herbert Grabowski, Essen 1982
Seidenfaden, Theodor: Das Glockenspiel. Rheinische Sagen, 2. neubearb. Ausgabe, Saarlautern 1938
Simrock, Dr. Karl (Hg.): Rheinsagen aus dem Munde des Volkes und deutscher Dichter, Bonn 1837
Steinbach, Theodor: Westfälische Sagen und andere Gedichte erzählenden Inhalts, Paderborn 1910
Vincke, Gisbert Freiherr (Hg.): Sagen und Bilder aus Westfalen, 3. völlig überarbeitete Aufl., Berlin 1884
Wehrhan, Karl: Eichblatts Deutscher Sagenschatz, Bd. 14, Westfälische Sagen, gesammelt und hg., mit 6 Bildtafeln, Leipzig 1934
Weitershagen, Paul: Die bergische Truhe. Legenden, Sagen, Märchen, Schwänke und Schnurren aus dem Bergischen Land, neu erzählt, Köln 1955
Ders.: Zwischen Dom und Münster. Sagen, Legenden, Märchen und Schwänke aus den Landschaften zwischen Köln und Aachen, neu erzählt, 3. unver. Aufl., Köln 1973
Willms, Hugo (Hg.): Bergische Volkspoesie, Bd. 2. Auserlesene Sammlung Bergischer Gedichte, Mundartgedichte, Lieder, Sagen und Balladen, Sprüche, Volksweisheiten und Volksbräuche, Wipperfürth 1958
Wurmbach, Adolf: Bergwerk muss blühen. Siegerländer Erzstufen, gefördert und aufbereitet, Siegen 1942
Ders.: Siegerländer Sagen, Siegen 1967
Zaunert, Paul (Hg.): Westfälische Sagen, mit 24 Tafeln und 42 Abbildungen im Text, Jena 1927

Quellenverzeichnis

Bergisches Land
Bergisch Gladbach Asenborn und Strunderquelle, aus: Weitershagen, Bergische Truhe, S. 33–34. Ritter Kurt von Arloff, aus: Schell, Bergische Sagen, S. 306–307.
Nümbrecht Werner von Homburg, aus: Schell, Bergische Sagen, S. 401–402.
Odenthal Der Wasserteufel u. das Kloster Altenberg, aus: Schell, Bergische Sagen, S. 59–60.
Siegburg Heinz Hütlein, aus: Weitershagen, Bergische Truhe, S. 19–20.
Solingen Das Gespenst des Grafen von Berg, aus: Nuding, Bergisches Land, S. 181–182. Das Zwergenjunkerlein, aus: Weitershagen, Bergische Truhe, S. 34–35
Windeck Graf Konrad von Windeck, aus: Schell, Bergisch Sagen, S. 431–432.
Wuppertal Beyenburg, aus: Willms, Bergische Volkspoesie, S. 106–107.

Münsterland
Ascheberg Der Hochjäger, aus: Münsterische Geschichten, Sagen und Legenden, S.168–169
Billerbeck Der heilige Ludger in Billerbeck,

aus: Wehrhan, Eichblatts Deutscher Sagenschatz, S. 94.
Münster Amtmann Timphot, aus: Bahlmann, Münsterländische Märchen und Sagen, S. 93–95. Der silberne Hahn, aus: Bahlmann, Münsterländische Märchen und Sagen, S. 78–80. Die Münsterländische Judith und das Ende der Wiedertäufer, aus: Zaunert, Westfälische Sagen, S. 196–201
Nordkirchen Rentmeister Schenkewald, aus: Lorenzen und Weitkamp, Westfälische Sagen, S. 26–28
Raesfeld Raesfeld, aus: Zaunert, Westfälische Sagen, S. 148–149.
Warendorf Jungfer Eli, aus: Schulte Kemminghausen, Westfälische Märchen, S. 157–159.

Niederrhein

Düsseldorf Die weiße Frau im Schloßturm, aus: Schulze, Sagen aus Düsseldorf, S. 74–76. Meister Grupello, aus: Nießen, Sagen und Legenden, Bd. 1, S. 23–24.
Geldern Das goldene Spinnrad, aus: Bockemühl, Das goldene Spinnrad, S. 108–109.
Kalkar Joest von Kalkar und die Bäckersfrau, aus: Bockemühl, Das goldene Spinnrad, S. 124–125
Kevelaer Die Wallfahrt nach Kevelaar, aus: Heine, Heines Werke, S. 54–56.
Kleve Der Schwanenritter von Cleve, aus: Heck und Peitsch, Es geht eine alte Sage, S. 77–78. Johanna Sebus, aus: von Goethe, Goethes Werke, S. 284–285.
Krefeld Das Kreuz in der Kirche zu Linn, aus: Nießen, Sagen und Legenden, Bd. 1, S. 41–42. Die Erdmännchen im Hülser Berg, aus: Nießen, Sagen und Legenden, Bd. 2, S. 71–72.
Wachtendonk Die Erdmännchen in Wachtendonk, aus: Nießen, Sagen und Legenden, Bd. 2, S. 41–42.
Xanten Der heilige Viktor von Xanten, aus: Bockemühl, Niederrheinisches Sagenbuch, S. 244–245.

Ostwestfalen-Lippe

Bielefeld Die letzten Riesen, aus: Schneider, Westfälische Sagen, S. 44–47.
Brakel Die Asseburger Glückskelche, aus: Dege, Sagen aus Westfalen, S. 158–159.
Büren Der Herr von der Wewelsburg, aus: Rölleke, Westfälische Sagen, S. 223–225.
'*Detmold* Die weiße Frau, aus: Vincke, Sagen und Bilder aus Westfalen, S. 132–133.
Enger Widukinds Liebesprobe, aus: Steinbach, Westfälische Sagen, S. 18–19.
Herford Die Vision zu Herford, aus: Zaunert, Westfälische Sagen, S. 104–105.
Horn-Bad Meinberg Die Externsteine im Lippischen, aus: Wehrhan, Eichblatts Deutscher Sagenschatz, S. 142–143. Der Berggeist bei den Externsteinen, aus: Dege, Sagen aus Westfalen, S. 127.
Höxter Die weiße Lilie, aus: Vincke, Sagen und Bilder aus Westfalen, S. 160–161.
Paderborn Der Brunnen im Dom zu Paderborn, aus: Schneider, Westfälische Sagen, S. 131–134.

Rheinland

Aachen Der Münster, aus: Kiefer, Sagen des Rheinlandes, S. 62–66.
Frankenberg bei Aachen (von Max von Schenkendorf), aus: Simrock, Rheinsagen aus dem Munde ..., S. 93–94.
Bonn Der ungeduldige Wind, aus: Gath, Rheinische Sagen, S. 201–202.
Düren Das Glockenspiel, aus: Seidenfaden, Das Glockenspiel, S. 5–7.
Jülich Der Hofnarr zu Jülich, aus: Weitershagen, Zwischen Dom und Münster, S. 183–185.
Köln Die Heinzelmännchen, aus: Dreeßen, Sagen und ..., S. 115–117. Der Bürgermeister Gryn, aus: Kiefer, Sagen des Rheinlandes, S. 53–56. Meister Gerhard von Ryle, aus: Dreeßen, Sagen und ..., S. 33–35.
Königswinter Der Mönch zu Heisterbach (von Wolfgang Müller), aus: Nuding, Bergisches Land, S. 177–178.
Nideggen Bösewichter auf Burg Nideggen, aus: Weitershagen, Zwischen Dom und Münster, S. 163–164.
Siebengebirge Die Entstehung des Siebengebirges, aus: Schell, Bergische Sagen, S. 493
Zülpich Theobald und Theolinde, aus: Seidenfaden, Das Glockenspiel, S. 8–10.

Ruhrgebiet

Bochum Der Taufstein in der Gertrudiskirche zu Wattenscheid, aus: Sauermann, Legenden aus Westfalen, S. 11
Dortmund Die Sage von der Teufelskanzel in Syburg, aus: Gronemann, Das Dortmunder Sagenbuch, S. 189–191. Reinold von Montalban, aus: Vincke, Sagen und Bilder aus Westfalen, S. 304–309.
Essen Die Marmorsäule in der Münsterkirche, aus: Schulze, Die schönsten Sagen aus Essen, S. 16–19. Werden und sein Gründer, aus: Bahlmann, Ruhrtal-Sagen von der rheinisch-westfälischen Grenze, S. 58–62.
Gelsenkirchen Die drei Kugeln von Leithe, aus:

Heinrichs, Sagen aus dem Ruhrgebiet, S. 89–91.
Hattingen Der vornehme Gefangene, aus: Bahlmann, Ruhrtal-Sagen vom Ruhrkopf bis zum Rhein, S. 93–94.
Herne Der tolle Jobst von Strünkede, aus: Heinrichs, Sagen aus dem Ruhrgebiet, S. 27–30.
Oberhausen Mariä Bächlein von Sterkrade, aus: Heinrichs, Sagen aus dem Ruhrgebiet, S. 110–111.
Witten Die erste Kohlezeche an der Ruhr, aus: Dege, Sagen aus Westfalen, S. 86–87. König Goldemar, aus: Schneider, Westfälische Sagen, S. 52–55.

Sauerland
Altena Ritter Diethelm, aus: Kühn, Sagen des Sauerlandes, S. 215–218.
Arnsberg Graf Heinrich von Arnsberg, aus: Steinbach, Westfälische Sagen, S. 81–84.
Hagen Der Goldberg bei Hagen, aus: Schneider, Westfälische Sagen, S. 234–237.
Hemer Die Zwerge im Felsenmeer, aus: Kühn, Sagen des Sauerlandes, S. 30–32.

Iserlohn Mönch und Nonne, aus: Steinbach, Westfälische Sagen, S. 40–47.
Lennestadt Der Lowwerhannes, aus: Kühn, Sagen des Sauerlandes, S. 78–79.
Winterberg Das Zwergenschloß im Astenberge, aus: Groeteken, Sagen des Sauerlandes, S. 75–76.

Siegerland
Burbach Die wilden Weiber, aus: Wurmbach, Siegerländer Sagen, S. 43–45.
Hilchenbach Alte Bergmär, aus: Wurmbach, Bergwerk muss blühen, S. 38–39.
Kreuztal Das Fräulein von Hees, aus: Wurmbach, Siegerländer Sagen, S. 67–68. Johann Hübner, aus: Dege, Sagen aus Westfalen, S. 76–79.
Siegen Der Königsfloh, aus: Wurmbach, Siegerländer Sagen, S. 88/ 90–92.
Siegerland Die Erschaffung des Siegerländers, aus: Wurmbach, Siegerländer Sagen, S. 5–6.
Wilnsdorf Die Eremitage, aus: Wurmbach, Siegerländer Sagen, S. 96–97. Von dem Heinzelmännchen auf der Grube Neue Hoffnung, aus: Schrey, Siegerländer Sagen, S. 184–186.

Ortsregister

Es sind nur eigenständige Städte aufgeführt, nicht separat deren Stadtteile. Hohensyburg z. B. findet sich nicht im Verzeichnis wieder, da der Ortsteil Dortmund zugehörig ist.
Kursiv hervorgehobene Seitenangaben beziehen sich immer auf einen oder mehrere Sagentexte zu der angegebenen Stadt. (z.B. Dortmund: S.4, 92, 96, *103–113*, 291, 294, 299; auf den Seiten *103–113* befinden sich Sagen der Stadt Dortmund, auf den Seiten 4, 92, 96 und 291, 294, 299 befinden sich informative Zwischentexte zu den Sagenschauplätzen bzw. Besucherangeboten in der Umgebung.) Bekannte Sagenstätten oder -gebiete, die sich auf Landstriche (Siebengebirge, Siegerland) oder Naturdenkmäler (Wildweiberhaus in Burbach) bzw. Natur- und Kulturdenkmäler (Felsenmeer in Hemer, Muttental in Witten-Bommern, Externsteine in Horn-Bad Meinberg) beziehen, sind ebenfalls aufgeführt.

Aachen 6, *193*, *195–196*, 200–202, 292–293, 301
Altena 203–204, 228–229, *231–233*, 294, 302
Altenberg 6, 76, *243–244*, 271–272, 292, 303
Arnsberg 6, *219*, *223–224*, 294, 302
Ascheberg *53–54*, 293, 296
Bedburg-Hau 37, 296
Bergisch Gladbach *247–248*, *249–250*, 294
Bielefeld *146*, *148–150*, 292–293
Billerbeck 5, *70–73*, 85, 293, 297

Bochum 89, *91–93*, 101, 117, 272, 293, 298
Bonn 7, *31–33*, *173–176*, 257, 292–293
Brakel *132–135*, 293, 299
Brühl 168, 300
Burbach *284–285*, 294, 304
Büren 53, *123–126*, 293, 299
Detmold 5, *142–146*, 293, 300
Dortmund 4, 92, 96, *103–113*, 291, 294, 299
Düren 4, *184–187*, 293, 301
Düsseldorf 9, *11–15*, 113, 164, 278, 292–293, 295
Enger *154–156*, 293, 300

Essen 72, *78–87*, 117, 120, 292, 294, 297–298
Externsteine 5, *139–141*, 293–294
Felsenmeer 6, *216–218*, 294
Geldern 4–5, *24–26*, 40, 293, 295
Gelsenkirchen 4, *117–122*, 294, 299
Goldberg 6, *203–206*, 294
Hagen 6, 59–60, *203–208*, 226, 294, 302
Hattingen *87–90*, 93, 101, 294, 302
Hemer *216–219*, 295, 302
Herford 5, *150–153*, 156, 293

294

Herne 113–117, 121, 294–295, 299
Hilchenbach 265–272, 294, 303
Horn-Bad Meinberg 139–142, 293–294, 300
Höxter 135–139, 293, 299–300
Hülser Berg 5, 7, 19–22, 293, 295
Iserlohn 209–215, 233, 294, 302
Jülich 6, 177, 181, 183, 187–193, 293, 301
Kahler Asten 225–226
Kalkar 5, 35–37, 41, 293, 296
Kalksteinfelsen Pater und Nonne 209–213
Kevelaer 5, 26–31, 293, 296
Kleve 5, 37, 41–42, 45, 148, 228, 293, 296
Köln 23, 31–32, 34, 40, 96, 101, 157, 159–161, 164–168, 171, 180–182, 185, 203, 223, 228, 248, 252, 257, 291–293, 300
Königswinter 169–173, 293, 300–301
Krefeld 7, 18–21, 293, 295
Kreuztal 272–275, 294, 303
Lennestadt 226–227
Lüdinghausen 51, 296
Münster 2, 6, 51, 53, 56, 58–73, 78, 80, 85, 114, 196, 291–293
Muttental 93–96, 294
Nideggen 6, 177, 181–183, 186, 293, 301
Nordkirchen 48–51, 293, 296
Nümbrecht 256–259, 292, 303
Oberhausen 75–78, 294, 297
Odenthal 243–246, 292, 303
Paderborn 5, 124, 126, 130–132, 135, 151, 292–293, 299
Raesfeld 5, 46–48, 293, 296
Rosendahl 73
Siebengebirge 7, 171–173, 176, 183, 293–294, 301
Siegburg 252, 255–256, 292, 303
Siegen 42, 265, 276–280, 283, 292, 294, 303–304
Siegerland 6–7, 263–285, 294, 303–304
Solingen 237–241, 243–244, 292, 303
Strundebach 248
Wachtendonk 5, 21–24, 293, 295
Warendorf 54–58, 293, 296
Wildweiberhaus 283–284, 294
Wilnsdorf 279–280, 283, 294, 304
Windeck 6, 259, 261–262, 293, 303
Winterberg 225–226, 294, 302
Witten 93, 95–97, 101–102, 294, 304
Wuppertal 234–237, 240, 293, 302–303
Xanten 5, 24, 31–35, 286, 293, 296
Zülpich 177, 179–180, 293, 301

Praktische Informationen

Für das schnelle Nachschlagen von praktischen Informationen sind im Folgenden die wichtigsten Adressen mit Telefon- und Faxnummer sowie E-mail und Internet-Homepage (sofern vorhanden) angegeben. Kleinere Sehenswürdigkeiten bzw. lokale Ausflugsziele sind in der Regel mit Info-Telefonnummern (in manchen Fällen auch Internet-Adressen) direkt in die informativen Zwischentexte zu den Sagenschauplätzen bzw. Besucherangeboten in der Umgebung eingebunden. Die Öffnungszeiten stehen ebenfalls in den Zwischentexten vor der Adresse.

Niederrhein

Düsseldorf:
Düsseldorf Marketing & Tourismus GmbH, Postfach 10 21 63, 40012 Düsseldorf, Tel.: 0211-17 20 20, Fax: 0211-17 202 35, info@duesseldorf-tourismus.de, www.duesseldorf-tourismus.de
Goethe-Museum (Anton-und-Katharina-Kippenberg-Stiftung), Schloss Jägerhof, Jacobistr. 2, 40211 Düsseldorf, Tel.: 0211-89 962 62, Fax: 0211-89 291 44, goethemuseum@duesseldorf.de (Bibliothek), www.goethe-museum-kippenberg-stiftung.de
Kunstsammlung Nordrhein-Westfalen (K20/K21), Grabbeplatz 5, 40213 Düsseldorf, Tel.: 0211-83 81 130, Fax: 0211-83 81 201, info@kunstsammlung.de, www.kunstsammlung.de
Tourist-Info, Immermannstr. 65b (ggü. Hbf.), Tel.: 0211-17 202/-22/-23/-24, info@duesseldorf-tourismus.de, www.duesseldorf-tourismus.de

Krefeld:
Kaiser-Wilhelm-Museum, Karlsplatz 35, 47798 Krefeld, Tel.: 021 51-97 55 80, Fax: 021 51- 97 55 8 222, Zweigstellen: Museum Haus Lange, Museum Haus Esters, Wilhelmshofallee 91 und 97, 47800 Krefeld, kunstmuseen@krefeld.de, www.krefeld.de/kunstmuseen

Stadtmarketing, Rathaus, Von-der-Leyen-Platz 1, 47792 Krefeld, Tel.: 02151-86 15 01, Fax: 02151-86 15 10, freizeit@krefeld.de, www.krefeld.de
Wachtendonk:
Gemeinde Wachtendonk, Weinstr. 1, 47669 Wachtendonk, Tel.: 028 36-91 55 0, Fax: 028 36-91 55 16, info@wachtendonk.de, www.wachtendonk.de
Zweckverband »Naturpark Schwalm-Nette«, Geschäftsstelle, Willy-Brandt-Ring 15, 41747 Viersen, Tel.: 021 62-81 709/-6 (Empfang) oder /-408 (Zentrale), info@naturparkschwalm-nette.de, www.naturparkschwalm-nette.de
Geldern:
Städtische Dienste Geldern, Wirtschaftsförderung und Tourismus, Issumer Tor 36, 47608 Geldern, Postfach 1448, 47594 Geldern, Tel.: 028 31-39 87 15, Fax: 028 31-39 85 30, tourismus@geldern.de, www.geldern.de
Kevelaer:
Niederrheinisches Museum für Volkskunde und Kulturgeschichte e.V. Kevelaer, Hauptstr. 18, 47623 Kevelaer, Tel.: 028 32-95 41 0, Fax: 028 32-95 41 44, www.kevelaer.de/museum
Verkehrsbüro der Stadt Kevelaer, Peter-Plümpe-Platz 12, 47623 Kevelaer, Tel.: 028 32-122 151/-152, Fax: 028 32-43 87, info@stadt-kevelaer.de, www.kevelaer.de
Xanten:
Regionalmuseum Landschaftsverband Rheinland (LVR), Archäologischer Park Xanten (APX)/Römische Thermen, Wardter Str. 11, 46509 Xanten, Tel.: 028 01-29 99, apx@lvr.de, www.apx.lvr.de
Regionalmuseum Xanten (RMX), Kapitel 18, 46509 Xanten (am Dom), Tel.: 02801-719415 (Kasse/Auskunft), apx@lvr.de, www.apx.lvr.de
Tourist-Information, Kurfürstenstr. 9, 46509 Xanten, Tel.: 028 01-98 300, Fax: 028 01-71 66 4, info@xanten.de, www.xanten.de
Kalkar:
Museum Schloss Moyland/Skulpturenpark, Am Schloss 4, 47551 Bedburg-Hau, Tel.: 028 24-95 10 60, Fax: 028 24-95 10 94 (Besucherservice), kartenvorverkauf@moyland.de, www.moyland.de
Stadt Kalkar – Kultur & Tourismus, Markt 20, 47546 Kalkar, Tel.: 028 24-13/-120 oder / -197, Fax: 028 24-13 234, info@kalkar.de, www.kalkar.de

Kleve:
Museum Kurhaus Kleve, Ewald Mataré-Sammlung, Tiergartenstr. 41, 47533 Kleve, Tel.: 028 21-750 10, Fax: 028 21-750 111 museum.kurhaus@t-online.de, www.kleve.com/kurhaus
Schwanenburg, Klevischer Verein für Kultur und Geschichte e.V. (im Turm), 47517 Kleve, Tel.: 028 21/ -21 508, (Auskunft) /-22 484 (Führungen), /-22 884 (Information im Turm)
Stadtmarketing Kleve GmbH, Werftstr. 1, 47533 Kleve, Tel.: 028 21-89 50 90, Fax: 028 21-80 50 919, stadtmarketing@kleve.de, www.kleve.de

Münsterland

Raesfeld:
Revitalisierung des Renaissance-Tiergartens von Schloss Raesfeld; Kreis Borken, Fachbereich Natur und Umwelt, Peter Büning, Burloer Str 93, 46325 Borken, Tel.: 028 61-82 142 8, p.buening@kreis-borken.de, www.heimatverein-raesfeld.de
Schlossführungen (Schlosskapelle und Außenführung); Verkehrsverein Raesfeld e.V., Weseler Str. 19, Rathaus, 46348 Raesfeld, Tel.: 028 65-955 12 7, Fax: 028 65-955 120 , vvr@raesfeld.de, www.raesfeld.de
Nordkirchen:
Burg Vischering, Kulturzentrum des Kreises Coesfeld, Berenbrock 1, 59348 Lüdinghausen, Tel.: 025 91-79 900, Fax: 025 91-79 902 8, kultur@kreis-coesfeld.de, www.kreis-coesfeld.de
Radtouren im Münsterland (u. a. mit der 100 Schlösser-Route); Münsterland Touristik Zentrale, An der Hohen Schule 13, 48565 Steinfurt, Tel.: 025 51-93 92 91, Fax: 025 51-93 92 93, (ausführliche Infos zum Radwegesystem unter Tel.: 0800-93 92 91 9, Fax: 0800-93 92 93, www.radelpark.de) touristik@muensterland.com, www.muensterland.com
Verkehrsverein Nordkirchen e.V., Bohlenstr. 2, 59394 Nordkirchen, Tel.: 025 96-917 137, Fax: 025 96-917 139, vv.nordkirchen@freenet.de, www.nordkirchen.de
Ascheberg:
Gemeinde Ascheberg, Postfach 48, 59380 Ascheberg, Postfach 48, 59380 Ascheberg, Tel.: 025 93-60 90, Fax: 025 93-60 91 9, gemeinde@ascheberg.de, www.ascheberg.de

Verkehrsverein Ascheberg e.V., Katharinenplatz 1, 59387 Ascheberg, Tel.: 025 93-63 24, -60 936, Fax: 025 93-75 25, vv-ascheberg@t-online.de, www.verkehrsverein-ascheberg.de
Warendorf:
Dezentrales Stadtmuseum Warendorf (vier Standorte): *Museum für Zeitgeschichte, Historisches Rathaus*, Markt 1, 48231 Warendorf; *Bürgerhaus des Klassizismus*, Klosterstr. 7, 48231 Warendorf; *»GADEM«*, Zuckertimpen 4, 48231 Warendorf; *Bürgerhaus des Historismus*, Münsterstr. 19, 48231 Warendorf, telefonische Auskunft über Verkehrsverein Warendorf
Verkehrsverein Warendorf e.V., Emsstr. 4, 48231 Warendorf, Tel.: 025 81-19 433, -78 77 00, Fax: 025 81-78 77 11, verkehrsverein@warendorf.de, www.warendorf.de
Münster:
Institut für Botanik und Botanischer Garten der Westfälischen Wilhelms-Universität Münster, Schlossgarten 3, 48149 Münster, Tel.: 0251-83 23 829, botanischer.garten@uni-muenster.de, www.uni-muenster.de/BotanischerGarten
Münster Marketing (Sekretariat), Klemensstr. 10, 48143 Münster; Tel.: 0251-49 22 7-00, -01, Fax: 0251-49 27 954, oder: Tourist Information/ Geschäftsstelle), Klemensstr. 9, 48143 Münster, Tel.: 0251-49 22 810, Fax: 0251-49 27 743, tourismus@stadt-muenster.de, gorlt@stadt-muenster, www.muenster.de/tourismus
Stadtmuseum im Salzhof, Salzstr. 28, 48143 Münster, Tel.: 0251-49 24 503, Fax: 0251-49 27 726 (Außenstellen Haus Rüschhaus und Zwinger), museum@stadt-muenster.de, www.stadt-muenster.de/museum
Westfälisches Landesmuseum für Kunst und Kulturgeschichte Münster, Domplatz 10, 48143 Münster, Tel.: 0251-590 701, Fax: 0251-590 72 10 (Anmeldungen/Führungen, Tel.: 0251-5907201, Fax: 0251-5907104), landesmuseum@lwl.org, www.landesmuseum-muenster.de
Westfälisches Museum für Naturkunde – Landesmuseum und Planetarium – Sentruper Str. 285, 48161 Münster, Tel.: 0251-591 05, /-591 60 50; Programmansage Planetarium, Tel.: 0251-591 60 00; Außenstelle »Heiliges Meer«, Heiliges Meer 1, 49509 Recke, Tel.: 054 53-99 660, Fax: 054 53-99 66, naturkundemuseum@lwl.org, www.naturkundemuseum-muenster.de
Billerbeck:
Tourist-Information, Rathaus, Markt 1, 48727 Billerbeck, Tel.: 025 43-73 73, Fax: 025 43-73 50; info@billerbeck.de, www.billerbeck.de

Ruhrgebiet
Oberhausen:
Gasometer, Am Grafenbusch 90, 46047 Oberhausen, Tel./Fax: 0208-850 37 33, info@gasometer.de, www.gasometer.de
Ludwig Galerie Schloss Oberhausen, Konrad-Adenauer-Allee 46, 46049 Oberhausen, Tel.: 0208-825 38 28, Fax: 0208-825 38 13, sekretariat.ludwig-galerie@oberhausen.de, www.galerie-oberhausen.de, www.schloss-oberhausen.de
Rheinisches Industriemuseum (RIM) vom Landschaftsverband Rheinland, Standort Oberhausen, Hansastr. 20, 46049 Oberhausen, Tel.: 0208-85 79 281, Fax: 0208-85 79 282, Außenstellen: St. Antony-Hütte, Antonystr. 32-34, 46119 Oberhausen; Peter-Behrens-Bau, Museumsdepot, Essener Str. 80, 46047 Oberhausen; Museum Eisenheim, Berliner Str. 10a, 46117 Oberhausen, www.rim.lvr.de
Tourismus & Marketing Oberhausen GmbH, Willy-Brandt-Platz 2, 46045 Oberhausen, Tel.: 0208-82 45 70, Fax: 0208-82 45 71 1, tourist-info@oberhausen.de, www.oberhausen.de
Essen:
Stiftung Alte Synagoge Essen, Dr. Edna Brocke, Alte Synagoge, Steeler Str. 29, 45127 Essen, Tel.: 0201-88 452 18, Fax: 0201-88 452 25, info@alte-synagoge.essen.de, www.essen.de/kultur/synagoge
Essener Münster, Burgplatz 2, 45127 Essen, Tel.: 0201-22 04 419, info@essener-dom.de, www.essener-dom.de, Domschatzkammer, Tel.: 0201-220 420 6, Fax: 0201-220 42 36, domschatzkammer@bistum-essen.de, www.domschatz.info
Grugapark Essen, Külshammerweg 32, 45149 Essen, Tel.: 0201-88 83 106 (Info), -88 83 333 (verschiedene Führungen), Fax: 0201-88 83 007, info@grugapark.de, www.grugapark.de
Katholische Propsteikirche St. Luidger, Brückstr. 54, 45239 Essen, Tel.: 0201-49 00 50, Schatzkammer, Tel.: 0201-49 18 01,

info@essen-werden.de,
www.essen-werden.de
Kulturstiftung Villa Hügel, 45133 Essen, Tel.: 0201-61 62 90, -188 4837 (Führungen), Fax: 0201-61 62 91 1, office@villahuegel.de, www.villahuegel.de
Museum Folkwang, Goethestr. 41, 45128 Essen, Tel. 0201-88 45 002, Fax: 0201-88 45 001, Deutsches Plakat Museum, Rathenaustr. 2/ Theaterpassage, 45127 Essen, Tel.: 0201-88 45 108, Fax: 0201-88 45 122, www.museum-folkwang.de
Museum Zeche Zollverein Schacht XII, Gelsenkirchener Str. 181, 45309 Essen, Tel.: 0201-30 20-133 (Zollverein, Führungen, Besucherzentrum) Halle 2, Gelsenkirchener Str. 181, 45309 Essen, Tel.: 0180-400 00 86 (Route der Industriekultur), Tel.: 0201-37 19 125 (Kommunalverband Ruhrgebiet), Fax: 0201-3719126, info@zollverein.de, www.zollverein.de; Kokerei Zollverein, Zeitgenössische Kunst und Kritik, Arendahls Wiese, 45141 Essen, Tel.: 0201-830 12 90, Fax: 0201-830 90 92, info@kokereizollverein.de, www.kokereizollverein.de
Touristikzentrale Essen, Am Hauptbahnhof 2, 45127 Essen, Tel.: 0201-19 433, -88 720 50 (Stadt- und Messeinformation), -88 720 43 (Stadtrundfahrten und Rundgänge), Fax: 0201-88 720 44, touristikzentrale@essen.de, www.essen.de
Hattingen:
Museum des Heimatvereins im Bügeleisenhaus, Haldenplatz 1, 45525 Hattingen, Tel.: 023 24-54 318 oder 023 24-20 11 10, info@heimatverein-hattingen.de, www.heimatverein-hattingen.de
Verkehrsverein Hattingen e.V., Langenberger Str. 2, 45525 Hattingen, Tel.: 023 24-95 13 95, Fax: 023 24-95 13 94, Postfach 80 01 06, 45501 Hattingen, verkehrsverein.hattingen@kdt.de, www.verkehrsverein-hattingen.de, www.hattingen.de
Bochum:
Bochum Marketing GmbH, Tourist-Information, Am Hauptbahnhof/Kurt-Schumacher-Platz, 44787 Bochum, Tel.: 0234-96 30 20, Fax: 0234-96 30 255, touristinfo@bochum-marketing.de, www.bochum.de
Deutsches Bergbau Museum, Am Bergbaumuseum 28, 44791 Bochum (Besuchereingang Europaplatz), Tel.: 0234-58 770, Fax: 0234-58 771 11, info@bergbaumuseum.de,
www.bergbaumuseum.de
Zeiss Planetarium, Castroper Str. 67, 44791 Bochum, Tel.: 0234-51 60 60,- 51 60 61 3 (Gruppen- und Schülerveranstaltungen), -91 08 501 (Astro-Hotline), Fax: 0234-516 06 51; astronomische Beobachtungsstationen: Schiller-Schule, Waldring 71, Ecke Königsallee, 44789 Bochum; Erich Kästner-Schule, Markstr. 189, 44799 Bochum, Tel.: 0234-51 60 60, planetarium@bochum.de, www.planetarium-bochum.de
Witten:
Verkehrsverein Witten e.V. – Service Center, Ruhrtahlstr. 43, 58449 Witten, Tel.: 023 02-19 433, Fax: 023 02-12 236, vvw@witten.de, www.witten.de
Westfälisches Industriemuseum (WIM), Zeche Nachtigall, Nachtigallstr. 35 58452 Witten, Tel.: 023 02-93 66 40, Fax: 0231-69 61 238, zeche-nachtigall@lwl.org, www.zeche-nachtigall.de
Dortmund:
Museum am Ostwall, Ostwall 7, 44135 Dortmund, Tel.: 0231-50 23 248, Fax: 0231-50 25 244, mo@stadtdo.de, www.museendortmund.de/museumamostwall/
Verkehrsverein Dortmund e.V., Königswall 18a, 44137 Dortmund, Tel.: 0231 /-50 22 174, /-40 341, Fax: 0231-16 35 93, info@dortmund-tourismus.de, www.dortmund-tourismus.de
WIM des Landschaftsverbandes Westfalen-Lippe, Zeche Zollern II/IV, Grubenweg 5, 44388 Dortmund, Tel.: 0231 69 61 111, Fax: 0231-69 61 114, Zeche-Zollern@lwl.org, www.zeche-zollern.de
Herne:
Emschertal-Museum der Stadt Herne (drei Abt.), Schloss Strünkede, Karl-Brandt-Weg 5, 44629 Herne, Tel.: 023 23-16 26 11, -16 10 72; Städtische Galerie im Schlosspark Strünkede, Karl-Brandt-Weg 2, 44621 Herne, Tel.: 023 23-16 26 59; Heimat- und Naturkundemuseum Wanne-Eickel, Unser-Fritz-Str. 108, 44653 Herne, Tel.: 023 25-75 255, www.herne.de/kultur/emschertal.html
Stadt Herne, Postfach 10 18 20, 44621 Herne (Postanschrift), Fax: 023 23-16 21 00; Stadt Herne, Friedrich-Ebert-Platz 2, 44623 Herne, Tel.: 023 23-160 (Zentrale), info@herne.de, www.herne.de
Gelsenkirchen:
Schloss Horst, Museum (Förderverein Schloss Horst e.V.), Turfstr. 21, 45899 Gel-

senkirchen, Tel.: 0209-51 66 22,
Fax: 0209-513804,
schloss.horst@gelsenkirchen.de,
www.stadt.gelsenkirchen.de
Stadtmarketing Gesellschaft Gelsenkirchen mbH, Bahnhofstr. 55-65, 45879 Gelsenkirchen, Tel.: 0209-95 19 70, Fax: 0209-95 19 710, Stadtmarketing@Stadtmarketing.de; Tourist-Information, Ebertstr. 20, 45879 Gelsenkirchen, Tel.: 0209-95 88 60, Fax: 0209-95 88 625, touristik@sfcv.de,
www.gelsenkirchen.de

Ostwestfalen-Lippe
Büren:
Kreismuseum Wewelsburg (bestehend aus dem Historischen Museum des Hochstifts Paderborn und zwei zeitgeschichtlichen Abt. im ehemaligen SS-Wachgebäude am Burgvorplatz); Burgwall 19, 33142 Büren, Tel.: 029 55-76 22 0, Fax: 029 55-76 22 0, kreismuseum.wewelsburg@t-online.de, www.wewelsburg.de
Stadt Büren, Touristikgemeinschaft, Königstr. 16, 33142 Büren, Tel.: 029 51-970 124, Fax: 029 51-970 191,
verkehrs-amt@bueren.de, www.bueren.de
Paderborn:
Erzbischöfliches Diözesanmuseum und Domschatzkammer, Markt 17, 33098 Paderborn, Tel.: 052 51-125 400, Fax: 052 51-125 495, erzb.pb.mus@t-online.de,
www.erzbistum-paderborn.de/museum
Museum in der Kaiserpfalz, Am Ikenberg, 33098 Paderborn, Tel.: 052 51-10 510, Fax: 052 51-28 18 92, kaiserpfalz@lwl.org,
www.lwl.org/wmfa
Schloss- und Auenpark Gesellschaft mbH, Marstallstr. 10, 33104 Paderborn, Tel.: 052 54-801 92, Fax: 052 54-801 99; Remter im Schlossgebäude, Residenzstr. 2, 33104 Paderborn, Tel.: 052 51-88 10 62,
Historisches Museum und Naturkundemuseum, Marstallstr. 9, 33104 Paderborn, Tel.: 052 54-801-52, -44, -43,
Städtische Galerie in der Reithalle, Marstall 12, 33104 Paderborn, Tel.: 052 51-88 10 62; schloss.auenpark@paderborn.de, www.schlosspark-paderborn.de
Tourist Information, Marienplatz 2a, 33098 Paderborn, Tel.: 052 51-88 29 80, Fax: 052 51-88 29 90, tourist-info@paderborn.de, www.paderborn.de

Brakel:
Amt für Tourismus und Kultur, Rathaus, Am Markt, 33034 Brakel, Tel.: 052 72-360 269, Fax: 052 72-390 19 41, info@brakel.de, www.brakel.de
Höxter:
Schloss Corvey, Kulturkreis Höxter-Corvey GmbH, Schloss Corvey, 37671 Höxter, Tel.: 052 71-69 40 10, Fax: 052 71-69 44 00, info@schloss-corvey.de,
www.schloss.corvey.de
Tourist Information Historisches Rathaus, Weserstr. 11, 37671 Höxter, Tel.: 052 71-19 433, Fax: 052 71-96 34 35, info@hoexter.de, www.hoexter.de
Horn-Bad Meinberg:
Tourist-Info Horn-Bad Meinberg, Parkstr. 2, 32805 Horn-Bad Meinberg, Tel.: 052 34-98 903, Fax: 052 34-95 77,
tourist-info.badmeinberg@t-online.de, www.horn-badmeinberg.de
Detmold:
Adlerwarte Berlebeck, Adlerwarte 13-15, 32760 Detmold, Tel.: 052 31-471 71,
Fax: 052 31-470 71,
info@adlerwarte-berlebeck.de, www.adlerwarte-berlebeck.de
Fürstliches Residenzschloss Detmold, Tel.: 052 31-700 20, Fax: 052 31-700 249, verwaltung@schloss-detmold.de, www.schloss-detmold.de
Touristik Information, Rathaus am Markt, 32754 Detmold, Tel.: 052 31-97 73 28, Fax: 052 31-97 74 47, tourist.info@detmold.de, www.detmold.de
Westfälisches Freilichtmuseum Detmold – Landesmuseum für Volkskunde, Krummes Haus, 32756 Detmold, Tel.: 052 31-70 60, Fax: 052 31-70 61 06, wmf-detmold@lwl.org, www.freilichtmuseum-detmold.de
Herford:
Info-Center Herford, Hämelinger Str. 4/ Neuer Markt, 32046 Herford, Tel.: 052 21-500 07 oder 052 21-189 666, Fax: 052 21-189 694, info@herford.de, www.herford.de
Bielefeld:
Historisches Museum, Ravensberger Park 2, 33607 Bielefeld, Tel.: 0521-51 36 30, Fax: 0521-51 67 45,
historisches.museum@bielefeld.de, www.historisches-museum-bielefeld.de
Kunsthalle, Arthur-Ladebeck-Str. 5, 33602 Bielefeld, Tel.: 0521-32 999 500, Fax: 0521-32 999 50 50, info@kunsthalle-bielefeld.de,

www.kunsthalle-bielefeld.de
Museum Huelsmann, Ravensberger Park 3, 33607 Bielefeld, Tel.: 0521-51 37 67, Fax: 0521-51 37 68, museumhuelsmann@t-online.de, www.museumhuelsmann.de
Tourist-Information im Rathaus und am Bahnhof, 33602 Bielefeld, Tel.: 0521-51 69 98, -51 69 99, Fax: 0521-17 88 11, touristinfo@bielefeld.de, www.bielefeld.de
Enger:
Stadtverwaltung Enger -Kulturamt-, Bahnhofstr. 44, 32130 Enger, Tel.: 052 24-98 00 40, Fax: 052 24-98 00 66, info@enger.de, www.enger.de

Rheinland
Köln:
Dom- und Kirchenführungen: Domforum, Domkloster 3, 50667 Köln, Tel.: 0211-92 58 47 30 (Domforum) oder 0221-22 12 33 32 (Kölntourismus) (Führungen im Dom, nur für Gruppen möglich), Fax: 0221-92 58 47 31; Tel.: 0221-92 58 47 30 (Führungen durch die Ausgrabungen, Voranmeldung) oder 0221-17 940 555 (Gruppenführungen durch die Ausgrabungen), www.domforum.de
Förderverein Romanische Kirchen Köln e.V., Geschäftsstelle, c/o Stadtkonservator, Willy-Brandt-Platz 2, 50679 Köln, Tel.: 0221-22 12 53 02, Fax 0221-22 13 63 68, Colonia.Romanica@netcologne.de, www.romanische-kirchen-koeln.de
Köln Tourismus, Unter Fettenhennen 19 (Am Dom), 50667 Köln, Tel.: 0221-22 13 33 45 oder 0221-19 433, Fax: 0221- 22 12 33 20, koelntourismus@stadt-koeln.de, www.koeln.de
Römisch-Germanisches Museum, Roncalliplatz 4, 50667 Köln, Tel.: 0221-221 244 38, -221 245 90, Fax: 0221-221 240 30, roemischgermanisches-museum@stadt-koeln.de, www.museenkoeln.de/roemisch-germanisches-museum
Schloss Augustusburg und Jagdschloss Falkenlust; Verwaltung Schloss Brühl, Schlossstr. 6, 50321 Brühl, Tel.: 022 32-440 00, Fax: 022 32-94 43 127, info@schlossbruehl.de, www.schlossbruehl.de
Wallfraf-Richartz-Museum (Foundation Corboud), Martinstr. 39, 50667 Köln, Tel.: 0221 /-221 21 119, /-221 27 694, Fax: 0221-221 22 629, wrm@wrm.museenkoeln.de, www.museenkoeln.de/wallraf-richartz-museum
Zoologischer Garten Köln, Riehler Str. 173, 50735 Köln, Tel.: 0221-77 85 0, Fax: 0221-77 85 111, info@zoo-koeln.de, www.zoo-koeln.de
Königswinter:
Stiftung Abtei Heisterbach (geführte Besichtigungen, Veranstaltungen, Literatur und Material über die Welt der Zisterzienser), Rennenbergstr. 1, 53639 Königswinter, Tel.: 022 23-92 400, Fax: 022 23-227 76, webmaster@abtei-heisterbach.de, www.abtei-heisterbach.de
Siebengebirge:
Schloss Drachenburg GmbH, Drachenfelsstr. 118, 53639 Königswinter, Tel.: 022 23-901 970, Fax: 022 23-901 97 8, mail@schloss-drachenburg.de, www.schloss-drachenburg.de
Siebengebirgsmuseum, Kellerstr. 16, 53639 Königswinter, Tel.: 022 23-37 03, Fax: 022 23-90 92 72, info@7GM.de, www.siebengebirgsmuseum.de
Tourismus Siebengebirge GmbH, Drachenfelsstr. 11, 53639 Königswinter, Tel.: 022 23-91 77 11, Fax: 022 23-91 77 20, info@siebengebirge.com, www.siebengebirge.com, www.rheingefuehl.de
Bonn:
Beethoven Haus, Bonngasse 18-26, 53111 Bonn, Tel.: 0228-98 17 50, Fax: 0228-98 17 526, museum@beethoven-haus-bonn.de, www.beethoven-haus-bonn.de
:bonn information, Windeckstr. 1/ am Münsterplatz, 53103 Bonn, Tel.: 0228-77 5000, Fax: 0228-77 50 77, bonninformation@bonn.de, www.bonn.de
Botanische Gärten der Rheinischen Friedrich-Wilhelms-Universität Bonn, Meckenheimer Allee 171, 53115 Bonn, Tel.: 0228-73 55 23, Fax: 0228-73 90 58, botgart@uni-bonn.de, www.botanik.uni-bonn.de/botgart
Haus der Geschichte der Bundesrepublik Deutschland, Willy-Brand-Allee 14, 53113 Bonn, Tel.: 0228-91 65 0, Fax: 0228-91 65 302, post@hdg.de; Zeitgeschichtliches Forum Leipzig, Grimmaische Str. 6, 04109 Leipzig, Tel.: 0341-22 20 0, Fax: 0341-22 20 500, zfl@hdg.de, www.hdg.de
Münsterbasilika; Postanschrift: Postfach 7199, 53071 Bonn, Katholische Münster-

pfarrgemeinde St. Martin, Gerhard-von-Are-Str. 5, 53111 Bonn, Tel.: 0228-98 58 80, Fax: 0228-98 58 815 (Pfarrbüro), pfarrbuero@bonner-muenster.de, www.bonner-muenster.de
Zülpich:
Stadtverwaltung, Markt 21, 53909 Zülpich, Tel.: 022 52-52 0, Fax: 022 52-52 299, buergermeister@stadt-zuelpich.de, www.stadt-zuelpich.de
Nideggen:
Tourist-Information; Stadt Nideggen, Zülpicher Straße 1, 52385 Nideggen, Tel.: 024 27-809 0, Fax: 024 27-809 47, stadtverwaltung@nideggen.de, www.nideggen.de
Düren:
Leopold-Hoesch-Museum, Hoeschplatz 1, 52349 Düren, Tel.: 024 21-25 25 61, Fax: 024 21-25 25 60, www.museennrw.de/dueren
Museumszug Rurtalbahn e.V., Geschäftsstelle, Moltkestraße 16, 52351 Düren, Tel.: 0 24 21-22 28 54, Fax: 0 24 21-22 28 53, info@rur-rex.org, www.rur-rex.org
Stadt Düren, Kaiserplatz 2-4,52349 Düren, Tel.: 0 24 21-25 0, Fax: 0 24 21-25 22 51, stadt@dueren.de, www.stadt-dueren.de
Jülich:
Brückenkopf-Park Jülich, Rurauenstr. 11, 52428 Jülich, Tel.: 024 61-97 950, Fax: 024 61-97 95 22, brueckenkopf-park@t-online.de, www.juelich.de/bkp
Jülich Information e.V., Postfach 2170, 52403 Jülich, Tel.: 024 61-34 63 63, Fax: 024 61-34 67 33, juelich-information@wse.de, www.forum.wse.de/juelich-information
Stadtgeschichtliches Museum (Museum Zitadelle und Museum im Kulturhaus am Hexenturm), Postfach 1220, 52411 Jülich, Museumsbüro: Am Markt 1, 52428 Jülich, Tel.: 024 61-63 228, Fax: 024 61-63 354, museum@juelich.de, www.juelich.de/museum
Aachen:
Dom, Münsterplatz, 52062 Aachen; Tel.: 0241-47 70 90, Fax: 0241-47 70 91 44; Domschatzkammer, Eingang Klostergasse, 52062 Aachen, Tel.: 0241-47 70 91 27, Fax: 0241-47 70 91 50, info@aachendom.de, www.aachendom.de

Museum Burg Frankenberg Aachen, Bismarckstr. 68, 52066 Aachen, Tel.: 0241-43 24 410, Fax: 0241-370 75, museumspaedagogik@mail.aachen.de, www.burgfrankenberg.de
Verkehrsverein Bad Aachen e. V., aachen tourist service, Postfach 10 22 51, 520 22 Aachen, Tel.: 0241-19433, Fax: 0241-180 29 30, info@aachen-tourist.de, www.aachen.de/DE/tourismus_stadtinfo

Sauerland
Hagen:
Karl Ernst Osthaus-Museum, Hochstr. 73, 58095 Hagen, Tel.: 023 31-207 31 38, Fax: 023 31-207 402, KEOM@hagen.de, www.keom.de
Schloss Hohenlimburg, Alter Schlossweg 30, 58119 Hagen, Tel.: 023 34-27 71, Fax: 023 31-207 24 47, Historisches.Centrum@stadt-hagen.de, www.hco.hagen.de/schloss.htm
Tourist-Information, Pavillon im Volkspark, Postfach 4249, 58042 Hagen, Tel.: 023 31-207 58-88, -93, Fax: 023 31-207 24 78, info@stadt-hagen.de, www.hagen.de
Westfälisches Freilichtmuseum Hagen, Mäckingerbach, 58091 Hagen, Tel.: 023 31-78 07 0, Fax: 023 31- 78 07 20, freilichtmuseum-hagen@lwl.org, www.freilichtmuseum-hagen.de
Iserlohn:
Dechenhöhle 5, 58644 Iserlohn, Tel.: 023 74-71 421, Fax: 023 74-750 100, dechenhoehle@t-online.de, www.dechenhoehle.de
Historische Fabrikanlage Maste-Barendorf, Stadtmuseum Iserlohn, Fritz-Kühn-Platz 1, 58636 Iserlohn, Tel.: 023 71-217- 19 60, museum@iserlohn.de, www.iserlohn.de/wissenswertes/kultur/musges.htm
Stadtinformation/ Verkehrsverein Iserlohn, Theodor-Heuss-Ring 24, 58636 Iserlohn, Tel.: 023 71-217 18 2/-0 /-1, Fax: 023 71-217 18 22, iserlohn@iserlohn.de, www.iserlohn.de
Hemer:
Heinrichshöhle, Höhlen- und karstkundliches Informations-Zentrum, Felsenmeerstr. 32, 58675 Hemer, Tel./Fax: 023 72-615 49, info@hiz-hemer.de, www.hiz-hemer.de
Sauerländischer Gebirgsverein (SGV), Abteilung Hemer, Am Knick 2, 58675 Hemer, Heinz von Felbert, Tel.: 023 72-37 55, Gesamtverein; Hasenwinkel 4, 59821 Arnsberg,

Tel.: 02931-52 48 13, Fax: 02931-52 48 15, info@sgv.de, www.sgv.de
Verkehrsverein Hemer e.V., Hauptstraße 185, 58675 Hemer, Tel.: 023 72 /-55 12 57, /-10 868, Fax 023 72-55 12 43, post@hemer.de, www.hemer.de

Arnsberg:
Sauerland-Museum des Hochsauerlandkreises, Alter Markt 24-26, 59821 Arnsberg, Tel.: 029 31-40 98, Fax: 029 31-41 14, sauerland-museum@t-online.de, www.sauerland-museum.de
Verkehrsverein Arnsberg e.V., Neumarkt 6, 59821 Arnsberg, Tel.: 029 31-40 55, Fax: 029 31-123 31, vv-arnsberg@t-online.de, www.arnsberg-info.de

Winterberg:
Tourist-Information Winterberg, Am Kurpark 6, 59955 Winterberg, Tel.: 029 81-92 500, Fax: 029 81-92 50 24, info@winterberg.de, www.winterberg.de

Lennestadt:
Stadt Lennestadt, Verkehrsamt, Helmut-Kupf-Str. 25, 57368 Lennestadt, Tel.: 027 23-60 88 01, Fax: 027 23-60 88 02, Stadt.Lennestadt@t-online.de, www.Lennestadt.de

Altena:
Museen Burg Altena und Deutsches Drahtmuseum, Fritz-Thomée-Str. 80, 58762 Altena, Tel.: 023 52-96 670 34, Fax: 023 52-25 316, museen.mk@t-online.de, www.maerkischer-kreis.de
Tourismus- und Verkehrsverein Altena e. V., Lüdenscheider Str. 22, 58762 Altena, Tel.: 023 52-209 295, Fax: 023 52-209 203, post@altena.de, www.altena.de, www.drahthandelsweg.de

Bergisches Land
Wuppertal:
Informations-Zentrum am Döppersberg, 42103 Wuppertal (Elberfeld), Tel.: 0202-19 433, Fax: 0202-56 380 52, infozentrum@stadt.wuppertal.de, www.wuppertal.de
Schwebebahn Wuppertal, Wuppertaler Stadtwerke AG, Bromerger Str. 39-41, 42281 Wuppertal, Tel.: 0202-56 90, Fax: 0202-56 94 590, wsw@wsw-online.de, www.wsw-online.de/schwebebahn
Von der Heydt-Museum, Turmhof 8, 42103 Wuppertal, Tel.: 0202-563 62 31 (Information, Führungen), Fax: 0202-563 80 91, von-der-heydtmuseum@stadt.wuppertal.de, www.von-der-heydt-museum.de
Zoologischer Garten, Hubertusallee 30, 42117 Wuppertal, Tel.: 0202-563 56 66 (Informationen) oder Tel.: 0202-27 47 0, Fax: 0202-56 380 05 (Verwaltung), kontakt@zoo-wuppertal.de, www.zoo-wuppertal.de

Solingen:
Deutsches Klingenmuseum, Klosterhof 4, 42653 Solingen, Tel.: 0212-25 83 6/-0 (Service), /-10 (Termine/ Führungen), Fax: 0212-258 36 30, klingenmuseum@solingen.de, www.klingenmuseum.de
Schlossbauverein Schloss Burg an der Wupper e. V., Schlossplatz 2, 42659 Solingen, Tel.: 0212-24 22 60, Fax: 0212-24 22 640, schloss.burg@t-online.de, www.schlossburg.de
Stadt Solingen, Bürgerbüro, Clemensgalerie, Mummstr. 10, 42651 Solingen, Tel.: 0212-290 21 81, Fax: 0212- 290 32 09, bürgerbuero@solingen.de, www.solingen.de

Odenthal:
Altenberger Dom-Verein e.V., Hauptstr. 269, 51465 Bergisch Gladbach, Tel.: 022 02-300 08, Fax: 022 02-31 974, info@altenbergerdom.de, www.altenbergerdom.de (Dom-Verein) oder www.altenberger-dom.de (kath. Pfarrgemeinde), weitere Auskünfte: ev. Kirchengemeinde Altenberg, Tel.: 021 74-42 82, ev-kirchengemeinde@altenberg-dom.de
Gemeinde Odenthal, Altenberger-Dom-Str. 31, 51519 Odenthal, Tel.: 022 02-710 0, Fax: 022 02-710 190, post@odenthal.de, www.odenthal.de

Bergisch Gladbach:
Rheinisches Industriemuseum: Außenstelle Bergisch Gladbach, Alte Dombach, An der Kürtener Str., 51465 Bergisch Gladbach, Tel.: 022 02-93 66-823, -80, Fax: 022 02-93 66 821, rim-service@lvr.de, www.rim.lvr.de
Tourist-Information der Bergisches Land Touristik, Marketing e.V., Rheinisch-Bergische Wirtschaftsförderungs GmbH, Overather Str. 8, 51429 Bergisch Gladbach, Tel.: 022 04-97 63 0, -14 26 38, Fax: 022 04-97 63 99, tourismus@bergischgladbach.de, www.bergischgladbach.de

Siegburg:
Benediktinerabtei St. Michael, Bergstr. 26, 53721 Siegburg, Tel.: 02241-1290, Tel./Fax: 022 41-129 200, Abtei.Michaelsberg@t-online.de, www.abtei-michaelsberg.de
Stadtmuseum Siegburg, Markt 46, 53721 Siegburg, Tel.: 022 41-55 733 (Kasse), Fax: 022 41-96 98 525, stadtmuseum@siegburg.de, www.siegburg.de/museum
Tourist Information Siegburg, Markt 46, 53721 Siegburg, Tel.: 02241-96985-33, Fax: 02241-96985-31, tourismus@siegburg.de, www.siegburg.de
Nümbrecht:
Museum des Oberbergischen Kreises Schloss Homburg, 51588 Nümbrecht, Tel.: 022 93-910 10, Fax: 022 93-910 140, schloss-homburg@obk.de, www.schloss-homburg.de
Tourist-Information, Lindchenweg 1, 51588 Nümbrecht, Tel.: 02293-909480, Fax: 02293-90 9489, info@nuembrecht-online.de, www.nuembrecht.de
Windeck:
Grube Silberhardt, 51570 Windeck (Stadtteil Oettershagen), Tel.: 022 92-194 33, -60 11 17, Fax: 022 92-60 12 94, carsten.kelter@gemeinde-windeck.de, www.grube-silberhardt.de
Verkehrsverein Windecker Ländchen e.V., Rathausstr. 12, 51570 Windeck-Rosbach, Tel.: 022 92-601 107, oder 022 92-601 294 (Tourist-Info), Fax: 022 92-60 12 94, Anja.Wirths@Gemeinde-Windeck.de, www.Windeck-online.de

Siegerland
Region:
Touristikverband Siegerland-Wittgenstein e.V., Koblenzer Str. 73, 57072 Siegen, Tel.: 0271-333 10 20, Fax: 0271-333 10 29, tvsw@siegen-wittgenstein.de, www.siegen-wittgenstein.de/tourist
Kreuztal:
Stadt Kreuztal, Der Bürgermeister, Siegener Str. 5, 57223 Kreuztal, Tel.: 027 32-510, Fax: 027 32-45 34, Stadt_Kreuztal@Kreuztal.de, www.kreuztal.de
Hilchenbach:
Tourismus- und Kneipp-Verein Hilchenbach e.V., Markt 13, 57271 Hilchenbach, Tel.: 02733-28 81 33, Fax: 02733-28 82 88; Stadt Hilchenbach, Markt 13, 57271 Hilchenbach, Tel.: 02733-28 80, Fax: 027 33-28 82 88, info@hilchenbachtourist.de, www.hilchenbachtourist.de
Siegen:
Gesellschaft für Stadtmarketing Siegen e.V., Markt 2, 57072 Siegen (Zimmer B 219), Tel.: 0271-404, -1316 oder -1317, Fax: 0271-226 87, a_junge@siegen.de, www.tourismus.gss-siegen.de
Siegerlandmuseum im Oberen Schloss zu Siegen – Regionalmuseum für Kunst- und Kulturgeschichte, 57072 Siegen (Oberstadt), Tel.: 0271-230 41 0, Fax: 0271-230 41 20, siegerlandmuseum@tiscali.de, www.siegen.de/history; Ausstellungsforum und Adolf-Saenger-Stiftung, Haus Oranienstr. 9, 57072 Siegen, Tel./ Fax: 0271-21 823
Wilnsdorf:
Gemeindeverwaltung Wilnsdorf, Marktplatz 1, 57234 Wilnsdorf, Tel.: 0271-39-80 20, Fax: 027 39-80 21 39, rathaus@wilnsdorf.de, www.wilnsdorf.de
Burbach:
Gemeinde Burbach, Kulturbüro, Alte Vogtei, Ginnerbach 2, 57299 Burbach, Tel.: 027 36-55 77, Fax: 027 36-55 33, kulturbuero-burbach@t-online.de, www.burbach-siegerland.de